ROGER ARMENGOL MILLANS

LA MORAL, EL MAL Y LA CONCIENCIA

EL PODER DE LAS IDEOLOGÍAS EN LA FORMACIÓN DE LA CONCIENCIA MORAL

Primera edición: abril de 2018

© Roger Armengol Millans, 2018
© Ediciones Carena-Acidalia, 2018

Ediciones Carena
c/ Alpens, 31-33
08014 Barcelona
T. 934 310 283
www.edicionescarena.com
info@edicionescarena.com

DISEÑO DE LA COLECCIÓN: Silvio García-Aguirre
www.cartonviejo.net
DISEÑO DE LA CUBIERTA: Davinia Martín
MAQUETACIÓN: Raül Bellés

DEPÓSITO LEGAL: B 9589-2018
ISBN 978-84-17258-31-3

Impreso en España - Printed in Spain

Per a Marta Armengol

ÍNDICE

PRÓLOGO

LA MORAL, EL MAL Y LA CONCIENCIA es una versión escrita de nuevo de *El mal y la conciencia moral* publicado en 2014. Se trata de otro libro. En esta ocasión se han corregido algunos errores y se ha ampliado considerablemente lo referente a lo conocido de Sócrates y de Jesús. El autor considera que el pensamiento de estos benefactores de la humanidad no solo mantiene un gran interés y actualidad sino que propone que su pensamiento y mensaje no suele entenderse de una forma en la que brille la potencia y gran provecho de lo pensado por ellos.

Los seguidores o discípulos de Sócrates y de Jesús en alguna medida transformaron y transmitieron una versión inexacta de su pensamiento, recuérdese que ambos no dejaron nada escrito. Los que escribieron no fueron ellos sino otros que les atribuyeron algunas concepciones que los actuales estudiosos y expertos no consideran siempre adecuadas. Quizá resulte algo atrevido suponer que los seguidores y discípulos no siempre comprendieron del todo bien lo que los maestros dijeron, pero quizá en algunos casos fue así. Se argumentará con cierto detalle acerca de este aspecto muy importante en lo relativo a la ética.

El pensamiento de Sócrates y el de Jesús va emergiendo en diferentes páginas del libro, pero, además, me ocupo de ellos por separado tal como se informa en el índice del libro. De Sócrates en el capítulo II, en el V, en el VII y en el IX. De Jesús en el capítulo VI, en el final del capítulo VIII acerca del perdón y en el último capítulo, el IX.

LA MORAL, EL MAL Y LA CONCIENCIA es un libro complementario de *La felicidad, la moralidad y el dolor*. En esta ocasión se tratará en particular del mal, del bien y de la conciencia moral. La ideología que he adoptado a lo largo de mis años me lleva a postular, como se argumentará a lo largo del libro, que el mal es el dolor y el daño.

De acuerdo con lo anterior, a diferencia de lo que proponen las definiciones ideales y abstractas, el bien sería un compuesto de dos elementos: el mayor de ellos sería la liberación del mal, a saber, la supresión del dolor corporal y mental o una presencia débil de los mismos. El resto de bien posible, el segundo elemento, sería aquello que nos es de provecho, lo útil y beneficioso, también lo placentero o gozoso que cada uno puede procurarse a condición de no dañar o perjudicar a los demás.

Si somos iguales en dignidad y derechos y establecemos que nuestro bien es no padecer grandes dolores y si es posible tener una vida placentera y gozosa, debemos aceptar y respetar que los demás puedan también adoptar este criterio. Es obvio que si para nosotros el bien es en gran medida no padecer suponemos y admitimos que para nuestros congéneres el bien puede ser algo igual o parecido.

De lo que todos estamos seguros es que ni nosotros ni los demás no deseamos padecer si podemos evitar el sufrimiento. Nadie ama el dolor sin más, el dolor por el dolor. En consecuencia, es un bien para los semejantes que les respetemos, que les favorezcamos cuando podamos y, sobre todo, que no les causemos ningún mal.

La conciencia moral del ser humano es la actividad de su razón cuando enjuicia lo que hace y deja de hacer con los otros o para con los otros en lo que se refiere a beneficios o perjuicios. Propondré que es un compuesto de dos partes. En primer lugar nuestra conciencia depende o se organiza a partir de los sentimientos morales y, en segundo lugar, a partir de las ideas, ideologías o creencias que crea la razón o que la razón adopta.

De acuerdo con el diccionario de la lengua entiendo por ideología lo siguiente: «Conjunto de ideas fundamentales que caracteriza el pensamiento de una persona, colectividad o época, de un movimiento cultural, religioso o político, etc.». La creencia en algo improbado o que se hace difícil de probar suele ser una formulación ideológica. Cuando algo se prueba deja de ser una creencia y aunque se siga diciendo de este modo lo que fue creencia pasa a ser un saber. Todo el mundo percibe la diferencia al decir: creo que Napoleón existió y decir: creo en la existencia de los ángeles. Lo primero está suficiente probado, lo segundo no. La creencia se refiere a la certeza que se tiene acerca de una cosa sea esta certeza probada o no.

En este libro utilizo como sinónimas las palabras: ideas, ideales, principios, razones, ideología, credo, doctrina o creencia. La palabra idea también puede remitir, entre otras, a palabras tales como: opinión, suposición, conjetura, concepción, especulación, noción...

La conciencia suele hacer caso de los sentimientos morales al emitir un juicio favorable o no ante determinada acción, pero no siempre es así. Los sentimientos morales propuestos serían: el respeto, la piedad o compasión, el sentimiento de vergüenza y el sentimiento de culpa o sentimiento de culpabilidad.

Al emitir sus juicios la conciencia lo hace de acuerdo a ideas previamente adquiridas, quiere decirse que la conciencia y la razón son con gran frecuencia esclavas de las doctrinas o las creencias que se hayan adoptado con anterioridad. Argumentaré que el poderío de la ideología o de las doctrinas adoptadas suele ser tan grande que derrota con frecuencia al poder de los sentimientos morales.

Entiendo que es muy importante advertir que una parte considerable de las ideologías tiene su origen en los intereses propios de los grupos a los que se pertenece. Por ejemplo, si se formaba parte de una familia o de un grupo esclavista lo habitual era que se adoptara una ideología que defendiera e impusiera el esclavismo.

A veces la razón nos puede dictar que es correcto, aceptado o aceptable que se haga o se diga determinada cosa, pero si nuestro sentir se opone, aquello deja de hacerse. De todos modos en diferentes ocasiones se expondrá que a menudo ocurre a la inversa, la ideología apaga el fuego de los sentimientos. Así, pues, la razón, dominada por ideas benignas o no tan benignas que ella misma crea o adopta, es la que suele ejercer el mando supremo de la conciencia moral.

A propósito de la conciencia discutiré con cierta extensión lo propuesto por Kant y otros filósofos que opinan que todos tenemos idéntica conciencia moral. Dichos filósofos piensan que la conciencia moral de los humanos juzga sobre lo que debe hacerse y la diferencia entre unas y otras personas, según ellos, radicaría en que algunas obedecen a los dictámenes de la propia conciencia y otras no.

En este libro me opongo a esta opinión, propondré que la conciencia presenta diferentes grados y, lo que es más importante, me opondré a la muy extendida opinión de Kant, a la de Aristóteles y otros muchos, cuando suponen que todos sabemos de un modo igual e uniforme lo que es el bien y el mal.

Mi opinión es que lo que sea el bien y el mal está enteramente determinado o condicionado por las creencias o ideologías que adoptamos. Por citar de nuevo a Aristóteles, él había adoptado una ideología que permitía defender la esclavitud, por consiguiente, tal filósofo proponía que esclavizar a algunos o a muchos no era malo. Su conciencia lo aprobaba, pero, a su vez, otros en su época, empezando por los propios esclavos, pensaban que esclavizar a los humanos no era nada bueno, al contrario era algo manifiestamente malo.

La conciencia se deja dirigir con mucha frecuencia por la ideología, las creencias o las ideas que nos hacemos propias. La conciencia no es una facultad previa a la adopción de ideas sino a la inversa, las ideas anteceden a la actividad de la conciencia, la forman y conforman. Kant y otros opinan lo contrario, dicen que la conciencia está dada con anterioridad a la ideología adoptada y ejerce su actividad con independencia de las propias ideas.

Al decir que discutiré con el filósofo alemán el lector puede preguntar con razón, ¿por qué seguir hablando de Kant? ¿Por qué no dejar de referirnos a él y a otros pensadores influyentes en la historia de la humanidad como Buda, Sócrates, Aristóteles, Jesús de Nazaret, Pablo de Tarso, Tomás de Aquino, Spinoza o Marx? Las razones son varias, de entre ellas una es especialmente importante: los dos pilares fundamentales de nuestra cultura son Atenas y Jerusalén. Han sido los teólogos y los filósofos, y también los poetas, novelistas y dramaturgos, quienes han contribuido grandemente a conformar, directamente o indirectamente, las opiniones de la ciudadanía y en particular la de los enseñantes que instruyen a los niños y a los jóvenes.

No es por capricho o afición que me refiera a los filósofos. Mis preferencias van en otro sentido, prefiero leer a Homero y Esquilo que a Platón y Aristóteles; a Shakespeare y Dickens antes que a Hume o Stuart Mill; a Goethe en lugar de Kant o Marx; a Balzac, Hugo o Proust mucho más que a Descartes o la filosofía de Sartre; a Cervantes más que a Ortega, pero hoy por hoy no podemos dejar de lado a la filosofía. Tal vez en el futuro podremos desestimar la especulación de los filósofos. Así hizo la filosofía hace unos cuatrocientos años al enfrentarse con las especulaciones de la teología. Como es sabido Descartes, el llamado padre de la filosofía moderna, fue uno de los que inició aquella confrontación.

Quizá algún día no muy lejano los científicos podrán aportarnos juicios, conclusiones y pruebas acerca de la moralidad de los humanos. La neurociencia hablará de neuroética, la etología humana nos aportará observaciones de valor, la psicología experimental presentará sus conclusiones. Si como parece tal cosa llega a suceder las ideologías o las filosofías morales cederán parte de su terreno a favor del conocimiento científico y entonces ya no será obligado como ahora hablar tanto de las opiniones de Sócrates, Aristóteles, Kant, Stuart Mill o Marx.

Kant sigue siendo un referente importante, como lo es Stuart Mill y su antecesor Hume, y al hablar de moralidad su lectura es obligada. Casi todos los que hablan de ética se apoyan en la filosofía moral de Kant o la desestiman, pero no dejan de tomarla en consideración. Unos se inspiran en él aunque no lo sigan en todo, otros le critican con buenas razones. Sin embargo estos últimos no observan que fue y sigue siendo quien por primera vez estableció con claridad la primacía del deber frente a la virtud. No es que con anterioridad no se hablara de deberes, sí se hacía, pero lo frecuente era hablar de las virtudes.

Desde siempre ha sido recomendable ser virtuoso y obrar con justicia, pero durante el siglo XVIII y, especialmente, a partir de 1789, a partir de la Revolución Francesa las concepciones sobre la moralidad cambiaron para siempre. En la medida en que se extendió la idea, y, finalmente, se impuso que todos los humanos éramos iguales en dignidad y derechos la recomendación sobre la bondad de la virtud cedió su lugar al deber. Si somos iguales en dignidad y derechos es obligado, obligado, ya no recomendable, respetar al semejante. Si el semejante es un igual es obligatorio respetarle, el respeto además de virtud pasa a convertirse en deber.

Cuando se habla de ética y se pretende partir de sólidos fundamentos hay unos autores que casi siempre son citados o se busca en ellos los mejores argumentos para aportarlos al diálogo y discusión. Como se puede suponer hay un ingente número de ellos, pero casi todo el mundo para hablar de filosofía moral lee a Platón, Aristóteles, Epicuro, tal vez Séneca, sobre todo a Kant y a Hume y Stuart Mill en lo relativo al utilitarismo. Spinoza es un ausente ilustre a juzgar por lo poco que se le cita.

Autores como Hegel o Marx y su idea de que la comunidad puede limitar o prescindir de los derechos de las personas, entroncan con el relativismo aristotélico. Nietzsche y su reconsideración sofística o antisocrática de los valores opera guiado por un relativismo a su modo. Autores modernos como Habermas, Hare, MacIntyre, Rawls, Rorty, Tugendhat y otros muchos pienso que dan vueltas a los argumentos y principios de los clásicos y muchas veces cultivan el eclecticismo. Quizá tuviera razón Montaigne al escribir: «apenas me dedico a los modernos, porque los antiguos me parecen más llenos y recios» [II, 10; p. 99]. A mi juicio la mayor relevancia en lo que se refiere a la ética la siguen teniendo Sócrates y su contemporáneo Demócrito, Platón, Aristóteles, Epicuro, Jesús de Nazaret, Pablo de Tarso, Hobbes, Spinoza, Hume, Kant y Stuart Mill.

Kant fue uno de los filósofos que se ocupó en detalle del mal y de la conciencia moral, dos de los temas del presente libro, y es obligado asentir o disentir con él al hablar de ellos. No es menor mi interés por intentar precisar el pensamiento de Kant sobre la ética al observar que algunos o muchos, incluso profesores de filosofía, le hacen decir lo que él nunca dice.

Kant no dijo: «nunca tratarás a un humano como medio». Medio, instrumento o cosa, pero algunos profesores dicen que lo dijo. Lo que él escribió en *Fundamentación de la metafísica de las costumbres* fue: «obra de tal modo que uses a la humanidad, tanto en tu persona como en la persona de cualquier otro, siempre al mismo tiempo como fin y nunca simplemente como medio» [A 66-67]. Así pues, lo que Kant escribe es: «nunca simplemente como medio», a saber: nunca solo como medio, siempre al mismo tiempo como medio y fin.

Subrayo también que Kant dice «al mismo tiempo» es decir: debes tratarlos como fines aunque los trates como medios. Se trata a los demás como medios, de acuerdo con lo que dice el propio Kant, cuando los demás no pueden decir «no» a lo que se les propone o impone. En el presente libro se opina y escribe: «nunca como medio», se suprime «simplemente» y «al mismo tiempo».

En mi libro *La felicidad, la moralidad y el dolor* traté con detalle acerca de este tema tan importante; que acertara o no es otra cuestión. Al respecto del imperativo de Kant es del todo incomprensible que Sartre también cometiera el grave error que comentamos. En *L'existentialisme est un humanisme* dejó escrito que Kant dijo lo que nunca dijo: «ne traitez jamais les autres comme moyen mais comme fin» [p. 43], «no tratéis jamás a los otros como medios, sino como fines». Es inexplicable que ningún filósofo o lector de Kant no le advirtiera del error para que pudiera ser corregido. Al respecto, quizá hoy en día, los profesores de filosofía que se fabrican un Kant a su medida han leído a Sastre y a otros, pero no han leído a Kant con la debida atención.

Así, pues, al contrario de Kant argumentaré el porqué el ser humano puede y debe tratar a los demás como fines. Nunca, en ninguna circunstancia, los puede tratar como medios, cosas o instrumentos.

También me refiero a David Hume en varios pasajes del libro. Este filósofo construye un edificio moral fundamentado en el sentir y en la utilidad y se opone a que sea la razón, como hace Kant, la que fundamente la moralidad. Discutiré que ambos, Hume y Kant, fueron unilaterales y, por tanto, no acertaron del todo. Entiendo que es necesario tomar algo de ellos, pero no en su totalidad. El utilitarismo de John Stuart Mill sería un derivado de lo que antes había propuesto Hume.

A diferencia de lo que ocurre con Aristóteles, Kant y otros, me parece que en nuestra época el pensamiento moral de Sócrates no es tomado con la consideración que merece. Me ocuparé con cierta extensión del eximio griego especialmente de su célebre propuesta: nadie hace el mal voluntariamente o a sabiendas que no siempre se interpreta correctamente y, por consiguiente, no se advierte la importancia que este pensamiento tiene para la ética. Lo mismo pienso de Jesús de Nazaret: su pensamiento moral no es tomado con la consideración que merece. Es muy poco frecuente que los ideólogos de la ética se ocupen de Jesús. Por cierto, algunos o muchos dicen que lo tienen como modelo ideológico, pero, en ocasiones son algo o muy mundanos e hipócritas, personas o procederes, como se sabe, siempre denunciados por Jesús.

Al enjuiciar acerca del potente poder de las ideas, de las ideologías o creencias en la conformación de la conciencia moral me serviré como ejemplo de lo que ocurrió con Martin Heidegger y su adhesión al nazismo para ilustrar que la moralidad no está sujeta a la inteligencia o a la potencia del pensar sino a la ideología adoptada. Se ha dicho que Heidegger fue el mejor filósofo del siglo xx, démoslo por bueno. Pero, en la mente de este pensador y filósofo anidaron ideas funestas. Su ideología le llevó admirar a Hitler y a exponer que había «verdad y grandeza» en el nacionalsocialismo hitleriano. Un humano que había hecho del pensamiento y del ejercicio de la razón su principal actividad se dejó cautivar por una ideología nociva, dañina y su conciencia no protestó por ello.

Para evitar caer en la unilateralidad no hablaré solo de Heidegger también me serviré de lo que sucedió con Jean Paul Sartre, otro eminente razonador que amparó y justificó los desmanes, primero de los soviéticos en Rusia y después los de los chinos y su perniciosa Revolución Cultural Proletaria.

De modo parecido también me serviré de lo que sucedió con el que fue Papa, Pablo IV, al organizar en pleno Renacimiento la Inquisición romana en 1542 para combatir la Reforma luterana y ser su primer Inquisidor General antes de acceder al papado. Es muy llamativo que una iglesia que se dice cristiana adoptara una ideología que se superpone a la originaria de Jesús, pero la contradice. Lo que se hace evidente es que la adopción de una determinada ideología moral y teológica justificó un mal enorme.

El nazismo seguramente ha sido la mayor aberración ideológica de los humanos a lo largo de toda su historia. Parece que no hay duda alguna de que fue la doctrina que ocasionó el mayor dolor y daño a la humanidad. Volver a reflexionar sobre ello es muy esclarecedor para estudiar lo que es el mal y poder observar que la conciencia moral de muchos humanos se acomoda con toda tranquilidad a cualquier desvarío.

Entiendo que Hitler y Stalin han sido los humanos que han promovido los mayores males a gran número de congéneres y, no obstante, su conciencia moral, y la de sus secuaces, estaba conforme con el mal que causaban. No será extraño, entonces, que estos horrendos personajes aparezcan varias veces en este libro. La reflexión de lo que de sí mismos dijeron los conocidos nazis Adolf Eichmann o Rudolf Höss, el comandante de Auschwitz, también nos será muy útil para examinar cómo se comporta la conciencia moral en las ocasiones en las que se causa un gran mal a gran cantidad de personas.

Es muy frecuente que se diga: las ideas o las ideologías son buenas, pero al ponerlas en práctica se desmerecen, se estropean o no pueden aplicarse. No es así. Hay ideas e ideologías que son malas, perjudiciales para todos o una parte de los humanos y las hay que son buenas, beneficiosas. También las habría erradas o irracionales, pero inocuas, inofensivas.

Pero ¿se puede decir que hay ideologías o ideas buenas y las hay perjudiciales? ¿Qué criterio se utiliza para decirlo? El criterio que propongo es el del dolor y el daño. Propongo que una ideología, creencia o doctrina es mala si causa un dolor o daño al semejante. Una ideología que perjudica es mala, según mi parecer, y es buena la ideología que beneficia a los semejantes. Es mala una ideología o creencia que causa un dolor o daño que la víctima no consiente. Si alguien no acepta un dolor o daño no existen razones que justifiquen o permitan este dolor o daño. Así es o debe ser desde el siglo XVIII.

Son manifiestamente malas las ideologías que permiten el uso de medios que dañan o perjudican para conseguir un supuesto bien tenido por superior. Fue mala la ideología política de Marx que justificaba y daba por buena una revolución cruenta y violenta para poder acceder a una sociedad mejor. Hitler y los nazis pensaban que era bueno exterminar a los judíos, pero la mayoría de humanos pensó y sigue pensando que fue algo horrendo, diabólico.

El fin nunca justifica los medios. Pero, además, no todos los fines propuestos son buenos. Pienso que es importante observar que no todos los fines son buenos aunque pudieran ser buenos los medios para conseguir tal fin. Lo que ocurre con cierta frecuencia es que medios y fines son malos, ambos por igual.

Entiendo y propongo que la ideología moral de Sócrates es buena; la ideología moral y la política de Platón y de Aristóteles no son buenas; la ideología política de Marx, es mala. La de Nietzsche que admite el dolor y el daño para los débiles y para la mujer, no es buena. La doctrina moral y política del nazismo es mala. La ideología moral que se fundamenta en la universa-lidad de los derechos humanos es buena. Las ideologías mora-les de David Hume y de Kant no son malas, son unilaterales, parciales, pero son inocuas. Podrían llegar a ser malas si se las aplicara de modo estricto y general como hace el propio Kant en su libro *Metafísica de las costumbres*. La doctrina moral de Buda y la de Jesús son buenas.

Me he referido a la Inquisición. En lo relativo a la ideología moral es pertinente preguntarse, ¿cómo es posible que la Igle-sia que dice hacer suyo el mensaje de Jesús pudiera organizar aquella bárbara institución? Algunos dirán que la predicación de Jesús fue buena, pero sus ideas no se pueden aplicar. Dis-cutiré acerca de si es posible o no hacerlo. De cualquier modo que sea debe poder observarse que la doctrina que justificaba la Inquisición no era la de Jesús que se hubiera horrorizado de lo que hicieron los que hablaban en su nombre.

La ideología teológica y ética de las iglesias cristianas con-tiene al menos cuatro capas, cuatro ideologías superpuestas no siempre acordes entre sí. Primero, la ideología originaria de Je-sús, segundo, la del Apóstol Pablo, que en parte se opone a la de Jesús, en tercer lugar la ideología de los evangelistas todos ellos seguidores de Pablo, pero con diferencias entre ellos, y, fi-nalmente, la ideología creada, al menos desde el Concilio de Nicea en 325, por el magisterio de las iglesias cristianas a lo lar-go de su historia. Agustín de Hipona, Tomás de Aquino y otros teólogos contribuyeron a edificar una ideología religiosa eclesial que en no pocas ocasiones contradice la primigenia de Jesús. Esta ideología eclesial superpuesta a las tres anteriores permi-te y alienta el poder temporal de la iglesia y justificó la violen-cia. Más adelante se comentará lo que Santo Tomás escribió en su *Suma Teológica*: los herejes serán «entregados con todo justi-cia a la pena de muerte» [Parte II-II, Cuestión 11, Artículo 3].

¿Hubiera aprobado Jesús la sentencia de Tomás? En nombre de una supuesta religión verdadera, la católica de Tomás, se mata al hereje cristiano. En nombre de una supuesta religión verdadera, la judía de Caifás, el judío Jesús fue acusado de blasfemia por los Sumos Sacerdotes saduceos del Templo de Jerusalén y entregado al poder de Roma que lo ejecutó.

La teología de Tomás de Aquino sigue teniendo gran peso en la iglesia cristiana y católica. Martín Lutero, muy crítico con la razón y con la escolástica y tan violento como Tomás, al tomar de Pablo la idea de que para la salvación era necesaria la fe infundida se opuso en parte a la teología del de Aquino.

Se hace evidente que una doctrina violenta no es la de Jesús y que la doctrina eclesial, especialmente en los siglos XVI y XVII, en alguna medida guiada por Santo Tomás, adquirió la primacía, derrotó y suplantó la ideología originaria. ¿No fue Jesús quien acorde en gran parte con la teología judía que nunca reprobó en su totalidad recomendaba el perdón y el auxilio al enemigo y al que andaba errado?

El Maestro del evangelio, como le llamaba Kant, fue un profeta que quiso reformar la teología y la ética judía y las hizo más humanas al acercarse siempre, en nombre de un Dios amoroso, a los pobres, desvalidos y dolidos. Luego Pablo, quizá sin proponérselo, fundó una nueva religión. Entiendo que puede decirse que la Iglesia católica dejó de ser cristiana o evangélica durante unos siglos al instaurar la Inquisición. En la actualidad, ¿son cristianas las autodenominadas iglesias cristianas? ¿Son jesuánicas estas iglesias?

En este libro tomaré con frecuencia el testimonio de Sócrates y el de Jesús. Ambos benefactores de la humanidad fueron muy sencillos y profundos y no siempre se aprovecha la potencia de su pensamiento. Se llamó divino a Platón, en lugar de decirlo de Sócrates, pero es a Jesús a quien debe llamarse divino. Sin embargo, Jesús hubiera considerado blasfemo que alguno de sus discípulos o seguidores le consideraran Dios, él siempre se consideró un profeta judío cercano al Dios de Israel, fue un intérprete bondadoso del Antiguo Testamento que conocía muy bien. Según la opinión de algunos expertos con prestigio es dudoso que él se creyera el Mesías o Ungido, el Rey, el *Khristós* dicho en griego, que esperaban los judíos creyentes. Esperaban un hombre enviado por Dios con sumo poder delegado para reinar sobre toda la Tierra y derrotar a Satanás en el fin de los tiempos.

Las ideas, ideologías o doctrinas benignas lo son también en la práctica, las perjudiciales, malignas, violentas o nocivas lo son también en la práctica. Pienso que es claro para la mayoría que la doctrina nazi es nociva, en teoría y prácticamente. La ideología supuestamente liberal de los acaudalados y de sus acólitos no es buena al desconocer o menospreciar el dolor de los débiles o desgraciados de la Tierra.

La ideología de Jesús es buena en teoría y en la práctica, cosa diferente será que se la adopte o se la siga. Nunca podrá decirse que al hacer práctico el mensaje de Jesús se cometa un perjuicio o un atropello. En la actualidad se habla mucho del budismo. La doctrina propuesta por Buda es buena, a mi entender menos buena que la de Jesús, pero la ideología de los budistas puede dejar de serlo si se le adhieren componentes ideológicos que no lo son.

Al decir que la doctrina de Buda es menos buena que la de Jesús estoy gobernado por mi ideología. En este caso por mi ideología que hace del dolor y el daño lo fundamental para discernir el bien y el mal. Entiendo, aunque puedo caer en el error, que Jesús, a diferencia de la mayoría de filósofos, teólogos y de otros religiosos, estuvo siempre atento al dolor de sus semejantes e hizo del dolor y el daño el criterio principal de su mensaje. Hasta donde yo sé ningún filósofo o teólogo ha prestado tanta importancia al dolor y al remedio del dolor; y cuando no hay remedio al consuelo del que padece.

Jesús siempre oyó y atendió el lamento de las víctimas y de los desgraciados mientras que Buda quizá estuvo más atento al perfeccionamiento personal. Me parece que todavía hoy los budistas están más centrados en el perfeccionamiento del propio yo que en ocuparse del yo de los otros. No está nada mal, pero entiendo que Jesús fue más allá. En la actualidad no es infrecuente conocer a personas religiosas cristianas, pero sensibles a la espiritualidad budista que se ocupan especialmente de su crecimiento espiritual. No los critico, simplemente me sorprende que diciéndose cristianos no tengan suficiente con el mensaje del Nazareno.

Ya no estamos en el siglo XIX o a principios del XX cuando intelectuales e ideólogos de todo tipo decían que Jesús no existió o que no podría saberse lo que pensaba y dijo. Hoy en día los expertos en el estudio del Nuevo Testamento, bien sean católicos, protestantes, agnósticos o ateos, argumentan o prueban que muchos de los dichos importantes, —aunque no todos los *logia* o dichos—, atribuidos a Jesús especialmente en los evangelios sinópticos, son históricos. ¿No será bueno leer Marcos, Mateo y Lucas con suma atención y recordar lo más sustantivo de la ética del Maestro de Jerusalén?

De ser cierto como parece que una cierta cantidad de los dichos de Jesús, recogidos por los teólogos evangelistas, son históricos quizá sabríamos más y con mayor certeza del pensamiento de Jesús que del de Sócrates tan alterado por Platón. Si se acepta que Platón alteró gravemente el pensamiento de Sócrates mi comentario acerca de que podríamos saber tanto del pensamiento de Jesús como del de Sócrates tendría fundamento. Al respecto debe recordarse que Platón, sin pestañear, atribuye a

Sócrates la doctrina platónica de las Ideas o Formas y algunas afirmaciones contenidas, entre otros lugares, en *República* que es del todo imposible que Sócrates hubiera formulado. Si Platón atribuyó a Sócrates la teoría de las Ideas, pudo atribuirle otras muchas concepciones y en relación a ello lo escrito por Aristóteles en su *Metafísica* a mi modo de ver es una clara denuncia de Platón: «Sócrates no atribuía existencia separada a los universales ni a las definiciones. Sus sucesores, en cambio, los separaron, y proclamaron Ideas a tales entes, de suerte que les aconteció que hubieron de admitir, por la misma razón, que había Ideas de todo lo que se enuncia universalmente» [1078b30].

Los evangelistas no fueron historiadores sino hombres de fe, teólogos que según manifiestan los exegetas actuales, atribuyeron a Jesús —como también le sucedió a Sócrates— algunos dichos o concepciones que hoy en día casi nadie considera pensamientos que se puedan a asignar al maestro de Nazaret. Debe recordarse que los evangelios fueron escritos bastantes años después que las cartas de San Pablo y los evangelistas, sobre todo, Marcos y Juan fueron muy influenciados por la teología de Pablo en lo relativo a la soteriología, la salvación de las almas. Pablo fue el primero en propagar que Dios envió al mundo a su Hijo Jesús para ser sacrificado y, mediante este sacrificio, redimir a los humanos. Los teólogos evangelistas adoptaron esta doctrina y la dieron por probada.

No quiero engañar ni confundir a nadie, no soy creyente, pero ello no me impide leer con gozo y provecho los evangelios sinópticos, —en menor medida el de Juan—, y apreciar en alto grado lo que allí se explica. Procuro creer solo lo que está probado. Creo que Sócrates existió y creo que una parte, pero no todo, de lo que Platón cuenta de él está suficiente probado; creo que Jesús existió y creo que una parte, pero no todo, de lo que los evangelios cuentan de él está suficiente probado.

Sócrates y Jesús me interesan muy especialmente, me cautivan, nunca pretendieron convencer a nadie, siempre exponían lo que pensaban sin ánimo de imponerse y nunca quisieron vencer a los demás. Solo el Diablo quiere vencer e imponerse, el diablo del Antiguo Testamento, el de los Evangelios, el de John Milton, el de Goethe, el de Baudelaire, el de siempre.

Sócrates y Jesús, también Buda, no pretendían convencer y vencer, exponían con paciencia lo que pensaban y tenían respeto si quienes les oían no se adherían a su pensamiento. Jesús nunca dijo que no se iba a salvar quien no creyera en él y en su resurrección, se salvaban los limpios de corazón, los que obraban con rectitud y cumplían con los mandamientos de Dios como dijo, entro otros pasajes, en el conocido como sermón de la montaña. Platón y otros muchos pensadores en no pocas ocasiones quieren convencer y vencer.

En los casos aludidos de personas que utilizaban la razón —entre otros, Aristóteles, Pablo IV, Hume, Kant, Marx, Heidegger, Sartre—, se observa que las ideas e ideologías se clavan con irrefrenable fuerza en la mente de los humanos y cuando son dañinas justifican el mal que ocasionan. Estos y otros testimonios me permitirán argumentar, en oposición a Hume y a Kant, que las ideas pueden arruinar o adormecer la conciencia moral. Las ideas o creencias suelen barrer el poder de los sentimientos morales: respeto, compasión o piedad, vergüenza y sentimiento de culpa o de culpabilidad.

Al respecto del poder de la ideología, para ilustrar con claridad mi pensamiento, seguiré tomando lo que fue la esclavitud o lo que sigue siendo la opresión y los abusos de todo tipo con especial referencia a la mutilación genital femenina que todavía hoy sufren cientos de miles de niñas. Aristóteles aparecerá con frecuencia, sus éticas, en particular *Ética Nicomáquea*, ha influido poderosamente en el desarrollo de la historia de la cultura europea. Pero el filósofo griego, a su vez, al justificar y defender la esclavitud me permitirá exponer con cierta reiteración el aparente enigma acerca de que un gran pensador consienta y ampare el daño ocasionado a los congéneres humanos al igual que hicieron Pablo IV, Marx, Heidegger o Sartre.

Los sentimientos morales suelen edificar las buenas acciones, pero con gran frecuencia las ideas no solo apagan estos sentimientos sino que encienden sentimientos opuestos, adversos o desfavorables. Se suele pensar que los sentimientos y pasiones doblegan el poder de la razón y, sin dejar de ser cierto que es así, a menudo se observa lo contrario, los productos de la razón —ideas, ideales, credos, ideología, razones, principios, doctrina o creencia— encienden sentimientos y pasiones no siempre favorables como el odio, la venganza y otros. La bondad puede ser atizada y cultivada por la acción de ideales benignos, pero la maldad también se origina por medio de ideales perjudiciales o malignos.

En muchas ocasiones el amor se apaga y se enciende el odio por la acción de los ideales poco o nada adecuados sin olvidar a los intereses propios que también mandan. Malqueremos y podemos llegar a odiar a los adversarios o enemigos gobernados por la ideología que hacemos propia. La Guerra civil en España en el siglo xx puede ser, como en todas las guerras y conflictos serios, una buena muestra.

El cruel general Franco obediente a su ideología nazi-fascista autorizó que se fusilara a un poeta inocente para que quedara claro quien mandaba; un gran poeta obediente a su ideología republicana y de izquierdas escribió del cruel general Líster: «Si mi pluma valiera tu pistola / de capitán, contento moriría». Todavía hoy quedan rastros de los diversos sentimientos o pasiones que se levantaron hace ochenta años debidos al enfrentamiento de intereses e ideologías diferentes. Hay que recordar que muchos adherentes a estas ideas opuestas no tenían directa y expresamente intereses materiales o personales que defender, no todos querían enriquecerse, medrar o conseguir poder, lo que muchos deseaban era poder vivir bien aunque para ello creyeran que se podía y debía aplastar a los adversarios como si fueran bichos.

¿A qué se debe que las ideas, tanto las benignas como las malignas se queden clavadas con fuerza en nuestras mentes? El interés por lo propio es uno de los martillos, pero hay otros tanto o más potentes. Se enclavan las ideas que más o menos son congruentes con otras ya establecidas con anterioridad, la costumbre tiene mucha fuerza en este proceso y, poco a poco, paso a paso, nos acostumbramos a las ideas y las vamos haciendo propias. De la costumbre nace la certidumbre y la convicción.

Además de lo anterior hay un factor muy activo y potente, otro martillo que clava las ideas en la mente y al que no se le suele dar importancia. Me refiero a que los humanos solemos necesitar de un grupo de pertenencia —religioso, político, académico, profesional o de cualquier otro signo— y una vez en él quedamos algo presos del grupo. Queremos prosperar en él o, al menos, vivir en él y, por encima de todo, deseamos evitar la reprobación o la expulsión del grupo. Con frecuencia nos adherimos a más de un grupo, pero cuando sucede de este modo uno de ellos suele adquirir la primacía.

Pocos son los que viven bien en la soledad, casi todos queremos ser amados y abrazados por nuestro grupo y a menudo nos envanecemos cuando el grupo nos ama o reconoce. Sin embargo, este anhelo nos puede conducir a situaciones no vistas al principio o a situaciones nuevas que comportan injusticia e inmoralidad. Nos acostumbramos al grupo que nos parece adecuado y simultáneamente a sus ideas o ideales aunque en ciertas ocasiones pueda ocasionar daño.

Aun aceptando lo dicho, ¿es que la razón no puede impedir que nos acostumbremos a lo falso o nocivo? La razón no siempre es fuerte y potente y, sobre todo, es de ella de donde proceden el error y las ideas dañinas. ¿No es la actividad de la razón la que permitió adoptar ideas erróneas o descabelladas a los aludidos Pablo IV, Marx, Heidegger y Sartre? Solo la razón puede deshacer el error, pero no de inmediato, en muchas ocasiones deben pasar numerosos años para deshacer una idea errónea y en no pocos casos muchos se van a la tumba convencidos de sus desvaríos. Así somos los seres humanos.

Una buena parte de los humanos son bastante estúpidos, disponen de un pensamiento deficitario aunque ellos suelen creer que son buenos pensadores. El pensar del necio consiste en anteponer la ideología, creencia o doctrina al examen atento de la realidad. Vale lo que tiene en su cabeza, lo que ha adoptado. El estúpido apenas reflexiona y corrige su supuesto saber, ¿para qué si ya se sabe todo lo que hay que saber? La doctrina, los convencimientos siempre se acaban imponiendo entre la gente irreflexiva y estúpida. En el capítulo correspondiente se argumentará que existe una relación muy estrecha entre la estupidez y la causación de dolor y daños evitables debido a que el necio es muy irreflexivo y da por cierto o inevitable aquello que comporta dolor. El necio suele conceder mayor valor a las doctrinas que a las personas y a consecuencia de ello puede arremeter contra los otros creyendo que hace un bien a la humanidad.

En lo relativo al daño también debe pensarse que la estupidez estimula el crecimiento de la envidia tan frecuente. El envidioso no puede alegrarse del bienestar o el éxito de sus congéneres, no puede reconocer los méritos de los otros, al contrario, se siente molesto y con rabia cuando sus conocidos o amigos disfrutan de algún logro. No es raro que hable mal de los demás o levante falsos testimonios. El envidioso no puede admirar los valores de los otros aunque les considere amigos, siempre está presumiendo y rivalizando. La envidia es muy frecuente y es frecuente que el envidioso sea algo o muy estúpido. En todos los agrupamientos humanos la envidia deshace o impide la consecución de un mayor bienestar de las personas que componen al grupo porque se opone a la bondad y al juego limpio, es decir, a la limpieza de corazón. Donde hay bondad no hay envidia.

En mi libro sobre la felicidad y el dolor propuse que el ser humano es aprovechado, acomodaticio, crédulo, miedoso y frecuentemente codicioso. En *La felicidad, la moralidad y el dolor* se puede leer: «Los animales son tan crédulos como los humanos, pero ellos creen lo que ven, mientras que los humanos creen lo que ven y, además, creen con igual convicción lo que imaginan y crean».

Por credulidad se entiende la facilidad para creer y las creencias anidan fácilmente en la mente de las personas incluso de las más inteligentes. No es raro leer que Isaac Newton, el descubridor de la ley de la gravitación universal, fue el más grande genio que ha existido. Sin embargo creía que en la Biblia podía encontrarse escondida la fecha del fin del mundo. En una carta fechada en 1704 después de largos y concienzudos estudios de la Escritura llegó a la conclusión de que el día del Juicio Final no sería antes del año 2060. El gran físico y gran pensador creía en Dios, pero era arriano, no concebía que Jesús pudiera, a su vez, ser Dios.

Sócrates y Jesús, grandes pensadores de quienes todavía no hemos aprendido lo mejor de su mensaje, creyeron algunas cosas que hoy no solemos aceptar. El filósofo griego, si Jenofonte estuvo en lo cierto, creía que la divinidad conocía el futuro y lo anunciaba a quien ella quería, incluso a través de los gritos y vuelos de los pájaros. Quizá el mayor de los errores de Jesús fue creer y anunciar que el fin de los tiempos iba a llegar en unos pocos años.

Si Sócrates, Jesús o Newton pudieron creer algunas cosas que actualmente no aceptaríamos la mayoría de los humanos, menos inteligentes que ellos, podemos llegar a creer cosas completamente absurdas o disparatadas y nuestras creencias aunque sean auténticos disparates quedan tan fuertemente clavadas en nuestro cerebro que habitualmente resisten toda reflexión o no son reflexionadas de nuevo. Así somos. Somos extremadamente crédulos cuando las creencias son compartidas por nuestro grupo de pertenencia.

A propósito de la credulidad debo decir que en este libro se hablará mucho de las creencias, frutos de la razón, porque suelen estar en el origen del mal. Entiendo que nadie puede negar que lo que creemos puede causar mucho daño cuando las ideas son nocivas. Como muestra se puede recordar lo que acaba de ser descrito al hablar de Tomás de Aquino, de la Inquisición o de otros desastres cometidos contra la humanidad.

A las persones, a pesar de todos los desastres y calamidades, la vida en común con otros seres humanos les supone más beneficios que perjuicios. Spinoza, el gran filósofo holandés, un hombre sabio, ya lo advirtió. En su *Ética* escribió que «la realidad es que de la común sociedad de los hombres surgen muchas más ventajas que perjuicios» [4/35e]. Pero es importante observar que la anterior afirmación no le impidió observar también que «los hombres son por naturaleza envidiosos, es decir, que gozan con la debilidad de sus iguales y, al revés, se entristecen con su virtud. [...] Está claro, pues, que los hombres son proclives al odio y a la envidia» [3/55e[1]].

Cuando hay paz entre ellos de la común sociedad los seres humanos obtienen grandes beneficios —recuérdese que fueron humanos quienes descubrieron las vacunas, los antibióticos, la anestesia, fueron humanos los que abolieron la esclavitud que otros establecieron y justificaron con anterioridad, fueron humanos quienes escribieron la *Ilíada*, los evangelios o la música del *Magnificat* de Bach o la de la *Gran Misa en do menor* de Mozart—.

Pero, a su vez, también es cierto que muchos congéneres humanos son unos inútiles, bastantes de ellos parásitos, no son escasos los maleducados o desagradables, un gran número envidiosos y no pocos muy dañinos. Además, en relación a la credulidad y las creencias, la mayoría de los humanos, hombres y mujeres, se creen más de lo que son. Algunos de éstos son tan memos que no pueden reconocer que otros son más inteligentes y útiles. La propensión de creerse más de lo que se es origina a veces daños y casi siempre muchas molestias y perjuicios. Si se acepta lo antedicho entiendo que puede decirse que tomada en su conjunto la humanidad no es una maravilla.

En este libro, como en el anterior sobre la felicidad, la moralidad y el dolor, se sostiene que por primera vez en la historia de los humanos la moralidad puede fundamentarse en la evitación del mal puesto que en nuestra época, pero nunca antes de modo general, se acepta la idea de que todos los congéneres humanos son iguales o semejantes. Cuando la igualdad no es aceptada, la ética debe fundarse en una idea del bien, entendido de un modo abstracto e ideal o entendido como un bien general, una idea del bien para la comunidad en su conjunto, pero que puede perjudicar y dañar a una mayoría o a una minoría.

Decía antes que cuando se establece que todos somos iguales con la simple recomendación virtuosa no es suficiente. Ya no se espera que el poderoso sea virtuoso sino que se exige que cumpla con su deber. Se le exige que respete el derecho de un igual. Si somos iguales la mujer, el hombre y el niño no podrán ser perjudicados o dañados, no podrán ser acosados, sometidos y heridos. De este modo no siempre esperamos que cualquiera sea virtuoso sino que le exigimos que se comporte de acuerdo con el mayor de los deberes: no perjudicar, no dañar, no abusar de los demás.

Kant observó que en su siglo avanzaba la idea sobre la igualdad de los humanos dado que las antiguas relaciones sociales del feudalismo basadas en la desigualdad se estaban deshaciendo con el ascenso de la burguesía. Entendió que los cambios culturales y sociales sucedidos en el curso de su siglo implicaban que el deber, en el reino de la igualdad, debía adquirir la primacía frente a la recomendación virtuosa. Kant falleció en 1804, quedó asombrado al leer a Rousseau y celebró con júbilo el desarrollo de la Revolución Francesa, sin embargo, no pudo aceptar la igualdad civil para todos y su imperativo moral quedó herido de muerte. Por consiguiente, sus opiniones sobre el mal, el bien, el deber y la conciencia moral que los enjuician no serán las aceptadas y propuestas en este libro.

Quizá la sencillez de Sócrates y de Jesús al proponer deberes para el bien de todos los humanos tenía más consistencia que la propuesta de los deberes de Kant que provenía de un enorme y complejo aparato filosófico; propuesta que en parte era incorrecta al excluir la consideración del dolor y el daño. Pero, como acaba de decirse, en la antigüedad la humanidad no pudo entrar en el reino del deber. La primacía de la virtud fue más potente y fuerte debido a que el poder, el poder en todos sus órdenes, impedía que se admitiera la idea de la igualdad de todos los congéneres como empezó a extenderse en el siglo XVIII y a aceptarse por todos y para todos como consecuencia de la Revolución Francesa.

Para terminar este prólogo, y en oposición a Aristóteles y a Kant, puesto que la conciencia moral suele estar al servicio de las ideas e ideales que adoptamos, en ocasiones benéficos, pero a veces muy perjudiciales, no parece que siempre nos va a servir de ayuda para evitar la inmoralidad.

Nuestra conciencia moral es una facultad importante, pero insuficiente. Ella examina nuestro comportamiento, pero nosotros debemos examinar a nuestra conciencia. No podemos fiarnos siempre de ella, debemos vigilarla continuamente con la mayor atención, no vaya a ser que no proteste cuando en nombre del bien o de una supuesta verdad vayamos a ocasionar un mal evidente a nuestros congéneres.

CAPÍTULO I

EL BIEN Y EL MAL

El mal que se puede y se debe evitar

En las páginas que siguen parto del principio de que el mal es el dolor y el daño. Entiendo que es obvio que el daño acaecido siempre es doloroso. Es evidente que tal postulación sobre el mal se desprende de una particular ideología acerca del ser humano, otras ideologías podrán decir que el mal se debe definir de otra forma.

Se propondrá que en la actualidad el dolor y el daño infligidos a los congéneres en nombre del bien se pueden y se deben evitar. No ocurrió así en otras épocas cuando se justificaba el sometimiento y el abuso de una parte de la comunidad.

Entre otros muchos posibles serían ejemplos del mal, que hoy en día ni aprobamos ni consentimos, la esclavitud, el ocasionado a las mujeres que no eran consideradas iguales a los hombres o el mal hecho a niños de ocho años o menos que en Europa y hasta 1841 podían trabajar doce o catorce horas al día en la mina o en la fábrica. La ideología moral y política europea dominante en aquellos días autorizaba y justificaba aquel mal en nombre de un bien supuestamente superior. En la actualidad un mal horrible es el que padecen millones de niñas: la mutilación genital mediante escisión o infibulación.

En este libro propondré que el mayor de los deberes es no hacer el mal entendido como dolor y daño. Opino que se puede formular una ética elemental basada en el deber de no ocasionarlos. Se quiere significar expresamente que no se puede causar el mal en nombre del bien o de doctrinas varias.

Aunque se pudiera derivar un beneficio mediante el dolor, no se puede causar dolor a quien no lo quiere, a quien no lo acepte, a quien no consienta en padecer este dolor, daño o perjuicio.

Todavía más, no se puede dañar a nadie aunque una víctima lo aceptara. Así queda establecido en la actualidad al considerar que una persona que admita ser dañada lo hace movida por la debilidad, la menesterosidad o por la opresión. Un buen ejemplo sobre lo que acabo de decir podría referirse a la prohibición de que alguien pueda vender una porción de su hígado o un riñón para ser trasplantados aunque quiera hacerlo y lo consienta. La prohibición está basada en la evidencia de que una persona que tuviera con qué vivir no vendería uno de sus órganos. Cuando alguien está dispuesto a consentir un daño suele estar muy debilitado y no puede defenderse. En tales casos la política de la comunidad debe acudir en su ayuda para evitar lo manifiestamente injusto.

El mayor y principal deber es el de no perjudicar ni dañar, no imponer nada en nombre del bien, no tratar nunca a nadie como cosa, medio o instrumento. El ser humano como recordaba Séneca debe ser sagrado para el humano, cualquier persona debe ser tratada como un fin y nunca como medio, cada persona establece sus propios fines y deseos. En el reino de la igualdad civil al establecer nuestros fines no podemos alterar o manosear los fines y deseos de los demás mientras los fines de los demás no perjudiquen a los semejantes. Esta sería una idea o propuesta elemental o fundamental.

Al hablar del dolor, provocado o natural, me refiero, por supuesto, al dolor corporal y también al dolor mental y al conocido como dolor moral. Me refiero a los dolores intensos puesto que hay dolores corporales y mentales débiles o poco intensos que se pasan razonablemente bien.

Debo advertir que no necesito diferenciar entre dolor y sufrimiento o padecimiento. Para mi propósito tomo estas palabras como sinónimas. Acaso, en ocasiones, ¿no hablamos del dolor de la vida? Al hacerlo de esta forma aludimos a todo tipo de dolores. Cuando alguien nos humilla u ofende nuestra dignidad sentimos dolor en el alma, no es necesario ni obligado decir que sufrimos cuando el dolor es anímico y nos dolemos cuando el dolor es corporal.

En nuestra cultura se habla de la Dolorosa al referirse al sufrimiento de la madre de Jesús ante el suplicio y martirio en la cruz de su hijo, pero no hablan, y pienso que hacen bien, de la Sufridora. *Stabat mater dolorosa*, se dice y se canta, inspirándose en las palabras del evangelista Juan que en la versión latina del Nuevo Testamento cuenta: «*Stabant autem juxta crucem Jesu mater ejus...*» [19,25]. Como sabe todo el mundo el nombre de mujer, María Dolores tiene este origen.

Por otra parte, no parece posible decir que tenemos un dolor, pero no sufrimos o padecemos. Puede decirse, eso sí, que lo llevamos bien o lo soportamos bien, pero que nos guste el dolor o que no sufrimos con él no creo que pueda decirse. Es evidente que no todos nos comportamos del mismo modo ante el dolor. Unos lo sufren con entereza, otros no paran de quejarse. Unos ante un dolor poco intenso podrán sentirse desgraciados, otros, por el contrario lo soportarán mejor y no dejaran de sentirse dichosos. Pero, de ordinario ante un dolor muy intenso la felicidad desaparece. Entiendo que Aristóteles acertó cuando en *Ética Nicomáquea* escribió que «los que andan diciendo que el que es torturado o el que ha caído en grandes desgracias es feliz si es bueno, dicen una necedad, voluntaria o involuntariamente» [1153b].

No parece que se pueda contradecir que el dolor a nadie le apetece si puede prescindirse del mismo. Aunque Jesús fue un ser muy especial dudo que fuera feliz en la cruz, entiendo que de haber podido hubiera preferido evitarla. Según Marcos y Mateo gritó: «¡Dios mío, Dios mío! ¿Por qué me has abandonado?».

En mi libro sobre la felicidad, la moralidad y el dolor expuse que no es correcto decir que hay masoquistas que aman el dolor, que gustan de él. Los masoquistas guiados por el error piensan que deben someterse y humillarse para establecer una relación humana satisfactoria, pero, de modo general, el dolor que supone este tipo de relación suele estar controlado. En estos casos se busca, más que el dolor, una relación que es enfermiza o trastornada. Decía en aquel libro que si lo que buscaran los masoquistas fuera el dolor por el dolor lo obtendrían de modo más barato e intenso dándose un buen martillazo en la mano.

Serían dolores mentales y morales entre otros posibles: la angustia, el miedo, el pesar, el perjuicio, la amargura, el hastío, la frustración, la tristeza, los dolores debidos a la muerte de un ser querido, a la pobreza, a la opresión, a la ofensa a la propia dignidad o los debidos a un ultraje, humillación, infidelidad o deslealtad, el dolor ocasionado por cualquier daño o menoscabo. También, por supuesto, es doloroso el sentimiento de culpa y el de vergüenza. La compasión, asimismo, siempre es algo dolorosa.

Hay más tipos de dolores, pero debo advertir que en este libro siempre me refiero a los dolores que nos son infligidos por nuestros congéneres. Solo este tipo de dolores tienen relevancia o significación ética. Quiere decirse que la tristeza y el pesar adquieren esta relevancia cuando alguien nos mata o daña a un ser querido. Por el contrario, de ordinario el hastío o la amargura no tendrían esta relevancia ética.

Es importante observar que si se acepta el deber mayor o primordial tal como se ha propuesto, ello no significa que podamos abstenernos ante el perjuicio, el dolor y el daño. Debemos remediarlos si podemos dado que de no hacerlo los prolongamos, sería como si los causáramos de nuevo. La omisión o la abstención ante el dolor y el daño si podemos ponerles remedio sería crueldad.

Para todos los humanos el primer de los deberes es no perjudicar, no dañar, no causar un dolor que se puede evitar, no abusar de los demás. El segundo de los deberes es el de poner remedio a un dolor, daño o perjuicio si está en nuestra mano el hacerlo. En este supuesto la beneficencia es obligada, es un deber para todos.

Como se verá en el final del presente capítulo hay que poder discernir que no estamos obligados, no tenemos el deber de ser beneficentes de modo general o absoluto. En una sociedad civilizada la actividad política, el gobierno de lo público es quien tiene el deber de auxiliar a los menesterosos mediante los impuestos y tributos que provienen de la comunidad. Las personas no pueden, y, por consiguiente no tienen el deber de hacerse cargo de auxiliar o de asistir a los demás sin distinción.

La dificultad para definir lo que es el bien

A juzgar por la cantidad y diversidad de definiciones sobre el bien parece imposible que se dé un acuerdo general acerca de este tema. Si empezamos por el mal el acuerdo puede ser más fácil de lograr y a partir de este punto se puede definir el bien como lo contrario y opuesto al mal. Esta es mi propuesta que quizá puede ser compartida.

Pero, podemos preguntarnos con razón, ¿no será igualmente difícil saber y definir lo que es el mal? Pues sí, así puede suceder si partimos de una idea alejada del sentir de los humanos. ¿Hay algo general o universal que los seres humanos sin excepción queramos evitar? Entiendo que es el dolor y el daño. De ser de tal modo veamos qué sería según mi juicio el bien y el mal.

Estuvo y sigue estando bastante extendida la opinión de que debe empezarse por saber lo que es el bien y, con frecuencia, se añade que el mal por sí mismo no existe sino que debe entenderse el mal como ausencia o privación del bien. En este libro se propone lo contrario, no se empieza por el bien, se empieza por el mal y a continuación se establece que el bien es la ausencia del mal.

El mal es el dolor y el daño. El bien es, en una gran proporción, librarse del mal. El resto de bien posible corresponde a lo que se considera necesario o de provecho, lo útil y beneficioso, también el placer o el gusto, aquello que se considera preferible o deseable para uno o para el propio grupo de pertenencia. Puede decirse en este momento que entre los adultos, el placer o el gusto nadie puede condenarlo o prohibirlo mientras se actúe con moralidad, esto es, mientras no se cause dolor y daño a los demás.

Puede haber un acuerdo general en que es un bien la instrucción y el gusto por el arte y la belleza, pero aunque casi nadie dude de ello, el bien, éste u otro cualquiera, solo se puede ofrecer, no se puede imponer a diferencia del mal que se debe proscribir. Solo se puede imponer la prohibición del mal y la exigencia del deber, de hacer lo debido, de acuerdo a las circunstancias de cada uno: un juez tiene el deber de conocer la legalidad y ser imparcial, un médico tiene el deber de conocer la medicina y las reglas de su ejercicio; ante todo conducirse con respeto y poder ser algo compasivo para no demorar la aplicación de la cura, y, la cura comporta remediar el dolor hasta donde sea posible.

Que el mal es el dolor es un principio que no puede discutirse si se atiende a lo que dice todo el mundo en todas las épocas porque nadie acepta el dolor si se puede prescindir de él. Esta noción del mal es constante y, por consiguiente, ahistórica, es constante dado que atraviesa toda la historia de los humanos. El dolor se acepta cuando pensamos o creemos que no podemos eludirlo, pero nunca nos complace, lo toleramos para conseguir un determinado fin que no se puede alcanzar de otro modo.

En el supuesto de que el mal sea el dolor, y solo en tal supuesto, se puede concluir con toda seguridad que en la evitación del dolor lo deseado es deseable porque así es querido por todos con absoluta constancia. Pero en lo relativo al bien, dadas tantas definiciones sobre lo que es, no se puede afirmar que lo deseado es deseable con igual seguridad y certeza porque las proposiciones sobre el bien son abundantes y diversas al contrario del mal entendido como dolor.

Me parece que en este mundo sobra por innecesaria la maldad, pero también sobra mucha bondad declarativa porque una ética que pretende su fundamentación en la regla o ley que dicta: haz el bien, no es consistente si no se mira al mismo tiempo hacia el mal y, como ha ocurrido tantas veces, la idea del bien que excluye el mal, el dolor, puede acabar siendo perjudicial para muchos.

La idea sobre el bien es sumamente variable en el curso de la historia, sujeta a la ideología de los diversos grupos, clanes, sectas, religiones, partidos, filosofías, pero la idea sobre el mal cuando se lo entiende como dolor y daño es constante a lo largo de la historia de la humanidad por parte de quienes lo sufren. De ahí que sea preferible tomar el mal como criterio ético a la inversa de lo que suelen hacer los filósofos y los teólogos. Pero, como ya he dicho, tomar el mal como criterio solo se puede hacer en una sociedad de iguales ante quienes las doctrinas ya no pueden dominarles como ocurrió antes de la proclamación de los Derechos del Hombre y del Ciudadano en 1789.

Dado que es imposible establecer una idea del bien que pueda satisfacer a todos, los filósofos de la moral se ven obligados a formular definiciones muy abstractas del bien con la pretensión que pueda aplicarse esta idea con carácter general o universal, pero no observan que esta pretensión de universalidad, que puede ser nociva para algunos o para muchos, solo puede hacerse con precisión en lo relativo al mal y a su prohibición. Hay que andarse con suma atención con las ideas sobre el bien que justifican el dolor y el daño.

Hay filósofos que en relación al bien son muy especulativos y no suelen tener en cuenta el sentir de los humanos, pero los hay más prácticos y sobrios que admiten que el gozo o el dolor están relacionados con el bien y el mal. De entre estos últimos destaco para la ocasión a Sócrates, Demócrito, Epicuro, Spinoza y Stuart Mill. De los primeros escojo como muestra a Platón, Aristóteles, Tomás de Aquino, Kant y Hegel. Veamos una pequeña muestra de lo que piensan unos y otros.

Para Sócrates, como se expondrá con mayor extensión al hablar del naturalismo, «el bien más indiscutible es la felicidad» [IV, 2, 34] como se dice en los *Recuerdos de Sócrates* de Jenofonte. Sócrates precisa que para ser felices se requiere de lo útil, lo «beneficioso para los hombres» como se muestra en *Protágoras* [333d y 358a], y se requiere del conocimiento. Así pues también hace depender la felicidad del conocimiento verdadero que supone conocerse bien a sí mismo y cuidar bien la propia alma a través de un comportamiento virtuoso. Según Sócrates se trata de evitar la desgracia infligida a uno mismo al desconocer la virtud, especialmente la templanza, la moderación, la *sophrosýne* que hacia equivalente al autodominio, la *enkráteia*.

El bien en sí mismo, separado de la existencia de los humanos, la Idea o Forma del Bien, tal como lo entiende Platón no fue una propuesta socrática. Al respecto, como ya se dijo en el prólogo, lo escrito por Aristóteles en su *Metafísica* es muy claro y concluyente: «Sócrates no atribuía existencia separada a los universales ni a las definiciones. Sus sucesores, en cambio, los separaron, y proclamaron Ideas a tales entes, de suerte que les aconteció que hubieron de admitir, por la misma razón, que había Ideas de todo lo que se enuncia universalmente» [1078b30].

Demócrito fue un estricto contemporáneo de Sócrates que adopta unos principios muy parecidos. Como se verá más adelante en lo relativo a la ética fueron muchos los criterios que compartieron aunque no se conocieran. El filósofo atomista explicaba que el mayor bien que el humano puede alcanzar es la *euthymía*, el buen ánimo, la tranquilad del alma que incluye la alegría y se hace innecesario recordar que un dolor intenso arruina o desplaza la alegría.

Platón opina, según expone en *Republica*, que la Idea del Bien «es la causa de todas las cosas rectas y bellas» [517c]. Las Ideas o Formas, según este filósofo, tendrían una existencia propia al margen de la de los humanos, vivirían eternamente sin cambio alguno. Esta Idea del Bien parece relacionada con la teología, opinión quizá poética, pero muy imprecisa o inconcreta sobre todo si se piensa que el propio Platón en *Leyes* [909a] recomendaba la muerte para los ateos que no se corregían. En tal caso, para el filósofo sería un bien, algo recto y, tal vez, también bello, dar muerte a los que no creen en los dioses de la ciudad. Por desgracia, la opinión de que el bien admite y justifica el dolor y la muerte de los congéneres será aceptada por otros filósofos y teólogos.

Aristóteles en *Ética Nicomáquea* escribió que el bien es la felicidad y «la felicidad es una actividad del alma de acuerdo con la virtud perfecta» [1102a]. La actividad del alma referida a la felicidad sería la *theoría*, la contemplación, la *bíos theoretikós*, la vida teorética que no es vida productiva sino contemplativa. En esta ocasión, el filósofo griego, en su definición excluye el mal, el dolor, lo que no hace en otros pasajes de este mismo tratado. Recuérdese lo que ya he citado en una página anterior: «los que andan diciendo que el que es torturado o el que ha caído en grandes desgracias es feliz si es bueno, dicen una necedad, voluntaria o involuntariamente» [1153b].

Epicuro entiende que el bien y el fin de la vida es el placer. No obstante, repudia el placer de los disolutos, incontinentes y viciosos, piensa que hay que ser mesurado en la elección del placer. De acuerdo con la prudencia, la principal de las virtudes y el mayor bien según Epicuro, el mejor placer sería el *catastemático*, un placer en reposo, estable, una *hedoné katastematiké*, que se alcanza cuando no hay dolor. Contra lo que se suele pensar Epicuro en su *Carta a Meneceo* afirma: «cuando no sentimos dolor, ya no tenemos necesidad del placer» [128], de lo que se trata para ser feliz es de «no sufrir dolor en el cuerpo ni estar perturbados en el alma» [131].

Las opiniones de Santo Tomás de Aquino acerca del bien —y del mal que se puede acabar haciendo con este bien— no están lejos de las de Platón dado que Tomás también justifica la condena de muerte de los herejes. Veamos tres fragmentos de su *Suma Teológica*: «El principio exterior que nos inclina al mal es el diablo, de cuya tentación ya hemos hablado en la primera parte (c.114), y el principio exterior que nos mueve al bien es Dios, que nos instruye mediante la ley [natural] y nos ayuda mediante la gracia» [Parte I-II, Cuestión 90, De la esencia de la ley]. «El bien del individuo no es un fin último, sino que está subordinado al bien común, síguese que el bien de la sociedad doméstica se ordena, a su vez, al bien del Estado o sociedad perfecta» [Parte I-II, Cuestión 90, artículo 3]. La Iglesia en relación a los herejes «mira por la salvación de los demás, y los separa de sí por sentencia de excomunión. Y aún va más allá relajándolos al juicio secular para su exterminio del mundo con la muerte» [Parte II-II, Cuestión 11, artículo 3].

Tal vez una de las formulaciones más abstractas sobre lo que pudiera ser el bien se debe a Hegel cuando en *Principios de la filosofía del derecho* escribe que «es la libertad realizada, el absoluto fin último del mundo» [§ 129; p. 225]. Cabe entender que esta es una formulación sobre el bien vacía cuando no interesada porque en ella cabe todo.

La moralidad que pretende basarse en el bien es muy ideal y no se ha observado nunca que sea buena para todos aunque se diga como Hegel que el bien es «el absoluto fin último del mundo». Las formulaciones abstractas sobre el bien frecuentemente han ahijado y amparado el mal para algunos o para muchos como fue el caso de la filosofía de Hegel que en el mismo libro afirma que el humano «No tiene que hacer otra cosa que lo que es conocido, señalado y prescrito por las circunstancias» [§ 150; p. 269]. Si las circunstancias no son favorables a los débiles, en nombre del bien, «absoluto fin del mundo», según Hegel habría que hacer lo «prescrito por las circunstancias» y cerrar los ojos. Entonces, también se podría matar a los herejes si es «señalado y prescrito por las circunstancias».

En el extremo opuesto al de Hegel encontramos a Hobbes en cuyo caso al hablar de bien no encontramos abstracción sino singular concreción. En su *Leviatán* escribe: «cualquiera que sea el objeto del apetito o deseo de un hombre, a los ojos de éste siempre será un *bien*. [...] Tampoco hay una norma común de lo bueno y lo malo que se derive de la naturaleza de los objetos mismos, sino de la naturaleza humana» [p. 55].

Pero el naturalismo de Hobbes es muy insuficiente al describir lo que entiende por naturaleza humana. La moralidad queda muy dañada al suponer que solo hay egoísmo en el humano que debe ser controlado por la espada, por el poder que nacería de un pacto. Se acaba por sustituir la moralidad por la política o la convención como sucedía con los sofistas que se oponían a Sócrates.

En este tipo de naturalismo el bien, el mal y toda regla moral pueden quedar sujetos a la autoridad o al poder que surja en cada momento histórico, pero entonces la moralidad fenece. Cuando tal cosa sucede, en el mejor de los casos, el homicida de la moralidad es el derecho instaurado por un grupo más o menos amplio, en el peor de los casos la tiranía de uno o unos pocos.

Como se sabe, Hobbes se atenía al dicho, «el hombre es un lobo para el hombre» dada la condición humana en extremo codiciosa solo refrenada por la espada del Estado. El Estado, según este filósofo, surge de un pacto razonable de los humanos para evitar su mutua destrucción. El dicho que recoge Hobbes aparece en la dedicatoria de su *Tratado sobre el ciudadano* [*De cive*] [p. 2] y se ha hecho proceder del comediógrafo Plauto en siglo III a. C. que en su *Asinaria* o *La comedia de los asnos* escribió: «*lupus est homo hominis, non homo, quam qualis sit non novit*», que suele verse traducido como: «lobo es el hombre para el hombre, y no hombre, cuando desconoce quien es el otro». No obstante, entiendo que la siguiente versión es mejor: «cuando no se le conoce, el hombre es un lobo, no un hombre, para el hombre»[1].

---

1 El contexto de la frase es el siguiente: el Mercader le dice a Leónidas: «Quizá. Pero, a pesar de todo, no me convencerás de que confíe este dinero a un desconocido como tú. Cuando no se le conoce, el hombre es un lobo, no un hombre, para el hombre». *Asinaria*, acto II, escena IV.

Pero, a su vez, también citó Hobbes en su *De cive*, en la misma página, el adagio opuesto, el celebre apotegma del también latino, el poeta Cecilio Estacio en el II a. C.: «*homo homini deus est*», «el hombre es un Dios para el hombre». ¿Los dos son ciertos por igual o ambos son falaces? ¿Se puede desestimar uno y mantener el otro? En lo relativo a la condición humana Hobbes desestimó uno, Spinoza el otro.

Spinoza no era un iluso y sabía que el humano puede ser peor que un demonio, pero no siempre. El filósofo holandés, que fue un lector de Hobbes, tomó e hizo propio como lema el adagio más benigno y repudió el otro. Como escribió en su *Ética* opinaba que a pesar de todos los perjuicios y desmanes «la realidad es que de la común sociedad de los hombres surgen muchas más ventajas que perjuicios» [4/35e]. Seguramente Spinoza no pensaba que al margen de la sociedad civil el humano fuera como un lobo sino que siempre hubo civilidad en el grupo humano desde el inicio de la humanidad. Aunque puedan darse abusos y guerras, a su vez, los humanos también solemos respetarnos y ser cooperantes.

¿Qué sería el bien para Spinoza? Al respecto es muy preciso y conciso, nada especulativo, en *Ética* escribe de manera categórica: «por bien entenderé aquello que sabemos con certeza que nos es útil» [4/d1]. Como se ve es un pensador que no desdeña el utilitarismo. Tampoco lo hizo el Sócrates histórico, quien sí lo hizo fue el Sócrates de la *República* de Platón, un personaje inventado por el discípulo. Así pues, antes de Hume y de Stuart Mill ya hubo filósofos que pensaban que el bien y lo bueno estaban relacionados con lo que aporta beneficios, provecho y gozo a los seres humanos, lo útil.

Para Kant el supremo bien es la obediencia a la ley moral y el sumo bien es la conjunción de la obediencia a la ley moral y la felicidad, pero éstas son formulaciones insuficientes porque la felicidad no se define como la ausencia relativa de dolor y daño sino de una manera inadecuada. Veamos. Kant en la *Crítica de la razón práctica* afirma de manera desmesurada y parcial que la «felicidad es el estado de un ser racional situado dentro del mundo, al cual en el conjunto de su existencia le va todo según su deseo y voluntad» [A 224]. Kant, expresamente, da una definición de felicidad del todo inalcanzable para poder socavarla y enaltecer la moralidad de un modo unilateral.

No es correcto por imposible definir la felicidad como la satisfacción de todo deseo y voluntad. Es mejor ser algo más modesto y más realista: la felicidad es tener una vida en la que haya poco dolor. De ser así puede decirse que el sumo bien es ser feliz mientras no se destruya la felicidad de los otros que como uno mismo tampoco desean padecer dolores y perjuicios. Si uno ocasiona dolor y daño no puede decirse que haya alcanzado un sumo bien, tal vez podrá ser feliz a su manera, pero será un inhumano que podrá ser castigado y, por consiguiente, perjudicado como pensaba Epicuro de los que se comportan de manera inmoral e injusta.

Para Aristóteles el bien era un tipo de felicidad un tanto extraña porque excluía de la misma a determinadas personas, los niños y los esclavos. Con las personas Kant también tiene algún tropiezo. Según este filósofo el bien se desprendía de la ley moral que no atendía al respeto a las personas sino a la propia ley. Esta filosofía formal excluye al dolor y al daño porque éstos son cuestiones de carácter experiencial o empírico y Kant estaba empeñado en fundar una ética formal donde lo material, el dolor y el gozo, no tenían cabida para determinar la ley. En ambas filosofías, la del griego y la del alemán, no se oía ni se atendía de manera decidida la queja de dolor de los humanos que exclamaban que su bien es no padecer. Sócrates y Jesús hubieran estado en desacuerdo con estos filósofos.

Como la de Aristóteles, la ética de Kant es una ética del bien aunque esta idea quede algo oculta ante el brillo del deber que emanaba de su ley moral, pero el filósofo alemán en *Metafísica de las costumbres* dejó escrito: «*hacer el bien* es un deber» [402] y sobre ello no caben interpretaciones acerca de su pensamiento.

De manera semejante operan los utilitaristas y, a la cabeza de ellos, Bentham y Stuart Mill, al establecer como principio de la ética, el bien, que en este caso sería la felicidad. El bien, para ellos, sería la felicidad que queda identificada a lo útil y placentero y a la ausencia de dolor aunque Mill estuvo cercano a la consideración de una ética basada en la liberación del mal. Este filósofo proponía que el bien era lo útil y placentero mientras que el mal era lo dañino o lo que impedía el placer. Escribió Mill en *El utilitarismo*: «Por felicidad se entiende el placer y la ausencia del dolor; por infelicidad el dolor y la falta de placer» [p. 50], pero ésta es una definición de felicidad demasiado extensa.

A partir de tal definición de felicidad se propone con coherencia que «la felicidad general sea reconocida como criterio ético» [p. 88], pero esta coherencia interna va a plantear un grave problema. La inclusión del placer en la definición de felicidad obliga a realizar una definición abstracta del bien —el buen placer—, en la que no todos estarán de acuerdo. Es mejor definir la felicidad como ausencia de dolor y daño, porque solo de este modo se evita el escollo de todas las éticas del bien que suponen y necesitan de la definición de una idea del bien abstracta imposible de adquirir y de compartir. Decía que la definición de felicidad de Mill era demasiado extensa pues al incluir en ella la consecución del placer y hacer de él, también, el criterio de lo ético se crean más problemas de los que aparentemente resuelve puesto que el grado y el tipo de placer es muy variable, cada persona lo entiende a su modo, lo cual es legítimo mientras no se perjudique o dañe a los demás.

Como decía, al hacer del placer —el buen placer—, un «criterio de lo ético» se crean más problemas de los que aparentemente resuelve. Para unos el placer supremo estaría en la comida, para otros en la sexualidad, para otros más en el servicio a Dios en un monasterio, para muchos en dedicar lo mejor de la vida a la familia, para algunos en la lectura o en la música, para algunos más en acumular dinero lícito.

Según entiendo, si somos libres, cada uno de nosotros puede establecer lo que sea la propia felicidad y el placer deseado. Perjudicamos y dañamos si establecemos lo que debe complacer a los demás al establecer un criterio valorativo de los placeres. Debe estar prohibido entrar en el terreno del bien personal, establecer cómo debe ser la felicidad si la hacemos depender del placer o del gozo.

La propuesta utilitarista contiene el riesgo de violar este terreno personal al establecer un criterio valorativo de los placeres. Pero este terreno está vedado para todos si estamos en el reino de la igualdad. Con todo, es de justicia aclarar que a Stuart Mill se le suele hacer representante del mejor liberalismo político, y estoy de acuerdo con ello. En *Sobre la libertad* queda claro que es un decidido partidario de la libertad individual. En consecuencia, hay que dejar que cada uno se las componga, si quiere, con placeres supuestamente inferiores mientras no dañe a los demás. Hay quien es feliz fabricando barcos dentro de botellas, otro lo es coleccionado sellos y nada se les puede objetar.

Quizá la lectura de buenas novelas sea uno de los mayores placeres. La *Ilíada* y la *Odisea* vistas como paranovelas y, entre otras muchas, *Los miserables*, *David Copperfield*, *Don Quijote*, *Por el lado de Guermantes*, *Los hermanos Karamázov*, *Guerra y paz*, *Rojo y negro*, *Orgullo y prejuicio*… Igual puede suceder con la contemplación de los nenúfares de Monet, las obras de Miguel Ángel o la música de Bach, Mozart o Wagner. No quiero olvidar el gozo, también edificante, al que puede accederse con la lectura de la poesía de Horacio y Virgilio, los Evangelios, la *Ética* de Spinoza...

Cada uno escogerá lo que le parezca más apetecible, pero debemos andarnos con cuidado con la noción del bien o lo bueno que no excluye expresamente el mal de los otros. El bien cuando se impone se transforma en mal. El ser humano no puede ser aplastado, en nombre del bien, por la imposición de doctrinas nocivas o de las injustas decisiones políticas de una mayoría que comportan daño a los congéneres.

El bien y la política

Aristóteles y otros pensadores de la antigüedad opinaban con acierto que el bien para los miembros de la comunidad, en lo relativo a lo que se puede hacer para la consecución de un mayor bienestar, lo establece la actividad política. Pero, Aristóteles dejaba de tener razón cuando anteponía la actividad política a la moralidad. No tenía razón dado que es evidente que la política puede establecer como legal lo que es manifiestamente inmoral o injusto para una minoría o una mayoría.

La política en la *polis* griega, con Aristóteles en cabeza, establecía que era bueno y justo el mantenimiento de la esclavitud aunque los esclavos entendían que mantener la esclavitud era malo, injusto, un abuso, una inmoralidad. Anteponer la política a la moralidad significa que en no pocas ocasiones se acepte como útil, bueno y justo lo que es perjudicial e inmoral para algunos o para muchos.

Si se dijera que la mayoría establece lo que debe considerarse moral y bueno podríamos quedar apresados, como tantas veces ocurrió en el curso de la historia, en la inmoralidad. De ahí que la actividad política democrática en la que todos son iguales debe subordinarse a una ideología moral que prescriba como imperativamente obligado no causar el mal a los demás.

Cuando se acepta como bueno y legal lo que es tradicional, lo que está establecido, lo que es[2] o sucede, se pueden ocasionar daños y abusos graves y se cae en el relativismo. No siempre lo tradicional es bueno para todos. Es del todo claro que la ideología moral, buena o mala, mejor o peor, siempre decide lo que sea la actividad política, y, cuando la doctrina moral no es buena no puede ser buena la política. Una mayoría política, de acuerdo a su ideología moral, puede establecer, como sucedió en Estados Unidos en el siglo XIX, que despojar a los negros de derechos civiles puede ser moral y bueno, pero para los negros no es bueno ni moral.

2   Es claro que lo que es o sucede no siempre es correcto y justo. De lo que es o sucede no puede desprenderse el deber de hacerlo o su justificación. David Hume en su *Tratado de la naturaleza humana* advirtió que se confundían aquellos que establecían el deber de acuerdo a razones más o menos sofisticadas, metafísicas o basadas en la tradición, pero no siempre se le entiende de este modo. Él opinaba que el deber no procede de la razón sino del sentir. No dijo que el deber no proviniera del ser sino que, por el contrario, propuso que el deber provenía del ser, de la existencia de los sentimientos de los seres humanos, en su caso, del sentimiento humanitario o moral. Hume pensaba que los deberes existen, son existentes antes de establecerse racionalmente, «deben existir de antemano para ser percibidos. La razón debe encontrarlos, pero no puede producirlos» [468]. «He aquí una cuestión de hecho: pero es objeto del sentimiento, no de la razón» [469]. «La moralidad no es objeto de razón» [468]. Para el filósofo escocés el deber se deriva, y debe derivarse del sentir, del sentimiento o sentido moral, entonces, de este "es" se puede y se debe pasar al deber. Pero el deber no puede derivarse de lo razonado, de lo que se supone o propone que es o existe: una idea, un principio, una doctrina, una tradición. De este "es" no se puede pasar al deber.

Platón, como Aristóteles, antepuso la política a la moralidad. Recuérdese que Platón en *República* admitía que quien gobernaba podía y debía mentir a los ciudadanos en nombre del bien del Estado o que se debía matar al ateo que no se corregía como escribió en *Leyes*. Con razón podemos oponernos a algunos griegos supuestamente sabios y guías de la humanidad como hizo Aranguren en su *Ética* al hablar de la filosofía política de Platón: «La *política* termina así devorando a la *ética*» [p. 32]. No pudo ser más claro.

Hay que poder decir que la moralidad debe mandar sobre la política y, para bien de todos, no puede ser al revés, pero, atención, la idea sobre el bien de todos debe reposar en una moralidad que quiera evitar el daño y el perjuicio. En realidad la ideología moral siempre ha mandado sobre la política aunque algunos hayan dicho o sigan diciendo que la política es lo primero. Lo que sucede y ha sucedido es lo siguiente: la política decide la ley, pero dado que pueden haber leyes muy injustas, en tales casos, una ideología moral perjudicial ha abierto el camino a una legalidad perjudicial.

En lo relativo al bien que puede originarse de la actividad política democrática hay que observar que en gran parte esta actividad establece leyes y reglas para disminuir el malestar posible cuando éstas leyes son justas para todos. Es lo que ocurre cuando se legisla sobre el salario mínimo interprofesional que obliga a todos o sobre una ley del divorcio o la ley que en determinados supuestos despenaliza el aborto que queda como algo permitido, pero no obligado.

Para un asalariado la cuantía del salario mínimo es fundamental porque de ella va a depender que tenga una vida mejor o peor. Para quien no haya reparado en la gran importancia de esta fundamental conquista social en los países que cuentan con ella, debe decirse que cualquier asalariado, por sencillo que sea su trabajo, no puede percibir menos de lo que señala este salario mínimo y con ello se intenta evitar la explotación de los más débiles o desafortunados.

En España el salario mínimo interprofesional en 2018 está fijado en 736 euros al mes. En Francia es de 1480 euros. Puesto que en Francia lo más elemental y necesario no cuesta el doble que en España puede decirse que el salario mínimo es más beneficioso que en nuestro país y que la gente allí vive con mayor bienestar. Si se habla de la extensión del bien, ¿se puede dudar que el bien y su extensión dependen en parte de la política?

El bienestar depende en parte de la política y de la economía puesto que hay países con mayor riqueza que otros y donde se produce poco, poco habrá que repartir. Pero aceptando que los dictados de la economía son poderosos y hay que contar con ellos no es necesario que doblegen y aplasten a la política. Los poderosos y acaudalados son felices cuando se dice que debe ser la economía o el mercado, la que ejerza su poder en el gobierne de los países pasando por encima de la política.

Suelen ser también los acaudalados y los intelectuales a su servicio los que proclaman que los programas políticos de izquierda y de derecha ya no tienen razón de ser, pero olvidan que hay políticas que favorecen una mejor vida para los desfavorecidos y la hay que les pone la vida muy difícil.

En el siglo XIX los capitalistas y los rentistas pensaban que la economía de los países se hundiría si los obreros en la mina o en la fábrica trabajaran menos de catorce horas diarias, pero a pesar de sus encendidas protestas, en Francia y en Inglaterra a mediados de este siglo se consiguió que no se podía trabajar más de doce horas y luego diez, así como se prohibió el trabajo a los menores de ocho años y el trabajo nocturno a los menores de trece.

En los países democráticos la actividad política se ejerce a través de la ley que prohíbe algo o lo permite. Si lo que permite la ley entra en conflicto con la conciencia moral de algunos ciudadanos, cada uno verá si lo que se ha establecido como bien para todos lo es también para su conciencia y lo podrá desestimar cuando lo considere un mal. De ahí que cuando se trata de cuestiones que afectan a la conciencia de las personas y al uso de su libertad inalienable lo que sea el bien lo debe establecer el individuo, el propio sujeto. No lo puede dictar otro.

Lo que sucede en una sociedad de iguales es que lo que sea el bien para muchos ya no se puede imponer porque tal imposición es un mal que se hace a los demás. Tal vez, la opinión de que el bien para todos, en algunos supuestos, lo sanciona la política merece una mayor precisión para evitar malentendidos. Empezando por lo primero y principal debe decirse que la política interviene para evitar un mal y para promover un bien aceptable para todos, pero no debe intervenir para decidir lo que es el bien individual o la felicidad como pudiera llegar a suceder con una aplicación unilateral y forzada del utilitarismo.

Entonces, es obvio que no se puede obligar a nadie a realizar aquello que está permitido. La comunidad democrática entiende que determinadas acciones pueden entrar en contradicción con la conciencia moral de algunos o muchos ciudadanos y acepta que se haga objeción de conciencia para evitar realizar estas acciones permitidas. Es lo que ocurre en los países donde en determinados supuestos está despenalizada la eutanasia o el aborto y se admite que los médicos pueden abstenerse de realizarlas. Lo que no pueden hacer los médicos es imponer su voluntad en nombre de un bien superior y aplicar un tratamiento beneficioso a quien no lo admite por las razones que sean.

En nuestro país se legisló que la mutilación genital femenina era un delito, es decir, se concluye que es un mal aunque sea evidente que quienes imponen esta práctica la consideran un bien, para la mujer o un bien para el grupo. No se puede permitir que en nombre del bien se cause un mal. Tampoco se permite que un menesteroso venda uno de sus riñones o una parte de su hígado para ser trasplantado a quien tiene dinero.

La vida política democrática estableció que la enseñanza debía ser obligatoria y que los niños menores de dieciséis años no podían trabajar, pero en el siglo XIX se pensaba que era un bien para la comunidad que los niños de doce años trabajaran más de diez horas al día aunque quien tenía dinero no mandara a sus hijos a trabajar en la mina o en la fábrica.

Todo el mundo piensa que la salud es un bien, pero el número de hospitales o de ambulancias depende de decisiones que emanan de los programas de los partidos políticos. Si yo sufriera una caída en la calle y me rompiera la cadera agradecería que cualquier ciudadano guiado por la idea del bien para con un semejante se acercara para ayudarme y consolarme, pero por encima de todo el mayor bien que se me podría hacer es que alguien llamara a una ambulancia para un pronto traslado a un hospital. En este caso, el altruismo de un ciudadano que desea hacer el bien y que me quiere socorrer es menos importante para mí que la existencia de un buen sistema de sanidad. Que la ambulancia tarde en llegar quince minutos o dos horas y que el hospital que me atienda esté bien organizado y tenga médicos expertos depende de criterios políticos.

Contra Aristóteles y contra los marxistas hay que reconocer que la ética debe tener la primacía sobre la política y no al revés, pero no se puede negar que el bien para la ciudadanía depende en una gran medida de la disputa ideológica acerca de los programas políticos. Aranguren en *Ética de la felicidad y otros leguajes* decía de modo concluyente que «la política es una dimensión de la moral» [p. 90] y con razón pensaba que la política no podía dictar lo que sea bueno para la conciencia de todos. En apariencia esta es una sencilla afirmación, pero es sumamente importante.

Si la comunidad se atañe a lo que propone Aranguren compromete a todos y los representantes políticos deben ser reprobados cuando utilicen la mentira, la tergiversación, la mistificación como ocurre con determinados grupos políticos e ideológicos. Quienes engañan y acusan a otros de engañar, quienes acusan a los demás de aquello que ellos han cometido, corrompen el leguaje y la convivencia y, caso de no acabar por corromper la vida y las costumbres, terminarán siendo reprobados. Quienes en las radios o televisiones de su propiedad mantienen y consienten la tergiversación y el relativismo moral que acepta sin más lo que sea tradicional y pretende vencer sin reparar en los medios, o quienes hacen un uso torcido del mismo relativismo moral corrompiendo la mente de lo menos informados o de escaso entendimiento, serán reprobados y acusados de escándalo.

Es política la resolución de cual debe ser el salario mínimo, la igualdad de derechos y de trato para la mujer, la elaboración del Código penal que va a protegernos de la ferocidad o del abuso de algunos conciudadanos que pretendan lesionarnos o perjudicarnos, esto es, causarnos dolor y daño. No pegar a los niños es un bien para ellos aunque todavía haya pedagogos que aprueban el castigo corporal realizado con moderación por los padres, pero sería un progreso que hubiera en todos los países una ley que prohibiera el castigo físico. En este caso, uno de los mayores bienes para los niños vendría determinado y apoyado por la política legislativa.

Creo que es muy claro para todos que la noción del bien depende grandemente de nuestras ideas sobre el humano y la ideología determinará la política de la comunidad en lo relativo a lo que es bueno y malo que, a su vez, pasará por el filtro moral de cada uno de acuerdo con la propia conciencia.

La política en las sociedades democráticas determina lo que los ciudadanos deciden mayoritariamente lo que sea su bien en lo relativo a bienes materiales y culturales, pero nadie puede legislar sobre los valores o las ideas. En los países donde la democracia no está plenamente establecida las ideas sobre el bien y el mal para los ciudadanos están más condicionadas por la autoridad eclesiástica que en las sociedades plenamente democráticas porque los eclesiásticos de modo general tienden a favorecer la legislación guiados por una idea del bien que entienden descendido de una revelación espiritual, pero que ellos interpretan a su modo. Sin embargo esta idea del bien no es siempre la de todos.

Aquellos que como Aristóteles y los utilitaristas no tienen ninguna duda de que el bien es la felicidad se acaban confundiendo porque entienden que el bienestar está en relación con el placer aunque propongan, como hizo el filósofo griego, que el mejor placer sea algo de acuerdo con la virtud o gozo sublime como la contemplación accesible a unos pocos. También los utilitaristas establecen una jerarquía de lo placentero y recomiendan la consecución de placeres superiores, pero al hacerlo de este modo pueden desembocar en un desvío voluntarista y elitista.

No se puede ni se debe legislar sobre la felicidad si se entiende que ésta depende del placer como opinan los utilitaristas, lo que si puede hacerse y debe poder hacerse es legislar para evitar que la felicidad o bienestar sea destruida o menoscabada. Es preferible legislar para evitar los dolores de la vida y extender los logros de la cultura.

La felicidad se siente al igual que la desdicha. De lo que están seguros todos los hombres y las mujeres, los ancianos y los niños es que no quieren vivir con dolor o molestia porque el vivir sin dolor es un estado de bienaventuranza. En lo que se conoce como las *Sentencias Vaticanas* de Epicuro se lee: «Este es el grito de la carne: no tener hambre, no tener sed, no tener frío» [SV 33]. Aunque referido al otro mundo en el *Apocalipsis* de Juan se dice: «Ya no tendrán hambre ni sed; ya no les molestará el sol ni bochorno alguno» [7, 16], y, con anterioridad, en Isaías 49, 10, ya leíamos: «No tendrán hambre ni sed, ni les dará el bochorno ni el Sol, pues el que tiene piedad de ellos los conducirá y a manantiales de agua los guiará».

Es un bien que se legisle para favorecer a los débiles, a quienes se quedan sin medios para mantener una vivienda, a quienes tienen dificultades para hacerse con los alimentos adecuados. Es un bien que se construyan hospitales y museos para todos, pero que hayan muchos, pocos, buenos o regulares depende de la política. ¿Es un bien que en los ejércitos los soldados sean profesionales y que en caso de conflicto armado mueran los que menos tienen? Esto lo decide la actividad política y la ideología moral de los ciudadanos empujará en uno u otro sentido.

Será bueno que los impuestos sirvan para organizar la sanidad, la enseñanza, la administración de la justicia o el acceso a las artes, pero la cuantía de estos impuestos los establece la actividad política. Para el mendigo o para el que se ha arruinado será un bien que la política del Parlamento decida escribir una ley que ponga a cargo del estado establecimientos para acogerlos y alimentarlos, pero a quien tiene mucho dinero le cuesta admitir que los impuestos aumenten para ellos con el fin de que se haga mucho bien a los desgraciados y a los menesterosos.

El mejor bien es aquel que impide o destruye el mal: la muerte impuesta por ideologías nocivas, el dolor, el frío, el hambre, la sed que se apaga con agua potable. La actividad política debe mirar hacia los males para corregirlos y ponerles remedio, entonces, aparecerán los bienes con toda brillantez, no habrá discusión sobre ellos. Solo la actividad política puede hacer el bien para los menos favorecidos y los menesterosos de la Tierra, la mujer y el hombre de modo individual o particular no pueden.

Las instituciones, entidades subvencionadas y dirigidas por profesionales aportan soluciones a personas con problemas diversos allí donde no llega la administración de los gobiernos y en no pocas ocasiones es altamente encomiable la labor que realizan. Pero creo que es claro que tales entidades o las personas de modo individual algo pueden hacer, es obvio, pero muy poco para remediar los grandes males de la humanidad.

CAPÍTULO II

SÓCRATES Y LA PARADOJA SOCRÁTICA: «NADIE OBRA MAL VOLUNTARIAMENTE»

En este libro se afirma que podemos causar el mal conducidos por nuestro egoísmo. Pero, a su vez, se quiere destacar que frecuentemente hacemos el mal guiados por nuestras doctrinas, ideas, creencias o principios. En este libro seguimos a Sócrates y a su propuesta sobre el conocimiento y la ignorancia, esto es, la falta de reflexión. Nos encontramos al lado de sus grandes y discutidos postulados morales: la virtud es conocimiento, el mal se comete por ignorancia, pero también se comete cuando hay incontinencia o falta de templanza al estar gobernados por el egoísmo.

Sócrates no dejó nada escrito y, por consiguiente, todo lo que sabemos de su pensamiento y opinión lo debemos a lo que otros dijeron. Escribieron sobre Sócrates Platón, Jenofonte y, en menor medida, Aristóteles y cada uno a su modo nos han transmitido lo que decía. Los dos primeros le conocieron personalmente, no así Aristóteles que supo de Sócrates por lo que Patón le transmitió.

Al leer a Platón y a Jenofonte se advierte que no siempre coinciden. Mi opinión es que Jenofonte fue más prudente que Platón, se atuvo con mayor rigor a los hechos mientras que Platón nos ha transmitido un Sócrates platónico, muy alterado.

Platón, si se toma en consideración lo escrito por Jenofonte fue muy absoluto y categórico, exagerado al describir las opiniones de su maestro. Es muy frecuente que Platón al referirse a lo dicho por Sócrates utilice este tipo de palabras o nociones: nadie, todos; ninguno, todos; siempre, nunca; algún, ninguno. «Nadie es malo voluntariamente» escribe en su *Timeo* [86d], pero quizá Jenofonte hubiera escrito: «Sócrates decía que en algunas o en muchas ocasiones los humanos no son malos voluntariamente, no tienen la voluntad expresa de hacer el mal».

Platón suele ser muy exagerado, rotundo, terminante como se recoge en las citas que transcribo a continuación. He puesto en negrita y cursiva las palabras donde se advierte el carácter categórico y absoluto, exagerado, seguramente parcial de Platón, al describir las opiniones de Sócrates si se tiene en cuenta lo escrito por Jenofonte: «***nadie*** obra mal voluntariamente» se lee en el *Gorgias* platónico [509e] y «el que obra mal y es injusto es ***totalmente*** desgraciado [472e]. «***Nadie*** es malo voluntariamente» [86d] dice Sócrates en el *Timeo* de Platón. En *Protágoras* explica como le era habitual con algo de ironía: «Yo, pues, estoy casi seguro de esto, que ***ninguno*** de los sabios piensa que ***algún*** hombre por su voluntad cometa acciones vergonzosas o haga voluntariamente malas obras; sino que saben bien que ***todos*** los que hacen cosas vergonzosas y malas obran involuntariamente» [345d-e]. Con todo en la *Apología* de Platón expone Sócrates lo que me parece fundamental: «¿Cómo no va a ser la más reprochable ignorancia la de creer saber lo que no se sabe?» [29b].

Aunque Platón siempre expuso de acuerdo con Sócrates que la virtud era conocimiento a partir de su época media se distanció de su maestro y se adhirió a una concepción ominosa del ser humano, un humano dominado por el egoísmo y la incontinencia. A partir de esta época Platón piensa que los hombres y las mujeres están dominados por todo tipo de deseos e intereses inadecuados, de apetitos oscuros o inconfesables de modo que los sabios alcanzarán el conocimiento requerido para ser continentes y virtuosos. Esta élite deberá ser, por otra parte, la minoría rectora de la comunidad, del estado. Aristóteles participa de esta opinión. En *Ética Nicomáquea* escribe: «La mayoría o la generalidad de los hombres se muestran del todo serviles al preferir una vida de bestias» [1095b] o «la mayor parte de los hombres obedecen más a los castigos que a la bondad» [1180a].

Entiendo que Sócrates no pensaba exactamente de este modo, quizá hubiera dicho que quienes prefieren una vida de bestias que necesitan ser castigados son la minoría. Minoría si nos referimos a las graves infracciones y daños. Aristóteles en este momento no distingue sobre la gravedad de las infracciones y creo que debe hacerse. Por un lado tenemos que la mayoría de los humanos son seres aprovechados que requieren de sanción o castigo para evitar el perjuicio, pero esta mayoría no se permitiría cometer grandes daños. Por otro lado tenemos a un grupo reducido, una minoría de humanos que si no hubiera castigo cometería graves perjuicios a los congéneres.

Jenofonte nos describe un Sócrates menos rotundo que Platón. Un Sócrates que piensa que se requiere de un cierto esfuerzo y ejercicio para saber de lo correcto, pero el conocimiento y la sensatez o continencia necesarios para ser amigos de la virtud y apreciarla no queda reducida a una especie de grupo selecto y especial. Por otra parte, este Sócrates admitía que muchos saben que hacen el mal, pero a su vez, también expone que muchos en muchas ocasiones hacen el mal pensando que se comportan bien guiados por la ignorancia. Jenofonte explica que tanto en un caso como en otro quienes hacen el mal se equivocan, yerran y esto sería lo importante para Sócrates. Como se lee en *Memorabilia* o *Recuerdos de Sócrates*: «Por ello creo que los que no obran correctamente no son ni sabios ni sensatos» [III, 9, 4].

Así, pues, dos requisitos, no solo uno, no solo saber o conocer sino, además, ser o esforzarse por ser continente o sensato. Y, la presencia relativa de uno u otro requisito será variable: en alguna ocasión la presencia de continencia será lo que decida y en alguna ocasión el conocimiento será lo prevalente y necesario.

Al no tomar en consideración lo anterior sobre los dos requisitos todavía hoy algunos o muchos siguen hablando del supuesto intelectualismo moral de Sócrates al suponer que el filósofo griego proponía que al conocer lo que es justo o lo que es virtuoso comportaba ser justo o virtuoso, pero no es eso lo que pensaba Sócrates. El supuesto intelectualismo moral de Sócrates procede de la descripción unilateral de Platón, pero si se lee a Jenofonte este intelectualismo socrático desaparece.

Aristóteles con cierta rudeza se opone a Sócrates, en *Ética Nicomáquea* escribió: «Es absurdo pensar que el injusto no quiera ser injusto» [1114a]. «Sócrates sostenía que no hay incontinencia, porque nadie obra contra lo mejor a sabiendas, sino por ignorancia. Ahora bien, este argumento está en oposición manifiesta con los hechos» [1145b]. Como acaba de leerse se trata de una reprobación a Sócrates en toda regla. Decir que otro defiende lo que está en oposición manifiesta a los hechos es una grave acusación. En *Magna Moralia*[3], leemos también de forma contundente contra Sócrates «los hombres son incontinentes, claro que sí, y hacen el mal a sabiendas» [1200b].

---

3 Se sigue discutiendo si *Magna Moralia* o *Gran Ética* es una obra de Aristóteles. Emilio Lledó en su Introducción a *Ética Nicomáquea* y a *Ética Eudemia* explica de *Magna Moralia* que podría aceptarse que «serían el resumen de unas clases compuestas por el mismo Aristóteles en la primera época de la Academia, [...] las tres versiones aristotélicas de la ética son, en el fondo, resultado de las elaboraciones sucesivas que, probablemente ante sus oyentes, hizo Aristóteles» [p. 19]. En *Magna Moralia* la crítica de lo propuesto por Sócrates aparece con reiteración.

Aristóteles se opone al Sócrates descrito por Platón, pero si se acepta el testimonio de Jenofonte, como decía hace poco, lo dicho por Aristóteles no se puede mantener: Sócrates proponía que la ignorancia o el creer saber estaba en el origen del proceder incorrecto, pero también proponía que no se obra bien cuando hay incontinencia. Jenofonte escribió: «Sócrates decía también que la justicia y las demás virtudes en general son sabiduría» [III, 9, 5], pero además «no puede decirse que el incontinente sea perjudicial para los otros pero beneficioso para sí mismo, sino que además de hacer daño a los demás, se hace mucho más daño a sí mismo» [I, 5, 3]. Las personas de bien «gracias a la virtud prefieren tener sin fatigas una fortuna moderada a ser dueños de todo por medio de la guerra» [II, 6, 22]. Sobre la continencia «en sus conversaciones dirigía ante todo a sus amigos hacia el dominio de sí mismos. [...] ¿Y crees que es libre un individuo dominado por las pasiones del cuerpo, que le incapacitan para obrar bien?» [IV, 5, 2-3]. «Y si la sabiduría es el bien mayor, ¿no crees que la intemperancia, la incontinencia [akrasía] les priva de ella y los lanza al extremo contrario? [IV, 5, 6]. ¿Leyó Aristóteles lo que explicaba Jenofonte de Sócrates? No parece.

Es habitual que Aristóteles, como hizo el Platón de la *República* y más adelante hará Kant, relacione el mal con la incontinencia [akrasía] y el egoísmo. Según ellos la continencia [enkráteia] comportaría virtud y bien hacer. Este es uno de los puntos centrales de la ética aristotélica. Véase lo que escribió en *Ética Nicomáquea*: «El incontinente sabe que obra mal movido por la pasión, y el continente, sabiendo que las pasiones son malas, no las sigue a causa de su razón» [1145b].

Al respecto de la supuesta importancia concedida a la pasión, falta de continencia y al egoísmo que las consiente y azuza no es infrecuente que se recuerde lo que Eurípides pone en boca de Medea en su tragedia del mismo nombre: «Sí, conozco los crímenes que voy a realizar, pero mi pasión es más poderosa que mis reflexiones y ella es la mayor causante de males para los mortales» [1078-1081].

Sobre este particular se puede estar en desacuerdo con Eurípides o quizá con Medea. En efecto, cuando se escribió esta tragedia los mayores males para los mortales eran causados por la esclavitud. La causa de los mayores males, más que la pasión de gente como Medea, fue la ideología que permitía que un semejante fuera esclavizado. Una ideología clavada en la mente de los que creían saber que la esclavitud era necesaria y conveniente.

Es obvio que Medea causó un gran mal al matar a sus propios hijos para vengarse, pero ¿cuántos esclavos, incluso niños, murieron prematuramente en las minas de Atenas explotados hasta la extenuación? Eurípides fue amigo de Sócrates, no veía bien la esclavitud y estamos de acuerdo con él cuando en las *Troyanas* expone la dura vida que les espera a las troyanas y a sus hijos esclavizados o cuando en *Hécuba* se dice: «¡Ay, ay! ¡Qué mala es siempre por naturaleza la esclavitud, y cómo soporta lo que no debe, sometida por la fuerza!» [332-334].

Lo que deseo destacar en este contexto es lo siguiente: para Aristóteles las ideas, productos de la razón, no mueven a hacer el mal. Para el filósofo griego el mal se hace al no querer o no poder contener el egoísmo, las pasiones; el bien se hace movido por la razón; el incontinente, según él, sabría que no obedece a la razón aunque en algún momento de su *Ética Nicomáquea* agrega que «los que son incontinentes por hábito es más fácil de curar que la de los que lo son por naturaleza» [1152a].

Entiendo que Sócrates va más allá que sus sucesores. No se piense que fue un iluso al decir que el mal no se hace a sabiendas o que no se atuvo a los hechos. Lo que vio Sócrates en los hechos es que el mal también se hace a causa de las ideas, el mal se hace al suponer que se sabe cuando no se sabe. Esta cuestión está bastante clara en algunos de los Diálogos de Platón y especialmente en su *Apología de Sócrates*; también en la *Apología* de Jenofonte.

Sócrates pensaba que quien mandaba matar y el que mataba conducido por ideales y doctrinas hacían un mal, pero, a su vez, pensaba que ellos creían saber que aquel mal se hacía en nombre de un bien superior y, por consiguiente, creían que el mal era necesario, obligado o justificado en nombre del bien. Así describe a quienes le condenan a muerte: creen saber, pero no saben, creen saber que hacen un bien a la ciudad, a la *polis*.

Sócrates pensaba que quien robaba o cometía cualquier inmoralidad estaba ofuscado y creía saber que el mal comportamiento le era necesario o conveniente. Pero, atención, en tales casos, si nos atenemos al testimonio de Jenofonte, también pensaba que el mal se hace a sabiendas guiados por el egoísmo y la incontinencia.

Seguramente pensaba que el origen del mal no se debía a un único factor sino a dos. Se debería a ignorancia y a carencia de moderación o autodominio. Se debería a la peor de las ignorancias, esto es, a creer saber. Se debería, por otra parte, al egoísmo, interés o incontinencia. Según los casos uno u otro factor adquirirían mayor importancia en la causación del mal. En conclusión, las ideas, principios, credos, ideologías o doctrinas, el creer saber, son las que frecuentemente gobiernan la acción que podría ser nociva al causar el mal en nombre del bien.

Así pues, según mi parecer, para Sócrates el mal, también está relacionado con lo pensado, con lo creído. Propongo que Sócrates inicia o nos invita a iniciar una manera diferente de entender el origen del mal o de algunos males.

Por mi parte, me atrevo a formular que los peores males, los grandes males que la humanidad ha debido de soportar no están generados por lo sentido, las pasiones y los apetitos sino por lo pensado, lo pensado por las diferentes ideologías y creencias, lo creído, lo expuesto por diferentes doctrinas que justifican y amparan los males. Se pueden mencionar grandes males que la humanidad ha tenido que soportar, males relacionados con diferentes ideologías, doctrinas o creencias.

Serían grandes males, dolores y daños todos ellos justificados en nombre del bien para la comunidad, en realidad para la parte de la comunidad que se hacía con el poder: las guerras de conquista, la esclavitud, la mutilación genital femenina, el sometimiento de la mujer, la Inquisición, el terror durante la Revolución Francesa, la explotación hasta el siglo xix de los niños que debían trabajar hasta doce o más horas al día, el sufrimiento causado por el colonialismo en África, el nazismo y el holocausto, las diferentes versiones del comunismo: estalinismo, maoísmo, el polpotismo en Camboya, etc. Todos estos males, tanto dolor y daño, se hubieran podido evitar.

Si los grandes males no derivan de lo sentido sino de lo pensado Sócrates entendió y propuso algo que todavía no sabemos apreciar convenientemente. De ser así, tal propuesta no fue vista, no fue entendida y aceptada por Aristóteles y tampoco por el ilustrado Kant siglos después.

El pensamiento de Jesús en la cruz al pedir perdón para sus verdugos que «no saben lo que hacen» se corresponde con este pensamiento socrático. Coincidieron. También se dice en Eclesiastés que los «los necios no saben que hacen el mal» [4, 17]. Jesús conocía muy bien el Antiguo Testamento y tomó de él lo que era más acorde con su filosofía moral y su teología. Al respecto, no defendió nunca la idea de un Dios furioso, colérico, que diezma a su pueblo. El Dios de Jesús es amigo, comprende y perdona, tal vez el Maestro pensaba que Dios nunca causa dolor a los humanos. Quizá el Dios de Jesús también dice, como en Eclesiastés, que el mal no se hace a sabiendas, se hace por necedad, creyendo que se sabe sin saber como también pensaba el filósofo de Atenas.

Ante la justificación de la tortura o del terrorismo entiendo que Sócrates hubiera podido decir: «el verdugo y el terrorista saben que hacen un mal, un daño, pero creen saber que hacen el bien para la comunidad».

Sócrates nunca negó la importancia del interés individual o del grupo al que nos adherimos, pero destacaba siempre la importancia de lo pensado. En el *Gorgias* de Platón afirma con claridad en relación a sí mismo: «ten la certeza de que yo no yerro intencionadamente, sino por mi ignorancia» [488a].

Platón y Aristóteles no dudan al decir que todo el mundo sabe lo que debe pensarse y lo que debe hacerse. Parecería, entonces, que la sabiduría estaría dada a todos por igual, pero ellos no piensan que sea de este modo. En la ciudad no todos son sabios, pero todos saben lo que dicta la sabiduría. En la *polis* todo el mundo sabe lo que debe hacerse y lo que no de acuerdo a las leyes y reglas de la ciudad. En efecto, todo el mundo debía saber que si se disponía de dinero era bueno mantener esclavo a un semejante, todo el mundo debía saber que era malo que la mujer desobedeciera al hombre. Si hubiera dudas acerca de lo que debía hacerse o no, los amantes de la sabiduría, los filósofos, dirán lo que es mejor. Ahí están, para algo se escribieron, la *República* o *Leyes* de Platón y la *Política* de Aristóteles: es mejor, se dirá, que gobiernen los filósofos o quienes hayan leído las filosofías de los filósofos de la *polis*.

Al parecer los establecidos como sabios o los amantes de la sabiduría pensaban al margen de cualquier ideología o creencia, pero nunca puede ser de este modo. Dicho con la mayor claridad, resulta que la ideología o doctrina a la que se adherían los que se creían sabios era llamada por ellos sabiduría. Sin embargo Sócrates no lo veía de este modo, en la *Apología* de Platón dice de sí mismo: «Yo tengo conciencia de que no soy sabio, ni poco ni mucho» [21b]. Además explica que no hay sabios sino solo gente que cree serlo. Los que se creen sabios en todo «ese error velaba su sabiduría» [22e]. Entiendo que Sócrates pensaba que el sabio es aquel que supone que no yerra, aquel que cree saber en todo.

En conclusión, para Sócrates, creer saber lo que no se sabe bien significa estar preso de la doctrina; el que yerra cree saber, está preso de un supuesto saber, de una ideología inadecuada que en ocasiones es nociva. Puesto que nadie puede quedar al margen de la ideología debemos andarnos con mucho cuidado al establecer nuestras creencias. Entiendo que éste es el más profundo mensaje de Sócrates, algo bien sencillo, pero al que sus discípulos no prestaron la atención que merece. Creer saber puede llegar a ser algo funesto, nefasto.

¿Sabía Aristóteles que estaba haciendo el mal a los esclavos justificando la esclavitud? ¿Sabía o creía saber que los esclavos lo son por naturaleza? Él en *Política* escribió: «está claro que unos son libres y otros esclavos por naturaleza, y que para éstos el ser esclavos es conveniente y justo» [1255a]. En efecto, parece que sabe incluso que la esclavitud es conveniente y justa. ¡Una maravilla! Lo que sabemos nosotros es que Aristóteles tuvo esclavos y también sabemos que en su testamento mandó que quedaran liberados. Por todo ello pienso que podemos afirmar que el filósofo griego reflexionó poco y mal sobre la esclavitud y sobre sus propios esclavos; entiendo que podemos afirmar que creyó saber que justificar la esclavitud es bueno y legítimo para la ciudad y para los adinerados. Creyendo saber no supo que es malo defender la esclavitud; no supo que es malo tener esclavos en propiedad aunque por algo ordenó que se les libere cuando uno ya no puede aprovecharse de ellos.

Es muy importante advertir que cuando Sócrates afirma que el mal no se hace a sabiendas o que el mal no se hace voluntariamente nunca afirma que dicho mal puede ser inimputable o que no deba ser castigado, al contrario, como se verá a continuación al examinar lo que expone en la *Apología* de Platón, él siempre opina que el mal debe ser imputado a quien lo hace.

En la *Apología*, acerca de su condena a muerte Sócrates viene a decir: «no saben que lo que ellos suponen que es un bien es un gran mal». Dado que me parece algo implícito en sus postulados, voy más allá, quizá hubiera añadido: «lo que es malo para los individuos no puede ser bueno para la comunidad». Algo parecido a lo anterior dijo sobre la sentencia que le mandó a la muerte.

Veamos, pues, lo que piensa Sócrates sobre el juicio que le condenó. La *Apología de Sócrates* de Platón es un librito de treinta y ocho páginas sencillo y fundamental que merece lectura y relecturas. De lo escrito en la *Apología* y en *Critón*, en lo relativo a la ideología moral y al mal hecho a sabiendas, se desprende que Sócrates pensaba: «mi condena ha sido legal, por consiguiente me someto a ella y no huyo, no obstante digo que aunque algunos o muchos piensan que esta pena de muerte es buena para la comunidad son ignorantes del mal causado».

En la *Apología* Sócrates dice que sus acusadores son «culpables de perversidad e injusticia» [39b], que «no han dicho nada verdadero» [17a] y a los jueces les dice que no es honrado matarle [39d]. Sus acusadores no son virtuosos sino ignorantes, no saben el mal que ocasionan, creen que hacen el bien, pero «son culpables de perversidad». Será oportuno recordar que por perversidad se entiende la malignidad, la maldad grande e intencionada. Frecuentemente, en la traducción del griego de este pasaje, en lugar de perversidad se habla de infamia o iniquidad, pero estamos ante algo muy parecido dado que iniquidad significa, maldad, gran injusticia e infamia, vileza o deshonra. De haber vivido en los tiempos en que la Inquisición era legal Sócrates también hubiera dicho: no saben el mal que causan, pero son culpables de perversidad y, lo mismo de haber conocido el nazismo y el comunismo.

He aludido a la concordancia de pensamiento entre Sócrates y Jesús. Entiendo que el nazareno va más allá que el atenés al solicitar el perdón para los que lo condenan y ejecutan en la cruz. Según Lucas[4], y solo él, Jesús pensó que quienes lo crucificaban obraban sin saber. Lo mismo hubiera pensado de la aborrecible Inquisición que se organizó en su nombre, horrendo pecado, o del nazismo y del comunismo.

No puede suponerse que Sócrates pensara que pudiera exculparse a quien obra mal por ignorancia. En primer lugar exhortaba continuamente a esforzarse para adquirir conocimiento y,

---

4   El mismo Lucas en Hechos de los apósteles dice lo mismo: obran por ignorancia. Algunos expertos, al ser solo Lucas quien refiere este dicho de Jesús, dudan de su historicidad, aunque admiten que este pensamiento concuerda con el conjunto de la ideología moral de Jesús.
. Es curioso, por otra parte, que tanto Lucas como Pablo en la Primera epístola a los corintios [2, 7-8] entran en contradicción o entienden de una forma confusa lo dicho por Jesús y lo escrito en Eclesiastés. Dice Pablo que de haber conocido la sabiduría de Dios no hubieran crucificado al Señor, pero, a su vez, cree saber que Dios destinó a su Hijo a ser crucificado para redimir a los humanos. Lucas hace igual, en Hechos pone en boca de Pedro lo siguiente: «Ya sé yo, hermanos, que obrasteis por ignorancia, lo mismo que vuestros jefes. Pero Dios dio cumplimiento de este modo a lo que había anunciado por boca de todos los profetas: que su Cristo padecería» [3, 17-18]. ¿Pensaba Jesús que Dios fue favorable a su crucifixión y que destinó que fuera así? Quizá pensó que él no sabía porqué Dios no se hizo presente impidiendo la horrible crucifixión. Marcos y Mateo narran que Jesús gritó: «¡Elí, Elí! ¿lemá sabactaní?», esto es: «¡Dios mío, Dios mío! ¿por qué me has abandonado?» ¿Quién fue más certero Jesús o Pablo y Lucas? Parecería que Pablo y Lucas sabían más de Dios que Jesús.

por consiguiente, virtud y, en segundo lugar, se pronunció inequívocamente a favor del castigo de los culpables. Recuérdese que, según dice, sus acusadores son «culpables de perversidad e injusticia» [39b].

Cuando Sócrates, según Platón, decía que nadie es malo voluntariamente o que el mal no se hace a sabiendas significaba que quien obra mal está convencido de su saber, cree saber que hace el bien o hace su bien, pero ese saber no es tal. ¿Los terribles terroristas piensan que obran mal? ¿Los cardenales que gobernaban la Inquisición pensaban que estaban haciendo el mal? En la *Apología* dice Sócrates de forma concluyente que la más reprobable ignorancia es la de creer saber lo que no se sabe [29b]. Sócrates al decir que sus acusadores se comportaban de forma perversa y que los jueces que le condenaban no se comportaban de forma honrada, no decía que obraran de la única manera posible y no merecieran reprobación moral, al contrario, Sócrates pensaba que se comportaban de manera deshonrosa por falta de conocimiento, andaban errados, pero su error o ignorancia no les exculpaba.

Al decir que no obraban el mal voluntariamente expresaba que voluntariamente querían hacer el bien. Pero si queriendo hacer el bien hacían el mal, aunque fuera involuntariamente, merecían ser castigados por la ciudad al ser «culpables de perversidad e injusticia». Que la ciudad lo hiciera o no es otro asunto.

La formulación socrática de que el mal o la injusticia se cometen por ignorancia, es decir, porque no se reflexiona suficientemente creo que sigue teniendo un gran valor porque así ocurre muchas veces, lo cual no excluye que se pueda hacer el mal a sabiendas, aunque esto último es menos frecuente que lo anterior en lo relativo a los grandes males.

He dicho que Aristóteles no obró mal a sabiendas cuando justificaba el mal que reporta la esclavitud y teniendo esclavos en propiedad, pero los esclavos de Grecia sí sabían que aquello era un mal. Aristóteles creía saber que no era un mal tener esclavos porque me parece que era un hombre honrado y de haber sabido que estaba ocasionando un mal hubiera renunciado a tener esclavos en su casa. Aristóteles también creía saber, pero no sabía que hacía daño aunque tratara bien a sus esclavos. Los humanos somos aprovechados y Aristóteles fue un aprovechado.

Si nos atenemos a la suma general del mal que los humanos nos infligimos se observa que el número de delincuentes que cometen faltas o delitos a sabiendas es inferior al número de seres humanos que cometemos inmoralidades leves o graves sin saber, sin querer ver con claridad el mal que causamos.

El atracador de bancos puede matar a diez en sucesivos atracos, pero los esclavistas en Grecia y Roma; los nobles y señores feudales; la Inquisición, las monarquías absolutas; Napoleón, sus generales y los bonapartistas; los colonialistas europeos en África durante el siglo XIX o los fascistas, nazis y comunistas han atracado y matado o llevado a la muerte a millones en nombre del bien.

También ocurre que en lugar de saber preferimos no saber, preferimos no pensar y mantenernos en la ignorancia. En este caso el mal se comete o nos aprovechamos de lo malo porque nos mantenemos en un estado de ignorancia culpable. Entiendo que este grado de ignorancia culpable por falta de reflexión es la que Sócrates imputa a los jueces que le sentenciaron a muerte. Para poner un ejemplo de este tipo de mal expondré el tipo de vida que tuvieron que soportar niños muy pequeños incluso con menos de ocho años que trabajaban en la fábrica o en una mina de carbón en la civilizada Europa del siglo XIX durante doce horas al día. Los empresarios o accionistas de estas empresas con hijos que eran educados en escuelas costosas o eran bien atendidos y cuidados cuando enfermaban, ¿pensaban de dónde procedía el dinero que se embolsaban? Seguramente preferían ignorar, no saber que niños como sus hijos trabajaban hasta la extenuación para que los accionistas y sus familias tuvieran una vida acomodada. Es bastante frecuente que hacemos el mal o nos aprovechamos del mal porque preferimos mantenernos ignorantes, preferimos no saber lo que les sucede a los otros. La ignorancia y el creer saber en muchas ocasiones comportan tratar a los demás como si fueran instrumentos, medios o cosas.

Muchas veces el saber está obstruido por la adopción de ideologías o doctrinas que impiden la reflexión. En realidad toda ideología cuando está bien implantada impide la entrada de otra. Las doctrinas casi siempre, tanto si se trata de ideologías benignas como si son malignas y perjudiciales cumplen una función que, mal o bien, nos permiten andar por la vida dado que cohesionan el grupo humano y permiten nuestra pervivencia individual en su seno.

No es posible escapar de la ideología, siempre adoptamos o creamos alguna, sea ésta una ideología moral y política que autoriza obtener beneficios empresariales o accionariales provenientes del trabajo explotador de mujeres, hombres y niños o una ideología bárbara como la de quien se dedica a hacer daño a gran escala. Algo de esto último debió ocurrir con Hitler que podía sentir compasión por el dolor de su querida perra Blondi, pero no sentía ninguna compasión por los seres humanos que consideraba inferiores. Su compasión estaba totalmente barrida por el odio que sentía hacia los judíos. Su odio se derivaba del convencimiento de que estos humanos no merecían vivir porque ocasionaban un gran mal en los lugares donde vivían. La misma situación se dio en el caso de Stalin, también este energúmeno pensaba que sus adversarios políticos eran los causantes de todo tipo de males.

También los eclesiásticos que gobernaban la Inquisición del siglo XVI tenían la mente intoxicada por una ideología que les anunciaba que los herejes luteranos eran unos seres muy peligrosos. Estaban convencidos de que la tortura de un sospechoso de herejía era lo mejor que podía hacerse para el bien de la comunidad de creyentes. En estos casos, el cerebro funciona bien, pero la mente funciona muy mal. Se trata de mentes que creen saber, pero que no saben.

Propongo que se puede entresacar del pensamiento de Sócrates algo sumamente importante y que sigue teniendo plena vigencia: dio a entender que el mal queda encubierto o justificado por ideas o creencias sobre el bien y que dichas creencias son producidas y mantenidas por la ignorancia. Dio a entender que las ideas, la ideología, lo que se cree saber, tiene mucho poder. Dio a entender o propuso que lo que se cree sobre el bien y el mal, aunque la creencia sea errónea, gobierna nuestra conducta.

Entiendo que lo anterior no lo vieron o no lo pudieron aceptar ni Aristóteles ni el moderno Kant. Como ya se ha dicho Aristóteles opinaba que el mal se hace al dejarse llevar por la incontinencia, Kant, de modo parecido, pensaba que el ser humano es conducido por el egoísmo y por la fragilidad de su propia constitución y, en consecuencia, está atado al «mal radical innato» de su naturaleza, pero Sócrates propuso que el mal, en muchas ocasiones, se hace gobernados por lo que creemos saber.

CAPÍTULO III

EL MAL

Sobre el mal y su definición

Como se proponía en las páginas anteriores el mal es el dolor y el daño puesto que nadie los quiere. Se dice frecuentemente que el dolor puede acompañar a determinados proyectos y trabajos apreciables y puesto que nos abre el camino a un bien, el dolor, en estos supuestos, no podría ser el mal. Me temo que este último argumento sirve para justificar el dolor en el mundo y justificar que no se lo combata con decisión.

Cuando se habla de que el dolor no siempre es un mal cabe decir, en primer lugar, que el dolor como el placer son parte de la naturaleza y no se pueden discutir, pero dado que el dolor no nos gusta si podemos lo combatimos. En segundo lugar, si un proyecto querido comporta algún tipo de dolor transigimos con él, pero los evitaríamos si pudiéramos. Si no podemos evitar el dolor lo aguantamos, pero esto no permite sostener que el dolor sea bueno, sigue siendo malo.

El dolor es el mal tanto si nos llega a causa de la voluntad de un congénere como si lo sufrimos debido a una enfermedad o a consecuencia de un accidente. De este modo, el mal queda propuesto en razón de quien lo padece con independencia de la causa que lo ocasiona. Es obvio que si el dolor procede de la acción u omisión de un congénere pensamos que el dolor causado es un mal que merece un enjuiciamiento moral de reprobación si se hubiera podido evitar.

Si nuestra pareja o nuestro hijo mueren a consecuencia de un atentado terrorista, por un accidente en la carretera o debido a una enfermedad los lloramos por igual, el dolor por su muerte es el mismo. No obstante, es claro que en el primer supuesto al dolor se le añaden la rabia y la indignación como también sucedería si el accidente de tráfico fuera debido a la conducción temeraria de alguien bebido que invade el carril de la víctima.

Se hace el mal cuando se causa un dolor o daño que se puede evitar. Creo que se puede aceptar esta conclusión si se prescinde de las ideas o doctrinas y nos atenemos a lo que deseamos todos: no ser heridos, no ser dañados ni ofendidos en nuestra dignidad. El mal se hace fundamentalmente por tres motivos: cuando estamos guiados por el propio interés sin respeto a los demás, cuando obramos con negligencia o cuando las ideas y doctrinas pasan por delante de las personas.

El mal hecho a sabiendas se ocasiona por una falta de respeto o miramiento ostensible, pero en muchos casos el mal se hace sin intención manifiesta cuando obramos de manera negligente o irreflexiva. El mal ocasionado por negligencia se debe a una ausencia relativa de miramiento o respeto porque respeto significa mirar o volver a mirar y cuando no se mira a los demás se les acaba perjudicando aunque no haya intención de hacerlo. También se hace el mal, en nombre de un bien supuesto, cuando se daña a los otros amparándonos en creencias o doctrinas.

Hay personas que satisfacen sus intereses, que pueden ser muy primarios y dañinos, porque tienen el cerebro con deficiencias graves como se observa con los psicópatas, pero los males más frecuentes se deben a deficiencias de carácter mental debido a la colonización de ideas perjudiciales que saltan por encima del respeto debido a los otros. Afortunadamente hay pocas personas con una personalidad psicopática y, por consiguiente, el mal, como el bien, responde muy frecuentemente a las ideas en las que la mente está inmersa y cautiva.

Deseo destacar algo sabido y que aceptamos como obvio, pero que no siempre se toma en consideración cuando se enjuician los comportamientos malévolos. Me refiero a la importancia de las ideas en la causación del mal porque éstas están en la base de la conducta y muchas veces se tiende a considerar que quien propende al daño tiene malos instintos cuando en realidad es un estúpido atado a una determinada doctrina. Es lo que ocurre con los hombres maltratadores que están encadenados a una ideología machista. En tales casos el maltratador, que es capaz de infligir un grave daño a su pareja, suele ser igualmente capaz de tratar con mucho cuidado, mimo o adulación a un superior jerárquico aunque pudiera desear maltratarlo.

De modo general, la nocividad de los actos contra las personas ligada a los instintos solo se puede afirmar de los animales como sucede cuando nos encontramos con un perro agresivo y peligroso que puede acometer a cualquiera sin apenas motivo, pero en el caso del humano que no está sujeto de un modo directo a los programas biológicos son las ideas las que conducen los comportamientos benévolos o perjudiciales.

En Pakistán con mayor frecuencia que en otros países se cometen homicidios con fuego contra las mujeres y en estos casos quien es capaz de rociar con gasolina y quemar a la mujer o dañarla con ácido puede ser sumiso con sus padres y hermanos a veces inductores del asesinato. Creo que en estos casos se hace claro que el mal se hace en nombre del bien, de una ideología, en este caso, dañina. Lo mismo sucede con la mutilación genital femenina que todavía ocasiona un perjuicio irreparable a centenares de miles de niñas.

Luego trataré con mayor detalle el caso del oficial de las SS que organizó el trasporte de los judíos hacia la tortura y el exterminio porque me parece que de su examen se pueden extraer enseñanzas sobre la maldad, pero por el momento puede ser suficiente comentar que de las muchas manifestaciones que realizó Adolf Eichmann sobre sí mismo y su comportamiento, una de ellas me parece especialmente importante y reveladora en relación con el mal ligado a las ideas.

Según nos cuenta Hannah Arendt en su libro *Eichmann en Jerusalén. Un estudio sobre la banalidad del mal*, el teniente coronel de las SS en su defensa ante el Tribunal que le juzgó en Jerusalén arguyó: «jamás he matado a un ser humano. Jamás di órdenes de matar a un judío o a una persona no judía», pero aclaró, «sencillamente, no tuve que hacerlo» [p. 41].

En el caso de Eichmann lo que me parece muy revelador fue su afirmación de que «habría enviado a la muerte a su propio padre si se lo hubieran ordenado» [p. 70]. Uno de los ideales, bárbaro ideal, que los SS adoptaban con fervor era la obediencia al superior jerárquico y es sabido que hacían un solemne juramento de obedecer cualquier orden de Hitler o lo que de sus órdenes emanara, lo que pone de manifiesto la grave intoxicación que las ideas, en este caso las de la doctrina nazi, pueden ocasionar en la mente de algunos.

Que un humano diga que mandaría a la muerte a su padre si se lo ordenaba un superior pienso que pone de manifiesto que la estupidez, muchas veces, es el fundamento de un comportamiento dañino. Más adelante volveré sobre ello para argumentar que si bien muchos psicópatas son estúpidos, lo que es más importante es discernir que muchos estúpidos, capaces de prender fuego a su mujer o de torturar a un semejante, no son psicópatas necesariamente, pero, a la vez, se puede afirmar que los homicidas de mujeres, los verdugos y quienes como Hitler, Stalin o Pinochet mandan la tortura, son estúpidos encadenados a ideas nocivas y tales ideas les hacen malvados aunque su conciencia no proteste.

El mal, la estupidez y la falta de reflexión. El pensar del estúpido

El origen o causa de los males, la de los grandes males es la irreflexión. Por irreflexión entiendo no poder, mejor dicho, no querer pensar de nuevo si las convicciones o ideas que dirigen nuestra conducta deben mantenerse o es necesario abandonarlas o cambiarlas para evitar un mal. Es muy frecuente que la estupidez sea lo que impide o dificulta la reflexión.

Este me parece un asunto importante dado que un componente principalísimo en la causación del daño es la estupidez, la necedad o, si se quiere, la memez o la falta de reflexión que también apresa con frecuencia a los tenidos por sabios. Debe hacerse una precisión importante a saber: cuando nos encontramos con la estupidez siempre hay falta de reflexión, pero no siempre la falta de reflexión se debe a la necedad. Muchos que no son nada necios pueden ser muy irreflexivos debido a que están encadenados a la doctrina que han hecho propia.

El encadenamiento ideológico es algo propio y constante en el estúpido, pero es menos frecuente entre los pensadores más exigentes o rigurosos que pueden mirar con ánimo crítico a la propia creencia. No obstante, no es raro que el encadenamiento ideológico y la falta de reflexión correspondiente se dé también entre pensadores tenidos por eminentes. Tampoco es raro observar que personas cultas o personas con estudios universitarios son manifiestamente estúpidas.

Las doctrinas, creencias o ideas quedan clavadas en nuestra mente con una fuerza descomunal y, como sucede con gran frecuencia, el convencimiento adquirido impide la reflexión ulterior. ¿Para qué reflexionar de nuevo si estamos convencidos de que aquello que pensamos es absolutamente cierto?

Grandes inteligencias han mantenido ideas inadecuadas y se han ido de este mundo acompañados por ellas. En muchas ocasiones la ofuscación no se debe a que hayan tomado de otros las ideas que mantienen sino a que han construido grandes ideas o supuestamente grandes para hacerlas coincidir con los principios de las filosofías que iban creando. Los filósofos, los teólogos y los eclesiásticos, como los médicos con anterioridad, propenden a la creación de ideas complicadas y, con frecuencia, innecesarias aunque no sean perjudiciales.

Entiendo que la falta o carencia de reflexión mantiene viva la creencia que se propone como cierta, pero la diferencia entre el estúpido y el pensador o filósofo sería que el primero adopta las ideas de otro y el pensador las construye. El necio se apropia de las ideas de otro más inteligente y ambos pueden entregarse a la irreflexión. El necio no es capaz de reflexión o es muy poco capaz de reflexionar mientras que el filósofo se aleja de la reflexión al quedar preso de sus propias ideas. ¿No se alejó el filósofo Heidegger de la reflexión al suponer que algo bueno había en el nazismo? Algo, tal vez su propia filosofía, le impidió reflexionar sobre el mal del nacionalsocialismo.

Tiendo a identificar a la ignorancia con la falta de reflexión y, al respecto, una vez más nos viene a la memoria el acierto de Sócrates al relacionar el mal con la ignorancia o irreflexión. Con posterioridad al griego, en el Eclesiastés, atribuido a Salomón, pero escrito seguramente en el siglo III a. C., también se recoge la opinión de que la estupidez obstruye un buen juicio del bien y del mal cuando afirma: «los necios no saben que hacen el mal» [4,17].

En su origen, *stupidos* fue una palabra derivaba del verbo latino *stupere*, que significaba quedar parado, aturdido, entorpecido. También en la actualidad hace referencia al torpe, necio, lento y falto de inteligencia que, en general, obra de modo terco, obstinado y es imprudente debido a que no reconoce su torpeza. Pienso que la estupidez, la necedad y la memez se refieren o describen situaciones muy parecidas. En lo relativo a la facultad de enjuiciar o razonar es importante poder advertir que el estúpido, necio o memo se cree más capacitado de lo que es y muy frecuentemente se muestra engreído, fatuo y creído.

El necio no tiene gran inteligencia, pero tiene la suficiente para creerse inteligente. El estúpido puede y suele ser engreído y puede tratar con desdén a aquellos que son más inteligentes. Estas personas suelen creerse más de lo que son, pueden estar muy convencidas de su superioridad y, al respecto, no es raro encontrarse con universitarios muy necios en los que la posesión de un título académico les convencen que son superiores a los demás. Es frecuente observar que el creerse superior sin serlo puede ser el origen de daños diversos y casi siempre suele ocasionar muchas molestias y perjuicios.

La estupidez está muy extendida, es muy frecuente. Las formas más manifiestas casi todo el mundo las percibe, pero hay formas menos graves, menos evidentes que la mayoría de las ocasiones pasan por normales. Son muchos los que ocupan cierta posición o rango y son muy limitados aunque ellos se crean bien dotados. Quisiera destacar lo siguiente: hay mucha gente poco inteligente que no es estúpida, por el contrario muchas personas con una inteligencia media o incluso bastante inteligentes son manifiestamente necias porque son personas que piensan poco y mal.

El necio se suele sentir orgulloso de su modo de pensar. Hay que tener mucho cuidado con la estupidez porque es un pasto que alimenta el desarrollo de todo tipo de doctrinas. El estúpido piensa poco y ello es debido a que cuando da algo por cierto detiene su pensamiento. Sin pensar demasiado puede adoptar todo tipo de doctrinas o creencias y, una vez adherido a una determinada doctrina, ¿para qué reflexionar, para qué volver a pensar sobre lo que ya nos convence? Pero lo peor no es pensar poco sino pensar mal. El necio se siente complacido con su escaso pensamiento que ha cosechado de una mala forma. Aquello mal pensado lo da por bueno y si piensa que es bueno se acabó ya no es necesario repensarlo.

Pero ¿qué sería pensar mal? Pensar bien consiste en adaptar y amoldar el pensamiento a la realidad. Pensar mal consiste en hacer lo opuesto, consiste en pretender amoldar y adaptar la realidad a lo supuestamente verdadero: una ideología, creencia o doctrina. El estúpido es un maestro en interpretar la realidad en lugar de reconocerla, la interpreta de acuerdo a la doctrina que ha adoptado. Así, pues, el pensar y el hablar del necio consiste en rememorar o tener presente a la ideología a la que se ha adherido y a continuación explicar la realidad, pero adaptada o sujetada a la ideología o creencia aceptada.

El estúpido, proveído de ideología que toma prestada, nunca reflexiona acerca de ella y con imprudencia y sobrestimación puede cometer todo tipo de atropellos si la doctrina adoptada es violenta y dañina. El necio acoge con igual determinación ideologías benignas que otras muy perjudiciales para los demás. Así como hay buena gente que es estúpida, que nunca hará daño, pero que no se detiene en reflexionar acerca de los móviles benignos de su comportamiento, de la misma forma cuando el estúpido es presa de doctrinas violentas no es fácil detenerle.

Se podría añadir que muchos malvados son estúpidos encumbrados. Cuando se lee lo que escribieron muchos criminales nazis acerca de sí mismos y de la doctrina nazi se advierte con bastante claridad que eran personas muy irreflexivas en gran parte debido a la estupidez. Entiendo que el propio Hitler fue un estúpido dotado de una gran memoria.

El general de las SS Jürgen Stroop, Adolf Eichmann o Rudolf Höss en Auschwitz fueron seres muy estúpidos como lo fueron los secuaces de Stalin y los de cualquier signo totalitario. Así fue también en España donde los íntimos y cercanos colaboradores del general Franco solían ser personas muy necias. Parece que se trata de una regla general: los estúpidos o memos medran y quedan encumbrados en los regímenes totalitarios.

El general Stroop era el hombre de confianza en Varsovia del fanático Heinrich Himmler y destruyó con ferocidad el gueto de aquella capital. Stroop fue ejecutado en la horca en Varsovia en 1952. El periodista polaco Kazimierz Moczarski le conoció bien cuando el general estaba cautivo en la prisión de Mokotow. Nos explica que Stroop fue uno de los jefes nazis más crueles, un ser fanatizado y muy simple que nunca tuvo problemas de conciencia por haber ordenado la muerte de tantos judíos. Fue una persona sumamente interesada en ascender dentro de la jerarquía de las SS y estaba convencido de que Hitler era un enviado por la providencia. Había leído algo de Nietzsche y decía de sí mismo: «los hombres de verdad, es decir, los hombres fuertes, actuaban como yo lo hacía. Gelobt sei was hart macht» [p. 233]. «Gelobt sei was hart macht». «¡Alabado sea lo que endurece!», una frase de Nietzsche en *Así habló Zaratustra* [p. 234].

Stroop explicaba que «los judíos, los gitanos y otros mongoles son, según la verdadera ciencia, medio animales o personas incompletas. [...] Nuestros biólogos y cirujanos demostraron que la sangre y los tejidos de los judíos son completamente diferentes de los de los arios. Y los arios son el modelo de los hombres auténticos» [p. 289]. No parece que la necedad o memez de la mayoría de los SS necesitara del apoyo de la «verdadera ciencia» de biólogos y cirujanos nazis para matar judíos, pero si obtenían un tal apoyo podían armar más cómodamente su ideología funesta.

Rudolf Höss era teniente coronel de las SS y fue el comandante del *Lager* de Auschwitz. Durante su cautiverio, antes de morir en la horca, escribió un libro en el que explica su adhesión al nacionalsocialismo que nunca repudió. Por haber perdido la guerra admitió que se le condenara a muerte. «Yo era una inconsciente ruedecilla en la inmensa máquina del Tercer Reich. La máquina se rompió, el motor desapareció y yo debería hacer otro tanto. El mundo así lo pide. [...] Nunca comprenderán que yo también tenía corazón...» [pp. 178-179]. Primo Levi en una introducción a este libro escribió que «se le puede creer cuando afirma que nunca ha disfrutado al infligir dolor y al matar: no ha sido un sádico, no tiene nada de satánico» [p. 8]. «Höss, como todos sus congéneres [...] se ha pasado la vida haciendo suyas las mentiras que impregnaban el aire que respiraba y, por lo tanto, mintiéndose a sí mismo» [p. 14]. Como de costumbre Primo Levi está acertado.

Höss no dejó de ser nazi aunque reconoció que muchos crímenes nazis se hubieron podido evitar, no fue un ser satánico, fue un ser inhumano intoxicado por una doctrina violenta y fanática. Al leer lo que escribió de sí mismo se adquiere la convicción de que fue un humano aprovechado, seguramente humano con los suyos, inhumano con los que creía que eran sus enemigos.

Pero Höss no fue solo inculto como decía de él Primo Levi, —de haber sido culto también hubiera sido nazi—, Höss fue un necio. Véase lo que había opinado sobre Heinrich Himmler, el bárbaro e inhumano capitán general de las SS y de la Gestapo. Después de sentirse decepcionado a resultas de lo que hablaron en la última ocasión en la que se vieron en 1945, escribió: «Tal fue el adiós del hombre al que yo siempre había idealizado, el hombre que me inspiraba una confianza inquebrantable, el hombre cuyas órdenes y declaraciones me parecían palabras del Evangelio» [p. 169].

Muchos estúpidos se adhirieron al nazismo, pero también personas muy cultas lo hicieron. La cultura no puede detener la barbarie, hay y han habido demasiados cultos muy inhumanos para que sigamos creyendo que la cultura evitará la maldad o el daño. ¿No sabemos de gente muy culta y bastante estúpida y banal que dañaría a los demás si tuviera poder? ¿No conocemos a grandes intelectuales, sumamente cultos, nada estúpidos, pero que tienen su capacidad de reflexión muy embotada debido a la doctrina que han adoptado? ¿No fueron cultos Platón y San Tomás de Aquino? El primero escribió que se debía matar al ateo, el segundo, —como se verá con mayor detalle cuando se hable de las ideas irracionales y de su lugar en la conciencia—, escribió que se debía matar al hereje aunque éste creyera en Dios.

Es la falta de reflexión, que también aprisiona a los cultos como Heidegger, la que está en el origen de la monstruosidad. Pero cuando a la incultura se junta la necedad el resultado puede ser diabólico. Höss, como la mayoría de jerarcas nazis, fue un diablo muy estúpido. Como todos los diablos estaba dominado por ideas funestas. Höss fue un necio, Heidegger inteligente y muy culto, pero ambos irreflexivos e intoxicados por una doctrina perversa. Sin embargo, otros como Kant, opinan que la maldad no se deriva de una ideología nociva en la que no se reflexiona de nuevo sino de una propensión al mal. Gran error del filósofo prusiano según mi juicio.

Kant en su libro *La religión dentro de los límites de la mera razón* encabeza uno de sus capítulos de este modo: «El hombre es por naturaleza malo» [Ak 32]. Opina, más adelante, que «si en la naturaleza humana reside una propensión natural a esta inversión de los motivos, entonces hay en el hombre una propensión natural al mal; […] Este mal es *radical*, pues corrompe el fundamento de todas las máximas; a la vez, como propensión natural, no se lo puede *exterminar* mediante fuerzas humanas» [Ak 37].

En oposición al filósofo mi opinión es que, hablando en términos generales, el ser humano por naturaleza no es ni bueno ni malo. Es interesado, aprovechado, acomodaticio, crédulo, miedoso, codicioso pero, a su vez, cooperante con sus congéneres para bien del propio grupo humano. Puede ser muy violento y vengativo, pero también humanitario. Unos propenden a respetar a los demás, otros a aprovecharse de ellos si pueden. En conjunción con la naturaleza, sería la cultura de los humanos, con las ideas que ella establece y acumula, la ideología, la que de ordinario, los hace buenos o malos.

¿Qué sentido puede tener decir que el humano es malo o bueno por naturaleza? ¿Tiene la naturaleza conciencia y voluntad para crear animales y humanos buenos o malos? Lo que parece evidente es que la mayoría de humanos no son unos depredadores carniceros para con los de su propia especie aunque en ocasiones puedan ser mucho más destructivos que un animal salvaje cuando andan guiados por doctrinas dañinas. Cuando no son tan destructivos, pero tampoco bondadosos, pueden mantener unas ideas que les permiten ser muy interesados, mundanos, desvergonzados o sinvergüenzas.

Los seres humanos no suelen ser generosos y solidarios, pero tampoco son unos bandidos que abusan de los demás. La mayoría son muy interesados o egoístas y no suelen reflexionar si los beneficios que obtienen son justos o legítimos, pero los ladrones son minoría. De todos modos, es mejor no esperar que los congéneres nos beneficien. Los hombres y las mujeres suelen estar atrapados por la envidia y con mayor frecuencia así sucede cuando son estúpidos. No siempre los envidiosos cusan daño y perjuicio, pero lo que siempre hacen es evitar beneficiar a los demás. Nunca dan o regalan aquello que los otros merecen, son ruines en el halago justo y apropiado y así hacen incluso con los amigos y allegados. No son bondadosos. Donde hay bondad no hay envidia ni ruindad.

Kant cuando tiene en cuenta la estupidez se ve obligado a moderar su concepción sobre la inclinación a la maldad del ser humano tal como nos explicaba en su libro citado sobre la religión. En *Antropología*, una obra escrita cinco años después, fue más mesurado. Al final de este libro escribió que se podía «encontrar la tontería antes que la maldad como rasgo característico de nuestra especie. Mas porque la tontería, unida a una punta de maldad (lo que entonces se dice necedad), no puede desconocerse en la fisonomía moral de nuestra especie» [p. 279].

No estoy de acuerdo en proponer que la necedad sea la unión de la tontería con una punta de maldad, pero concuerdo con Kant en que la necedad sería abundante. Aquí el filósofo alemán puede que se contradiga a sí mismo y reme a nuestro favor, a favor de Sócrates y contra Platón y Aristóteles. Pero Kant nunca deja de ser del todo Kant. De todos modos, se le puede objetar que no todos los necios tienen una punta de maldad, hay estúpidos que son buena gente. Entiendo que la tontería sería para Kant la irreflexión y la creencia de saber cuando no se sabe. Sócrates de nuevo.

Si la tontería, unida o no a la maldad, fuera una característica de nuestra especie, puesto que aquí Kant relaciona necedad con moralidad, ¿no serían las ideas del estúpido las que conducen al mal? Kant responde que no, él, como de costumbre, sostiene que la maldad, poca o mucha, no tiene nada que ver con las ideas del necio o del sabio.

Hay mucha gente un tanto estúpida, tal vez una tercera parte de la población o más. No deberíamos sorprendernos al observar que muchos universitarios son bastante necios: médicos, abogados, sacerdotes, periodistas, filósofos, ingenieros... Tampoco debería sorprendernos que algunos o muchos de estos estúpidos sean encumbrados a puestos de cierta relevancia: decanatos y rectorados, direcciones de servicios hospitalarios, cátedras universitarias, obispados, ministerios, sonoras tribunas de opinión escritas o habladas... También se observa que mucha gente estúpida es muy inútil y no es infrecuente que algunos inútiles sean unos parásitos.

La mayoría de los necios creen que son bastante inteligentes y algunos hasta se creen sabios. Alguien que fue sabio y modesto, Sócrates, empezó a observar este tipo de creencias o convicciones erróneas. El engreimiento es muy frecuente y casi con toda seguridad se puede afirmar que detrás de cada persona engreída o envanecida se oculta un necio.

Para acabar de hablar sobre la estupidez tan abundante es conveniente reiterar que la mayoría de necios no son mala gente, pueden ser algo cortos de miras, de pocas luces y sin embargo engreídos y hasta soberbios, pero se saben comportar y no provocan grandes daños y algunos son bondadosos.

También es cierto que una parte de ellos pueden ser muy deshonestos, pueden jugar sucio y ser dañinos, como los sabios, si están dominados por ideas nocivas enclavadas en su cerebro. Podría decirse que el género humano, tomado en su conjunto, no sería algo que deslumbre por su belleza y perfección...

¿Qué es la irreflexión referida al mal y a la moralidad?

Reflexionar es volver a pensar o pensar detenidamente una cosa. ¿Acerca de qué es necesario reflexionar para evitar la inmoralidad? ¿Acerca de nuestro egoísmo? Sí, por supuesto, pero no únicamente. Debemos reflexionar sobre la propia ideología, sobre los principios que adoptamos para guiar nuestro comportamiento.

Si queremos evitar la inmoralidad, antes de nada, por encima de todo se debe reflexionar sobre las consecuencias de nuestra acción u omisión, acerca del beneficio o del perjuicio que podemos ocasionar. Para evitar la inmoralidad hay que estar especialmente atentos y dispuestos a dejar de lado la doctrina que hayamos adoptado cuando nos autorice o recomiende ocasionar un mal en nombre del bien. De no ser así la reflexión no sirve de nada, mejor dicho, damos el nombre de reflexión a algo que no lo es: reflexión significa volver a pensar, esto es, no repetir lo pensado.

Así, pues, reflexionar no significa un pensar repetitivo o adaptado a una doctrina sino un pensar que atiende a la realidad, que atiende a las consecuencias del obrar. Si la realidad nos informa que nuestro obrar ha sido dañino pensar de nuevo, pensar bien, comporta poner en duda nuestro pensamiento anterior.

A diferencia de Sócrates, los clásicos Platón y Aristóteles y los modernos como Kant solían opinar que había una identidad entre egoísmo o amor a sí mismo y maldad. Al contrario de ellos la filósofa Hannah Arendt, que tanto valor concedió a la reflexión, en *Responsabilidad y juicio* escribió que sería una conclusión un tanto irreflexiva decir «que maldad y egoísmo son idénticos» [p. 127].

Sin embargo, no estoy de acuerdo con Arendt cuando en este libro, a propósito de Adolf Eichmann, concluye que el nefasto comportamiento del nazi no estaba relacionado con la necedad sino con la ausencia de pensamiento. Arendt dice del nazi: «No era estupidez, sino una curiosa y absolutamente auténtica incapacidad para pensar» [p. 161]. No creo que fuera así. Es evidente que Eichmann pensaba, algo de pensamiento tendría. No, no…, estimada Arendt, Eichmann pensaba, pero pensaba mal, pensaba de acuerdo a unas ideas, una doctrina que había hecho propia, lo mismo que hicieron Aristóteles con la esclavitud y Heidegger con el nazismo. El problema es siempre el mismo, Eichmann pensaba que lo que pensaba estaba bien pensado. Creía saber, como dijo Sócrates. Heidegger, en lo relativo al nazismo, también creía saber, pero no sabía.

Entiendo que Arendt se equivoca: lo importante y decisivo no es pensar mucho o poco sino pensar bien o mal. Seguramente Martín Heidegger ha sido uno de los seres humanos que más ha pensado, pero en lo relativo a la ideología política y, tal vez la moral, pensó mal, muy mal.

Como se ha propuesto en una página anterior por pensar mal entiendo el proceder, muy extendido, de intentar entender o conocer la realidad vista a través de lo que creemos. Por ejemplo, Eichmann creía que los judíos habían ocasionado grandes males a Alemania y, además, habían inspirado a los bolcheviques, por consiguiente, había que combatirlos, en su caso, hasta la aniquilación dado que creía que era bueno exterminarlos. Heidegger, como se verá enseguida, creía que su patria era un lugar especial y que el nazismo no era una ideología dañina o maligna. Ambos pensaron mal al ser esclavos de su doctrina. El pensar bien implica que el interés en conocer la realidad puede llegar a destronar la ideología que habíamos mantenido hasta aquel momento y cambiarla por otra más adecuada y benigna.

Según lo expuesto con anterioridad, al contrario de Arendt, pienso que Eichmann fue muy estúpido como la mayoría de los nazis. Entiendo que la estupidez está en la base de las doctrinas nocivas: Inquisición, fascismo, nazismo, comunismo y otras. En lo relativo a las ideas o creencias diría una vez más que creer saber cuando no se sabe, algo propio de los estúpidos tan abundantes, puede llagar a ser muy peligroso para los demás.

En *La vida del espíritu* Arendt repite sus opiniones, pero agrega algo importante acerca de cómo entendía a Eichmann: «Los actos fueron monstruosos, pero el agente [...] era totalmente corriente, común, ni demoníaco ni monstruoso. No presentaba ningún signo de convicciones ideológicas sólidas. [...] Esa total ausencia de pensamiento [...] atrajo mi atención» [pp. 30-31].

¿Qué querrá decir Arendt al referirse a la carencia de convicciones ideológicas sólidas y a ausencia de pensamiento? Dada su insistencia en la importancia de la reflexión no dudo en afirmar que se refiere a una evidente carencia de reflexión y, por supuesto, estoy plenamente de acuerdo con ella sobre este particular. Pero el problema que Arendt no aborda en este momento es que muchas filosofías o muchos pensamientos de los filósofos son manifiestamente irreflexivos. Parecería que desea establecer una diferencia innecesaria entre el pensamiento de alguna gente vulgar y el alto pensamiento de los filósofos.

Le pregunto a la filósofa: ¿Cuando Platón en *Leyes* [909a] escribe que el ateo que no se enmienda debe ser condenado a pena de muerte exhibe «convicciones ideológicas sólidas»? ¿Tenía Santo Tomás «convicciones ideológicas sólidas» al recomendar la muerte del hereje? ¿Cuando se dicen barbaridades, la diferencia entre un estúpido y un filósofo o un teólogo no estará en que éstos son capaces de llenar trescientas páginas de un libro para describir un desvarío doctrinal, como el de Platón en *República* y *Leyes*, y el estúpido solo es capaz de escribir tres líneas? Por otra parte, como todo el mundo sabe, hay estúpidos que son médicos, filósofos o teólogos.

No creo que Arendt pensara que Platón exhibía una «ideología sólida», a diferencia de Eichmann, al recomendar la muerte del ateo. Platón estaba convencido de que los ateos debían morir, Tomás que debían morir los herejes aunque creyeran en Dios, Eichmann, Hitler y Himmler estaban convencidos que debían morir los judíos.

Arendt parece creer que si hay pensamiento el asunto está arreglado, pero no es así. No es difícil pensar, todo el mundo piensa, lo difícil es pensar bien. En lo relativo a los principios y al comportamiento moral de los nazis, ¿su maestro Heidegger pensó bien o tenía una «auténtica incapacidad para pensar»?

Supongo que Arendt afirmaría que no pensó bien. De ser así, ¿por qué habría que tratar de forma diferente el pensar de Eichmann y el de Heidegger y decir del primero que no tenía «convicciones ideológicas sólidas»? ¿Las tenía Heidegger? Heidegger dictó un curso en 1935, lo publicó en 1953, ocho años después del fallecimiento de Hitler, con el título *Introducción a la metafísica*. Al referirse al nazismo habló de la «verdad interior y la magnitud de este movimiento» [p. 179]. ¿Hay verdad interior y grandeza en la ideología nazi? De haber conocido la opinión de Heidegger, Eichmann, con convicción, hubiera estado de acuerdo con el filósofo aunque el teniente coronel de las SS quizá hubiera expresado lo mismo con otras palabras. Heidegger también escribe que Alemania es un «pueblo metafísico» que tiene un destino en la historia de Occidente «al comprender de manera creadora su propia tradición [ ] a partir del núcleo de su acontecer futuro, en el ámbito originario de los poderes del ser» [p. 53]. Eichmann, supuestamente carente «de convicciones ideológicas sólidas» hubiera aprobado con entusiasmo las supuestamente «convicciones ideológicas sólidas» de Heidegger que se acaban de citar acerca de la verdad interior, la magnitud del nazismo y el pueblo metafísico que tiene un destino.

En lo que concierne a la moralidad pensar bien se refiere a la evitación del dolor y el daño para con los demás. Pensar bien significa reflexionar, volver a pensar, si lo que suponemos que es el bien no será el mal. ¿Será un bien pensar que se deben matar a los herejes o que el nazismo es bueno? Volveremos a hablar con la filósofa alemana al discutir con ella sobre la supuesta banalidad del mal.

Para retomar el tema importante acerca de la relación entre el mal y el egoísmo se impone la pregunta, ¿el egoísmo explica por sí mismo que se cometan actos inmorales o males a nuestros congéneres? Mi respuesta es: solo en parte. La maldad proviene en ocasiones del egoísmo, por supuesto, pero las peores maldades cometidas por los humanos provienen de lo que creen que es el bien y lo bueno. Para orientarse bien en este difícil terreno es mejor la brújula de Sócrates que la de Aristóteles y Kant. La de Sócrates miraba al egoísmo, es decir, a los apetitos, a las pasiones, pero especialmente miraba a las ideas, a lo pensado, miraba a lo que uno creía saber. La brújula de Platón, Aristóteles y Kant no era sensible más que a las inclinaciones, apetitos y concupiscencias[5].

No se puede pensar que Sócrates no tuviera en cuenta la continencia de las pasiones y de los deseos [*enkráteia*] que comporta templanza y moderación [*sophrosýne*]. Precisamente, según él, la templanza, autocontrol o moderación era el fundamento de la virtud, lo cual no le impide proponer que la acción inmoral está determinada por la ignorancia o la irreflexión, a saber, con el pensar y el creer antes que con el sentir o desear egoísta.

Tanto Platón y Aristóteles como Kant suponían que la razón podía y debía oponerse en ocasiones al deseo o al interés por lo

---

5 Por concupiscencia entiendo el deseo ansioso de bienes sensibles, corporales o materiales.

propio para obrar con moralidad. Bien está, pero entonces parecería que todo queda resuelto cuando la razón opera de forma efectiva contra los propios intereses egoístas a veces monstruosos. Si la razón o la reflexión, dicen ellos, domina y derrota a los apetitos, deseos o inclinaciones egoístas de nuestra naturaleza animal nos comportaríamos correctamente. Pero muy frecuentemente no es así, a menudo nos comportamos muy incorrectamente con nuestros apetitos colmados o sin necesidad de colmarlos, nos comportamos injustamente porque tenemos ideas monstruosas sobre el bien y el deber que se desprende de este supuesto bien.

Kant en su libro *La religión dentro de los límites de la mera Razón* opina que «el amor a sí mismo, el cual, aceptado como principio de todas nuestras máximas, es precisamente la fuente de todo mal» [Ak 45]. No puede discutirse que en muchas ocasiones el amor a sí mismo, el egoísmo desmesurado, sea la fuente del mal, pero no es la fuente de todo mal. Con suma frecuencia la fuente del mal no es el amor a sí mismo sino el amor a ideas perjudiciales, nocivas o dañinas que han colonizado nuestra mente. Lo que sucede es que los clásicos griegos y los modernos como Kant no otorgaron ningún valor a la importancia de las ideologías en el gobierno de la moralidad y de la conciencia moral.

Kant propone que el «*mal* radical innato en la naturaleza humana» [Ak 32], nuestra propensión para el mal florece en relación a la fragilidad, impureza y malignidad del humano [Ak 29-30]. Por el contrario, yo propongo que es mucho peor el «*mal* adquirido» al asumir determinadas ideas que un supuesto mal radical innato. El atracador de un banco es posible que sea frágil, impuro o maligno, pero los atracadores más temibles son los que aprovechan la legalidad o la moldean a capricho, junto con los secuaces que les secundan, cuando se hacen con el poder, cuando se aprovechan del poder o de lo que está aceptado por el poder.

Reflexionar es volver a pensar y si queremos ser morales debemos volver a pensar si nuestras ideas sobre el bien y el mal son correctas o no. ¿Cuál podría ser el criterio que guíe nuestra reflexión? En lo relativo a la moralidad, que el lector me excuse la reiteración, el dolor y el daño que podemos causar conducidos por nuestro egoísmo y, por encima de todo, por nuestras ideas o creencias.

Las ideas pueden promover grandes daños, pero también causan daños menores. No es infrecuente causar dolor o dañar a una persona guiados por ideas o principios que no están regidos por el egoísmo. Según se entienda la sinceridad, la franqueza, la honestidad podemos ocasionar un daño innecesario al exponer lo que pensamos de la persona con la que convivimos. En no pocas ocasiones es mejor callarse para evitar un dolor y daño innecesarios.

El mal, los que amparan o se acomodan a la maldad y los malvados

El negligente y el irreflexivo pueden cometer acciones inmorales, pero no siempre serían malvados. El malvado en la Grecia esclavista no era quien tenía un esclavo sino quien lo violaba o lo torturaba, aunque, según mi parecer, quien tenía esclavos sin ser inmoral o malvado cometía una inmoralidad. Y, en lo relativo a los grandes daños, pienso que quien tortura, quien manda torturar o quien acomete graves acciones dañinas, aunque lo haga con buena intención y autorizado por la legalidad, no es un ser moral.

Parece evidente que en situaciones de tranquilidad social de modo general las personas se abstienen de cometer delitos, faltas graves o un daño importante. Cuando hay guerra, la percepción de la realidad y los valores se trastocan gravemente, la conciencia de los humanos se intoxica, se ofusca y se cometen todo tipo de barbaridades, pero no todas las conciencias autorizan las salvajadas.

No todos los soldados soviéticos que liberaron el este de Alemania violaron a las mujeres. Fueron miles y miles las mujeres alemanas violadas, pero solo los más brutos con ser muchos, fueron capaces de tal inmoralidad. También fueron muchos, aparentemente menos brutos, los que aprobaron y aplaudieron el criminal lanzamiento de la bomba en Hiroshima y Nagasaki o el bombardeo de Dresden.

De modo general se hace el mal por motivos diversos cuando no se respeta a los demás. Se observan tres tipos de situaciones principales. La primera se da cuando obramos guiados por el propio interés para conseguir alguna ventaja o provecho en detrimento de los demás, es a lo que se referían Aristóteles y Kant para todo. La segunda situación, poco frecuente afortunadamente, se observa cuando nuestro cerebro no funciona bien como sucede con los psicópatas. La tercera, la que no aceptaron Aristóteles y Kant, se observa cuando obramos guiados por ideas o creencias que pueden ocasionar mucho daño. En ocasiones se da una mezcla de la primera y de la tercera situación.

Un ejemplo de la primera situación se observa cuando alguien aprovecha las ocasiones que se le presentan para robar o cuando utilizamos la mentira o levantamos falsos testimonios para derrotar a un adversario. Un padre que viola a su propia hija de cinco años sería un ejemplo de la segunda situación. La tortura infligida a un semejante para conseguir un supuesto bien mayor que el mal realizado es un ejemplo de la tercera. En los dos últimos ejemplos nuestra mente está perturbada a consecuencia de una disfunción cerebral o mental. Los males de la primera situación son producidos por el egoísmo y la falta de contención o templanza y nuestra conciencia queda presa de unas convicciones que permiten el abuso o la trasgresión.

El padre que viola a su hija tiene una grave disfunción cerebral y, aunque el cerebro está mal, merece el castigo, mientras que quien manda torturar a un semejante puede tener una grave disfunción mental que también merece castigo. En este último caso el victimario puede tener también una disfunción cerebral porque no está excluido que los torturadores o quienes mandan la tortura no pueden ser, a su vez, psicópatas. Sobre la disfunción cerebral todavía ignoramos casi todo y sobre la disfunción mental cabe decir que el mal se hace porque determinadas ideas han perturbado el funcionamiento ordinario de la mente.

Muchos filósofos y especialistas no admiten del todo que los psicópatas tengan una anomalía cerebral y prefieren suponer que también en estas personas el origen de la maldad reside en los avatares de su biografía desdichada, pero no tienen en cuenta algo elemental: el cerebro es un órgano que al igual que el hígado o cualquier otro órgano puede estar dañado en origen o dañarse ulteriormente y funcionar mal o con graves deficiencias. Lo cual no excluye que una vida desdichada nos pueda inclinar al mal.

José Sanmartín en su gran libro *El terrorista* expone con concisión: «los psicópatas no se hacen sino que nacen. [...] Los terroristas, en definitiva, no son psicópatas: más bien han aprendido a actuar como tales» [pp. 89-90]. No cabe mayor precisión en tan pocas palabras.

Debe decirse de nuevo que la anomalía cerebral del violador y la ofuscación mental del doctrinario o terrorista no pueden eximir al infractor del castigo correspondiente porque en ambos casos saben que se está haciendo un mal, en el primer caso para provecho propio, en el segundo para provecho del grupo propio. Aun en el supuesto de que se considerara que el psicópata es una especie de enfermo moral, mientras no tengamos remedio para ello, no podemos dejar de recluir al infractor de la misma forma que no convivimos con serpientes venenosas.

Las serpientes no pueden aprender y no se las puede castigar como se castiga a un perro para adiestrarlo. A las serpientes humanas se las castiga para evitar su proliferación porque la disuasión es un componente principal para poder disfrutar de una convivencia buena para todos. Sin embargo, en muchos casos de personas afectas de una psicopatía grave ni con el castigo se consigue la enmienda o el freno de sus acometidas feroces e inhumanas. La reclusión, mientras no haya otro remedio para ellos, es lo único que cabe hacer.

¿Qué decir de un oficial de las SS o de un esbirro del estalinismo cuando matan a un judío o a un supuesto enemigo del socialismo? En ambos casos es evidente que saben que matan como también lo sabe el terrorista que asesina, pero todos ellos piensan de manera disfuncional y reprobable que matan, bien a un ser tenido por inferior, bien a un ser que supuestamente merece la muerte o bien que aquella muerte se puede justificar en nombre de un bien superior. El problema es que no se daban cuenta que mataban a un igual, su saber no alcanzaba a ver algo aparentemente tan sencillo.

Un SS nunca mataba a un SS por ser un SS, pero mataba a un judío por ser judío, mataba a uno que para él no era un igual del mismo modo que el esbirro de Stalin nunca mató a un correligionario, mató en nombre del bien, a uno que había, según lo establecido, devenido un desigual, un peligroso revisionista. Creo que en estos casos, como cuando el terrorista mata a un inocente, las ideas o doctrinas conducen a una grave disfunción mental.

He tratado a muchas personas que han tenido que ver con el mal y el daño, males mayores o menores. Todos cometemos males menores casi todos los días. Casi siempre se ve lo mismo cuando alguien comete alguna falta o delito graves: homicidas, violadores, maltratadores, gente que abusa de los niños, ladrones que asaltan... Cuando no se trata de brutos y psicópatas casi desprovistos de conciencia moral casi todo el mundo que infringe la norma expresa en algún momento cosas de este tipo: no es tan grave; no pensé que el mal fuera tan importante; se lo merecía; no pude controlarme. Excusas para justificar la ofuscación, la maldad o el interés por lo propio. Pocos son los que dicen: soy culpable, merezco reprobación y castigo.

Por otra parte, nos encontramos con aquellos que se limitan a decir: «esto es así, el mundo es así», dando a entender que no sienten la necesidad de excusa porque no tienen desarrollado el sentimiento de piedad y el del respeto o han adoptado una ideología impropia, ideología que les induce a creer saber que el mundo está poblado por gente con escasos escrúpulos. Otros que pueden sentir compasión por un hijo enfermo o por su perro, están intoxicados por una doctrina funesta y no sienten compasión por otro ser humano al que tienen por cosa.

Himmler, la máxima autoridad de las SS y de la Gestapo, en uno de sus discursos a los altos jefes de las SS dijo: «Sabemos muy bien que lo que de vosotros esperamos es algo sobrehumano, esperamos que seáis sobrehumanamente inhumanos», según refiere Arendt en *Eichmann en Jerusalén. Un estudio sobre la banalidad del mal* [p. 160]. Himmler que se sepa no fue un sádico, pero fue un anormal, un malvado sobrehumanamente y anormalmente inhumano. Los sádicos, afortunadamente poco abundantes, pueden llegar a estar convencidos de que a la víctima le gusta el dolor y la humillación, pero Himmler quizá pensaba que sus víctimas merecían ser humilladas, torturadas y muertas aunque no les gustara.

Por todo lo anterior y observando tanta variabilidad no se puede estar de acuerdo con aquellos que como Kant creen que hay una conciencia desarrollada igual para todos. No es así. Hay mucha variabilidad en el desarrollo de la conciencia moral, compuesta de factores constitucionales como la capacidad para el respeto, la compasión y otros sentimientos y de factores adquiridos, positivos o negativos, que están determinados por la razón y la sinrazón.

En lo relativo al mal causado y a la reflexión sobre ello se puede decir que quien no tiene una conciencia muy embotada o con déficits serios, con el paso del tiempo puede acabar reconociendo que ha cometido un mal y se arrepiente de ello. Lo que antes no había tenido demasiada importancia la adquiere al cabo de unos años. Es lo que ocurre con algunos convictos en presidio que acaban reconociendo plenamente el daño que han ocasionado.

El hecho de que pudieran existir unos terribles inquisidores como Torquemada y Fernando de Valdés en España, un Robespierre, un Eichmann, un Höss, un Hitler o un Stalin cautivos de doctrinas diversas no me sorprende especialmente, eran estúpidos o necios con poder y con una mente estropeada.

La pregunta que me plantea más dificultades y pienso que es más instructiva es la siguiente: ¿cómo puede ser posible que exista un Heidegger? ¿Cómo puede ser que quien ha sido para muchos especialistas el mejor filósofo del siglo xx haya sido nazi? ¿Cómo puede ser posible que un humano que hacía del pensamiento lo más querido de su vida pensara que el nazismo pudiera ser defendible? Algunos opinan, aunque no esté del todo claro, que Heidegger quiso evitar la violencia y barbarie de los nazis y que quiso reconducir las inmoralidades de este movimiento, pero seguramente creyó que aquello fue justificado o inevitable porque de otro modo lo hubiera condenado y nunca lo hizo.

Al respecto, ¿debía esperarse que Heidegger condenara lo que pasó? Pienso que sí porque él sabía que su ideología política y su ideas sobre la preeminencia del pueblo y de la lengua alemanas preocuparon mucho a gente decente y a muchos filósofos que le conocieron y respetaron. Su pensamiento y su actividad política fueron públicos y públicamente debieron ser explicadas sus ideas de haberse modificado porque callar en estas circunstancias, en el supuesto que hubiera dejado de ser nazi, es propio de alguien deshonesto y Heidegger no parece que lo fuera. Su adscripción al nazismo fue reprobada y muchos de sus discípulos y amigos le hicieron saber que no comprendían ni aceptaban el ideario nazi, pero él nunca les dijo que se había equivocado. Otro más que creía saber, sabía que el nazismo era bueno para Alemania y para todo el mundo.

Después de la guerra, Hannah Arendt, la famosa filósofa que fue discípula suya, intentó conseguir una explicación razonable de su maestro, pero se encontró, en una carta de respuesta, con una especulación sin sentido alguno o, según se mire, con mucho sentido. Heidegger le escribió en 1950: «El destino de los judíos y de los alemanes tiene desde luego su propia verdad que nuestro calculo histórico no alcanza.

»Si el mal, lo que ha ocurrido y ocurre, *es*, entonces solo a partir de allí asciende el Ser al misterio para el pensar y soportar humanos; entonces, por el hecho de que algo *sea*, esto no es de por sí lo bueno y lo recto. Pero tampoco puede ser una añadidura a lo real aducida moralmente, para la voluntad humana» [pp. 89-90].

El sino o destino de los judíos y de los alemanes, dice Heidegger y lo adereza con la banalidad de un supuesto ascenso del Ser al misterio, como si el supuesto destino de los judíos torturados y exterminados por los nazis no hubiera sido obra de los humanos que sí pueden ser enjuiciados con «nuestro cálculo histórico».

Dado que era un hombre de gran cultura, Heidegger, acerca de este importante asunto utiliza una argumentación banal, trivial. ¿Existe el destino, existe un sino para los judíos y otro diferente para los alemanes?

Estoy convencido, aunque quizá otros pensarán lo contrario, que Heidegger no pudo reconocer el error porque él no pensó que lo hubiera cometido. Creo que fue un humano intelectualmente honesto y que hubiera reconocido el error de haberlo pensado así. Fue un hombre honesto, muy equivocado y amparó a los malvados. Muchos podrán ser malvados, gente como los militares SS, Pinochet, los generales golpistas argentinos y tantos otros, pero no creo que el filósofo alemán fuera un ser inmoral aunque cometiera, como todos, inmoralidades menos graves en su vida particular. Los antedichos militares fueron inmorales, malos, no hay duda, pero, ellos creían, como el coronel SS Eichmann, que hacían lo que debían hacer, tenían su mente intoxicada y maltrecha por la ideología dañina, nociva que adoptaron. Entre ellos, por supuesto, habría algunos o muchos malvados que además de adoptar ideas malignas se conducían también por el egoísmo y la incontinencia.

Heidegger mantuvo su carné de nazi hasta el año 1945 y si no condenó el nazismo fue porque siguió siendo nazi. Eichmann fue un pobre diablo y un gran diablo, fue un humano malvado, y, banal durante gran parte de su vida; Heidegger fue banal en ocasiones y no se encontraba del todo mal endiosando a un diablo. Publicó *Ser y Tiempo* en 1927 y no era un niño cuando en 1933 concluyó un escrito dirigido a los estudiantes de la universidad. En *Écrits politiques* se puede leer que concluyó el dicho escrito con estas palabras: «El Führer, él mismo y él solo es la realidad alemana de hoy y del futuro, así como su ley. [...] Heil Hitler!» [p. 118]. Parece evidente que lo escrito por Heidegger en esta ocasión es una gran banalidad impropia de un pensador reflexivo.

El médico y filósofo Karl Jaspers fue amigo de Heidegger

y contó, tal como se explica en el libro que recoge la respectiva correspondencia, que en una ocasión en 1933 le comentó: «¿Cómo puede un hombre tan inculto como Hitler gobernar Alemania?» y la respuesta sorprendente que obtuvo sobre Hitler fue la siguiente: «La cultura es totalmente indiferente. ¡Mire solo sus maravillosas manos!» [p. 216]. ¿Puede haber mayor banalidad en un hombre dedicado al pensamiento? Un filósofo dice que la cultura es indiferente, que las manos de un líder funesto es lo que cuenta.

Jaspers prosigue sobre este encuentro con su antiguo amigo: «Estaba desconcertado. Nada me había dicho Heidegger antes de 1933 de sus inclinaciones nacionalsocialistas. Por mi parte, tenía que haberle hablado. Ahora era demasiado tarde. [...] No le dije que estaba en el camino falso. [...] Me sentí yo mismo amenazado por la violencia en la que Heidegger tomaba parte y pensé, como otras veces en mi vida, en el *caute* de Spinoza» [p. 217].

Hannah Arendt en *Ensayos de comprensión*, opinaba sobre la adhesión del filósofo al nazismo al decir de él y de otros «académicos sobresalientes [que] se salieron de su camino, e hicieron más por ayudar a los nazis que la mayoría de los profesores universitarios alemanes, los cuales simplemente se alinearon con ellos por apego a sus empleos. [...] [Heidegger y otros] hicieron todo lo que estaba en su mano por proveer a los nazis de ideas y técnicas» [p. 249]. «Heidegger, cuyo entusiasmo por el Tercer Reich solo se correspondía con su deslumbrante ignorancia acerca de aquello de lo que hablaba. Después de que Heidegger hubo hecho respetable el nazismo entre la elite de las universidades...» [p. 251].

Pero si bien el testimonio de Arendt es importante lo es menos la explicación que en ocasiones ofrece de esta adhesión porque es del todo insuficiente hablar de «deslumbrante ignorancia» de un pensador riguroso ante un régimen totalitario y criminal, sobre todo si se lo apoya en público como hizo el filósofo alemán.

¿Qué hubiera podido decir Arendt de Heidegger y de otros filósofos que pueden acomodarse al mal? Pues, sencillamente, que los filósofos y los cultos como Platón, Tomás de Aquino, Marx o Heidegger pueden decir tonterías y pueden ser peligrosos para los demás. Pudo decir con todo énfasis que la cultura por sí misma no puede librarnos de la barbarie dado que los cultos pueden someterse a los necios o a un pensamiento necio o maligno. Pudo pensar y decir que Platón, Tomás de Aquino, Heidegger y otros podían ser cultos ofuscados y peligrosos que no siempre pensaban bien. Pudo decir que Eichmann pensaba, pero no pensaba bien como no pensaba bien Heidegger en lo relativo a la ideología política.

Entre los humanos que se relacionan y se aprovechan del poder o lo ejercen no hay que menospreciar los apetitos y ambiciones personales tan bien descritas por Shakespeare en sus reyes y generales donde el influjo de las ideas es poco visible y lo que puede dominar el cuadro es la ambición aparentemente más operativa que los ideales, pero los apetitos personales no lo explican todo.

En lo relativo a la ambición, Napoleón se parecería más a Macbeth que a Hitler y Stalin aunque no fuera un asesino como el personaje de Shakespeare. Con toda seguridad que fue más inteligente y más culto el Emperador corso que Stalin, y, su legado jurídico y administrativo, a diferencia de la de los otros tiranos aludidos, progresista y bienvenido, pero todo lleva a suponer que su ambición por el poder, más que los ideales que también tenía, estaban en la base de la cruel y desalmada campaña de Egipto, del 18 Brumario y de la irresponsable guerra en Rusia con centenares de miles de bajas.

Pero ¿fue Napoleón solo un ser egoísta desprovisto de ideología? ¿No tenía ideas acerca de cómo funcionan el mundo y los humanos? Precisamente él no carecía de ideas. El Emperador que se manifestó muy cercano a la doctrina política de los jacobinos dejó de lado las ideas de su juventud y la substituyó por las que describe Hobbes. Basta leer las publicadas anotaciones que hizo mientras leía *El Príncipe* de Maquiavelo para observar que el gran Napoleón era un tipo culto, sagaz, astuto, pero muy vulgar, peligroso, tremendamente ególatra y con un pensamiento como el que describe Hobbes aunque no pudo conocerlo. Nietzsche cuando buscaba ejemplos para caracterizar al superhombre que él imaginaba retrató a su admirado general como una «síntesis de inhumanidad y superhombre» como escribió en *La genealogía de la moral* [p. 61].

Entiendo que Napoleón no fue un malvado aunque cometió muchas maldades. Pablo IV no fue un malvado, pero la Inquisición que organizó antes de llegar al papado fue malvada. Hitler fue un malvado como lo fue Stalin. Otelo no fue un malvado, pero Yago si. No lo fue Shylock, pero Edmundo, Ricardo III y Macbeth lo fueron. ¿Cuál sería entonces el criterio para adjetivar a unos como malvados y a otros no? Entiendo que la diferencia fundamental y el criterio para determinarlo sería el respeto. Tanto si proceden guiados por interés como por criterios ideológicos los malvados no respetan nada, quienes no lo son tienen en cuenta, mas o menos, el respeto y saben detenerse en ocasiones.

Los malvados son capaces de utilizar todo tipo de mentiras, juego sucio, traiciones e iniquidades para conseguir sus propósitos y logros, quienes no lo son conservan principios en su corazón, los malvados no tienen corazón ni piedad para quienes consideran sus adversarios o víctimas. No está documentado que Napoleón levantara su imperio utilizando como medio la tortura y el asesinato, pero Robespierre, el que hermanó la virtud al terror, Hitler, Stalin o Pol Pot en Camboya lo hicieron. Para el malvado vale todo.

Sin embargo, no quiere decirse que el malvado no tenga sentimientos humanos, lo que se dice es que el malvado no respeta a todos por igual. Hitler podía sentir compasión por su perra o afecto por Himmler, tal vez se conmovía si alguno de sus allegados o amigos padecían algún mal, pero, a su vez, no se conmovía ante un ser humano que le desobedeciera o traicionara aunque fuera un SS encumbrado, ante un judío o un bolchevique. Para cualquiera de estos tres, Hitler, Stalin y Pol Pot, valía todo.

Un asesino a sueldo puede sentir compasión por un familiar, pero no la siente ante un extraño al que mata por dinero. Los malvados suelen pensar que el otro a quien maltratan o sacrifican es un número, una cosa, uno más sin importancia o, por otra parte, alguien que no merece vivir, no es como ellos; la víctima es un diablo, una serpiente, un bicho, una chinche. También pueden pensar que el mundo no puede ser de otro modo y que si ellos no matan otros lo harán.

El psicópata no se formula estos pensamientos, no se mueve por ideas, no respeta nada, pero no piensa nada o piensa muy poco, se comporta de un modo animal donde el raciocinio está ausente. El psicópata es un malvado, pero a diferencia del malvado que opera de otro modo, tiene el cerebro estropeado mientras que un malvado como Hitler o Pol Pot puede tener un cerebro normal, pero la mente corrompida.

El asesino a sueldo, Hitler, Himmler, Eichmann o Stalin, todos ellos malvados, no se detienen ante aquellos que son sus semejantes merecedores de respeto, solo se detienen, y no siempre, ante aquellos que ellos deciden que son semejantes y, además, ante quienes ellos establecen que no son sus semejantes vale todo. Así, pues lo que hace a uno malvado sería, primero, el juicio erróneo de que el otro no es como uno y, segundo, la convicción de que para derrotar al otro todo está permitido. El asesino a sueldo puede pensar que un desconocido no es un semejante, solo lo es aquel a quien él conoce y considera. Algo parecido pensaban Robespierre, Hitler, Stalin y Pol Pot.

Heidegger no fue un malvado, tal vez pensara que los judíos no eran seres semejantes a él, pero no aceptaba que todo pudiera valer contra ellos. Por el contrario, los malvados bien sea por interés o dominados por ideas funestas establecen quienes son los semejantes y los desemejantes y, además, aceptan que contra ellos vale todo, son crueles. Heidegger no pensaba así, fue un humano equivocado y algo aprovechado, como muchos, pero no fue cruel, si hubiese pensado que contra los judíos valía todo hubiera sido un malvado. No lo fue, pero creía saber que el nazismo contenía verdad y grandeza y amparó el mal. Como Platón y Tomás que creían otras cosas.

Heidegger creyó saber, y como los necios, su mente fue colonizada por una ideología nefasta. Tal como dijo Sócrates en *Protágoras*: «los que hacen cosas vergonzosas y malas obran involuntariamente» [345d-e], sus ideas y sus nocivos ideales les llevan a creer que hacen algo justo y bueno, pero, a pesar de ello, como se lee en *Apología*, son «culpables de perversidad e injusticia» [39b].

La supuesta banalidad del mal.
Hannah Arendt y Martin Heidegger

Hannah Arendt promovió una gran polémica cuando al publicar en 1963 su libro *Eichmann en Jerusalén. Un estudio sobre la banlidad del mal*, acerca del proceso que condenó a muerte al SS en 1961, introdujo su concepción sobre la banalidad del mal. Como se sabe Adolf Eichmann fue el teniente coronel de las SS que se encargó del transporte de los judíos a los campos de exterminio. Arendt dijo que Eichmann y otros como él «no fueron pervertidos ni sádicos, sino que fueron, y siguen siendo, terrible y terroríficamente normales» [p. 417], y, a partir de este supuesto habló de la banalidad del mal, pero el problema suscitado por Arendt sería que es más que dudoso que Eichmann fuera «terroríficamente normal».

El SS no parece que fuera un psicópata o un sádico, incluso puede ser cierto lo que adujo en el tribunal que lo juzgaba acerca de que no podía ver según que tipo de inmoralidades. Relató que en una visita de inspección a un campo de exterminio en Minsk vio «y esto fue demasiado para mí, una mujer a la que estaban rompiendo los brazos; entonces mis rodillas flaquearon, y salí corriendo de allí» [p. 135]. Quien sabe si Eichmann se sintió efectivamente turbado ante aquella mujer a quien le rompían los brazos, pero no se hubiera sentido turbado ante otra mujer que le rompieran los brazos.

No obstante, decir que no era un pervertido ni un sádico no significa sin más que fuera normal porque no se puede considerar normal a quien aprueba y colabora en un exterminio. En este punto es donde se confundió Arendt: ni Eichmann fue normal ni el mal puede ser banal. Eichmann fue un malvado aunque no fuera psicópata, como Hitler, Himmler, Goering, Goebbels y muchos otros nazis. Como todos ellos fue un estúpido y un malvado anormal.

El mal nunca es banal, solo pueden ser banales los malvados y, por otra parte, hay seres banales que no son malvados y hombres eminentes y honestos que como Heidegger caen en las mayores banalidades. Si Arendt quería hablar de banalidad tenía que referirla a los malvados, pero nunca al mal porque de este modo se podría entender y argüir que con el propósito de disculpar la mente descarriada de quienes ampararon el nazismo propuso que el mal es banal.

Es evidente que Arendt no pretendió exculpar a los nazis, pero con su confusión alentaba la confusión de otros. Si por banal se entiende algo intrascendente y de poca importancia, trivial o nimio como es entendido sin excepción no puede hablarse de banalidad del mal y, por consiguiente, Arendt al hacerlo cometió un grave error. Y tampoco puede hablarse, sin más, de la banalidad de los malvados porque no todos los banales, y hay muchos, son malvados.

Gershom Scholem el conocido estudioso de la mística judía, gran amigo de Walter Benjamín del que contribuyó a su reconocimiento, conocía a Arendt y se sintió sacudido por su propuesta. Ambos se escribieron unas cartas que se hicieron célebres después de su publicación. La carta de Scholem fue muy dura; en ella le escribe: «Lo que reprocho a vuestro libro es su insensibilidad, es el tono a menudo casi sarcástico y malévolo que aporta al tratar cuestiones que tocan a nuestra vida [la de los judíos] en su punto más sensible» [p. 217]. Scholem opina que la nueva tesis de Arendt sobre la banalidad del mal le parece un slogan. [p. 221] ¿Se equivocó Scholem al criticar que se hubiera dicho que el mal pudiera ser banal? No parece. En su respuesta, Arendt se defendió, pero no refutó de modo adecuado y concluyente la crítica que se le hacía y se empecinó en su error.

Arendt, para enjuiciar el mal, proponía que éste podía ser ocasionado por un humano corriente, esto es, por la mayoría de los seres humanos, lo que ya es mucho decir, y quedó atrapada en este pensamiento insuficiente porque no todos los humanos se dejan ofuscar por el mal sino que lo son aquellos que han sido esclavizados previamente por ideas obscuras que no respetan a las personas.

Además, es conveniente decir una vez más ya que hablamos de Alemania, que no es lo mismo convivir con el mal y acomodarse a él sin denunciarlo, que ponerse el uniforme de las SS y cometer todo tipo de maldades o amparar activa e irreflexivamente el mal como hizo Heidegger. ¿No hubiera sido mejor decir que la banalidad es algo que debe referirse a los humanos aunque éstos sean eminentes? No sé si Arendt cuando propuso la idea del mal como banalidad tenía en su cabeza el nazismo de Heidegger, como un mal instalado en la mente de un hombre reflexivo a ratos, pero para discernir el mal en Eichmann y en Heidegger no es necesario decir que el mal es banal.

El mal lo pueden ocasionar los banales y quienes no lo son en apariencia o lo son en lo relativo a determinadas cuestiones. Lo que quizá resulta más difícil de entender es que Heidegger fuera completamente banal en ocasiones como cuando habló de las manos de Hitler o cuando en el periódico de los estudiantes de Friburgo escribe, como ya se ha dicho, que Hitler es la ley. Gran banalidad la de Heidegger que de manera muy ofuscada está legitimando el mal del nazismo con el Führer Hitler a la cabeza. Creo que esto es lo que no vio Arendt, no vio que el mal lo hacen, como se dice en la *Ilíada*, los ofuscados, ofuscados y maltrechos por la acción de ideales del todo reprobables o por un interés desmedido.

Por otra parte, estoy completamente de acuerdo con Arendt cuando insiste que la irreflexión es la causante del mal. Pero yo añadiría al pensamiento de la filósofa: la reflexión siempre está menoscabada por la ofuscación que muchas veces, incluso entre los amantes de la sabiduría, producen las ideas que se presumen buenas, pero que reportan el mal.

Arendt escribió con desmesura que «los jueces sabían que hubiera sido muy confortante poder creer que Eichmann era un monstruo» [p. 416]. Pero ¿los jueces realmente pensaban que no era un monstruo? ¿Qué esperaba ver Arendt en el rostro de Eichmann? No siempre el rostro y las maneras de los malvados tienen un aspecto patibulario y esto ella debía saberlo y seguramente lo sabía, pero se confundió.

Arendt se confundió porque no se atuvo a la consideración de que las ideas nocivas o dañinas aunque estuvieran albergadas en la mente de un pensador pueden ser fatales, pero de ello no se desprende que el mal sea banal. Cuando Heidegger celebró sus 80 años en 1969 ella escribió que su maestro cayó una vez en la tentación de intervenir en el mundo de los asuntos humanos como hizo Platón en Siracusa [pp. 268-269]. Arendt en esa ocasión estuvo superficial. Quizá Platón y Heidegger fueron banales al pretender arreglar las Siracusas, pero el profesor de Friburgo fue algo más que banal, amparó la maldad y nunca lo reconoció.

Eichmann y Hitler podían ser justos y correctos con sus familiares y compasivos con sus perros y gatos como seguramente lo fue con su mujer e hijos el teniente coronel de las SS Höss, comandante del *Lager* de Auschwitz. Es justamente esto lo que deseo enjuiciar: se puede ser compasivo, pero también malvado cuando las ideas dañinas y violentas se enclavan en la mente e inhiben o anulan la compasión de las personas aun sin ser psicópatas. Contradiciendo a Arendt, son monstruos aun no siendo psicópatas o sádicos aunque también haya monstruos psicópatas. No es verdad que los nazis más dañinos fueran personas «terroríficamente normales», fueron terroríficamente anormales y su maestro, aunque no se manchó las manos con sangre, se acercó mucho a la monstruosidad y a la anormalidad haciéndose nazi.

El error de Arendt quizá se fundamenta en algo que se sigue diciendo con escasa reflexión: todos somos unos asesinos potenciales o todos podemos hacer todo. Esto no es así, no todos podemos convertirnos en torturadores o en asesinos profesionales. Uno de las mejores réplicas a este pensamiento tan erróneo y tan extendido lo ofreció Primo Levi en su libro *Los hundidos y los salvados* cuando con toda contundencia escribió: «Yo no entiendo de inconscientes ni de profundidades, pero creo que pocos entienden del tema, y que esos pocos son más cautos; no sé, ni me interesa, si en mis profundidades anida un asesino; pero sé que he sido una víctima inocente y que no he sido un asesino; sé que ha habido asesinos y no solo en Alemania, y que todavía hay, retirados o en servicio, y que confundirlos con sus víctimas es una enfermedad moral, un remilgo estético o una siniestra señal de complicidad; y, sobre todo, es un servicio precioso que se rinde (deseado o no) a quienes niegan la verdad» [pp. 509-510].

La maldad también está muy condicionada y alentada por la aprobación de los que componen la propia comunidad o el grupo al que pertenecemos. Cuando la propia comunidad reprueba determinadas acciones éstas disminuyen su frecuencia. Los maltratadores de sus parejas muchas veces se sienten arropados por su círculo inmediato, de ahí la gran importancia que tienen las costumbres y, al respecto, cabe afirmar que solo disminuirá el maltrato a las mujeres cuando todos dejen de pensar en la inferioridad de las mismas. Pero, entretanto, solo podrá disminuir el maltrato si hay una reprobación completa acompañada de una sanción grave contra estos delincuentes maltratadores y asesinos de mujeres.

Según todos los testimonios Hitler fue un hombre con una memoria prodigiosa, seguramente fue listo, pero no fue inteligente. Si se examina la composición de los gobiernos de un dictador se ve que suelen ser gente muy torpe y con escasa inteligencia. Véase sino la estupidez de la mayoría de los ministros de Hitler —con la excepción del ambicioso Albert Speer—, los de

Franco, la de los torturadores y verdugos. Todos ellos formaban parte de un grupo en el que se amparaban entre sí.

Por otra parte también hay que distinguir el grado de responsabilidad al estar cerca o en contacto con la maldad. Una cosa es torturar, otra justificar la tortura, otra más es no querer enterarse o cerrar los ojos ante la tortura. Aunque todas las antedichas conductas sean censurables no merecen idéntica sanción o reprobación. No es exactamente lo mismo el asesinato cumplido de un terrorista que el amparo, la disculpa ideológica del terrorismo o el cobijar a un terrorista y de ahí que no sancionen estos diversos casos con la misma pena.

Debe advertirse, por otra parte, una cuestión sumamente importante: los nazis hicieron el mal en nombre del bien y no solo para enriquecerse o para hacerse con puestos y empleos que de otro modo nunca hubieron podido ocupar; la Inquisición hizo el mal en nombre del bien; los comunistas hicieron el mal en nombre del bien aunque en todos los casos hubiera maldad e indecencia.

Que los nazis estaban convencidos de su bien no es posible dudarlo, pero es igualmente indudable que se puede rebatir fácilmente la noción del bien que sostenían. ¿Cómo discernir lo que sea el bien y el mal? A mi juicio, como he dicho con reiteración, solo habría un criterio válido: el del mal. No puede haber bien cuando se obra sin considerar el dolor y el daño. Lo que daña a las personas y ofende su dignidad nunca puede ser un bien.

Muchas veces se hace el mal por quien no es malvado sino honrado y decente. Causa daño el empresario o el director de una empresa que abusa de su poder y condición y trata con desdén o perjuicio a sus empleados. Daña el hijo al padre y el padre al hijo cuando lo trata sin amabilidad ya que entre allegados la falta de amabilidad es perjudicial. Daña el amigo al amigo cuando es envidioso o cuando lo trata con altanería, menosprecio y no puede ser generoso. Daña el justo cuando no tiene en cuenta el dolor que puede causar decir una verdad que se pretendía benéfica porque la verdad que daña no surte el efecto que se perseguía y, en tal caso, solo ha producido dolor en lugar de beneficencia.

CAPÍTULO IV

EN NUESTRA ÉPOCA ES POSIBLE UNA ÉTICA BASADA EN EL DEBER DE NO CAUSAR DOLOR Y DAÑO

La moralidad y el mal: en el pasado y en nuestra época

Se suele decir que es moral quien se comporta de acuerdo a lo acostumbrado al seguir unas reglas, normas o leyes destiladas y aceptadas por la mayoría de la comunidad. A su vez, se acepta y se dice que lo moral es hacer lo correcto o que la moral trata de las acciones de las personas con respecto al bien y al mal. También se dice que la moral trata de los actos buenos o malos en relación al bien general predefinido con anterioridad.

Se puede observar que casi siempre se define y comprende lo moral y la moralidad como algo referido a la conducta, al comportamiento de los humanos de acuerdo a lo que se hace de bueno o malo para los demás, pero entre otros pensadores ilustres Kant, y Aristóteles con menor determinación, refieren la moralidad a la intención que mueve a la conducta con independencia de que lo que se ocasione sea tenido como bueno o malo. El alemán opina que si la intención, acorde a la ley moral, es buena la conducta es buena, el griego defendía algo parecido.

Como se verá más adelante en otro capítulo, Kant, el filósofo de Königsberg, buen luterano, sigue a Pablo, el teólogo de Tarso, la fe o la intención es lo que tiene mayor valor, las obras por sí mismas y en sí mismas no tienen tanto valor. Al apóstol Pablo no le pareció suficiente lo que expuso Jesús, «por sus frutos los conoceréis» y «creed por las obras», él propuso que para salvarse se debía añadir la fe en un Jesús mesías resucitado y predicado.

Para Jesús lo decisivo eran las obras, para Pablo y también para Kant las ideas, la ideología que adoptaron. Estos últimos no siguieron en todo al Maestro que hizo del sentir, en su caso del dolor de la vida, algo primordial. ¿No fue Jesús quien dijo que los ricos que explotaban a los desgraciados no lo iban a tener fácil para entrar en el Reino? ¿Jesús hubiera aceptado entre los Doce a alguien que tuviera un esclavo en propiedad o que tolerara la esclavitud como hizo Pablo?

En la medida en que el humano es un ser aprovechado y acomodaticio, la moral aceptada e impuesta por los poderosos en el curso de la historia ha desatendido los intereses y necesidades de un número considerable de la población que no ha podido manifestar su desacuerdo con las costumbres que le perjudican y dañan. Las costumbres daban por bueno y moral que las mujeres, entre otros colectivos desfavorecidos, fueran consideradas inferiores y con menos derechos, pero algunas o numerosas mujeres y algunos hombres, no consideraban aceptable, correcto y moral este abuso.

La historia de la moralidad ha sido, a su vez, la historia de la inmoralidad puesto que siempre gran cantidad de hombres y mujeres han padecido perjuicios, daños, opresión y dominación. Esto último ha sido de este modo dado que también en lo relativo a la moralidad el humano se ha dotado de ideas que han consentido o justificado daños y desmanes a muchos miembros de la propia comunidad.

Las normas o reglas más importantes que gobiernan el comportamiento del grupo humano quedan instituidas como mandamientos o deberes y como recomendaciones virtuosas. En lo relativo a la reflexión moral, después del establecimiento de los grandes Mandamientos, que de una forma u otra encontramos en todas las culturas por lo que hace a las grandes cuestiones, poca cosa se puede decir más que el saludable quehacer para que se cumplan. Si se observa en detalle, todos los mandamientos, además de su referencia a Dios, vienen a decir: no dañes, no causes dolor, no perjudiques al congénere.

En una sociedad democrática, en una sociedad de iguales en dignidad y derechos, para evitar el dolor innecesario son necesarios más mandamientos o deberes en la medida en que la humanidad progresa en sus costumbres y atiende con mayor resolución los intereses de los más debilitados a los que se trata con más consideración, miramiento y se les reconocen más derechos.

A consecuencia de la Revolución Francesa, por primera vez en la historia de la humanidad, se pueden hermanar la ética que impide el dolor y el daño y el presente de la vida en sociedad. Es obvio que no digo que tal revolución lo haya arreglado todo, la historia sigue y en su curso se siguen dando grandes desdichas y males. Me limito a decir que en la actualidad se extiende con fuerza el principio de que no se puede dañar a un igual, no se puede dañar a un congénere. Otra cosa será que tal mandamiento se cumpla en más o en menos.

La ética basada en la noción del bien ha consentido y promovido mucho dolor y abuso, la ética basada en la prohibición del mal entendido como dolor y daño no los hubieran consentido, pero el humano tuvo que esperar el siglo XVIII para poder enunciar y adoptar una ética que de forma sencilla dice: «Todos somos iguales no puedes causarme dolor y daño, no puedes abusar de mí, no puedes disponer de mí como si yo fuera una cosa, un medio o un instrumento».

Ha sucedido abundantemente que en nombre de grandes ideales se dañaba y perjudicaba cuando no se respetaba a todas las personas por igual. De ahí que para cumplir los mandamientos en beneficio de todos es necesario reflexionar sobre el alcance de los propios mandamientos que no solo se dejan de cumplir sino que las diferentes doctrinas los han manipulado, los manosearon para adaptarlos a sus respectivos idearios.

En la actualidad se pueden adoptar criterios más estrictos que la simple aceptación de lo establecido por la tradición porque por primera vez en la historia de la humanidad se toma en consideración el principio de igualdad de todos los humanos que se antepone a todas las tradiciones e ideas de todo tipo.

Casi todas las éticas propuestas, en algún que otro momento, se encuentran con problemas y en gran medida esto sucede porque suelen ser unilaterales al desconocer los principios de las escuelas rivales. Sobre todo en nuestra época, pero en más o en menos también con anterioridad, siempre ha habido conflicto entre dos grandes concepciones rivales entre sí.

Una propone: hay principios que valen para toda la humanidad: no matar o no robar en beneficio propio han sido siempre mandamientos o reglas universales. Otra propone: todas las reglas morales son variables, se modifican en el curso de la historia, son normas de carácter cultural, no hay una moralidad universal. Los que se adhieren a esta corriente de pensamiento proponen que la moralidad no tiene un carácter absoluto, es relativa, es una construcción cultural. Pero no parece que sea así. Matar para obtener un beneficio particular siempre ha sido malo, ser justo o ayudar a quien está en apuros siempre ha sido bueno.

Si tomamos el célebre mito de Platón en su *Fedro* podríamos imaginar que la ética, la filosofía sobre la moralidad, siempre está tirada por dos grandes fuerzas o ideas originarias, como dos caballos que no tienen que ser necesariamente uno blanco y otro negro como en el mito narrado por Platón.

Supongamos que un caballo, un criterio o principio moral, es alazán, de pelaje uniforme de un color cobrizo y brillante mientras que el otro es pinto o ruano, con más de un color, pongamos que sea pardo con manchas blancas. El primero representaría lo que hay de constante en la moralidad, lo que se podría pensar que recorre todos los tiempos y circunstancias —lo que buscaron entre otros Sócrates, Platón, Spinoza, Hume y Kant—, lo que pudiera considerarse atemporal mientras los humanos existan, un bien general o universal para todos ellos. El caballo alazán representa los grandes Mandamientos de la humanidad.

El otro caballo es pinto y representaría lo contingente, lo variable, la diversidad de las ideologías, las diversas costumbres o tradiciones que, en más o en menos, modifican los criterios sobre el bien y lo correcto. La moralidad que representa es convencional, sujeta a acuerdo, convención o pacto.

El conductor o auriga debe frenar en ocasiones el brío de alguno de los dos caballos porque ambos pueden querer correr demasiado según vean lo que se encuentra en el camino. Puesto que los dos caballos no se suelen mirar el uno al otro y frecuentemente se desconocen, suponen, como si no estuvieran atados entre sí, que el uno puede vencer al otro. Es obvio que cuando uno de los dos tiene mucho brío y pujanza arrastra al otro en el recorrido.

Así, pues, habría dos grandes escuelas de filosofía moral. La primera propone que hay una ley moral dada o descubierta en el corazón o núcleo moral de la mayoría de humanos. Correspondería a lo que andaba buscando Sócrates, unos principios universales; sería lo que a partir de la Edad Media se denominó ley natural, sin olvidar que Cicerón y otros ya hablaban de ella. Sería lo que andaba buscando Hume con su apuesta por los sentimientos como guía de la moralidad o Kant con su *faktum* de la razón, su Ley moral.

La segunda escuela se opone a la universalidad de la norma, propone que no hay tal ley moral y supone que los principios de la moralidad son circunstanciales, variables, condicionados a la evolución de la historia con sus peculiares tradiciones o costumbres. Sería lo que proponían algunos sofistas contra Sócrates: le ley moral es variable, es convencional y sofoca lo que es natural. En la actualidad quienes adoptan esta concepción ya no hablan de naturaleza, al contrario, defienden que todo es cultural, niegan todo valor a lo natural y vienen a decir que todo depende de la tradición, de la vida de la comunidad, del dialogo o de la fuerza que va dictando normas y reglas convencionales.

Así, pues, unos suponen que la moralidad es tirada por el caballo alazán con exclusividad, otros suponen que es tirada por el pío con exclusividad. Reducen el examen de la moralidad a algo único, a un solo principio y se podría decir que ambos son unilaterales en sus propuestas y fundamentos de la moralidad. Un ejemplo de lo constante sería la prohibición de matar en beneficio propio y un ejemplo de lo relativo o variable sería las normas sobre el vestir más o menos cubiertos o descubiertos de ropas.

La discusión acerca de las reglas o normas y de los principios que las establecen es el terreno propio de la ética y lo que generalmente se discute es que puede haber principios mejores que otros de acuerdo a las ideas que se tienen de lo que sea el humano y la vida en la comunidad.

Mi propuesta es que hay principios y reglas o normas generales que son o podrían ser acogidas por todos los seres humanos. Esta propuesta acepta que habría un sustrato natural sobre el que se construye una parte, no todo, el edificio moral. Acepta hasta cierto punto la propuesta de David Hume que coincide, como se verá, con la de Darwin, cuando hablaba de la aversión del ser humano a dañar a los congéneres y a cooperar con ellos.

No obstante, como es evidente, esta primigenia y natural aversión se ve burlada o sofocada por la poderosa acción de la ideología que al final es la que acaba mandando. Aquí coincido con los que hacen de la cultura el fundamento de la moralidad, pero a diferencia de ellos admito la existencia de unos principios que surgen de la naturaleza semejante de los individuos humanos al margen de las doctrinas y tradiciones.

¿Puede considerarse moral lo que es aceptado, pero que lesiona gravemente a las personas? Si la pregunta es admitida no cabe otra salida que la de considerar que hay costumbres mejores y peores y, por consiguiente, morales mejores y peores. Las peores son las que aceptan y justifican el dolor y el daño. Si se acepta dicha premisa habría un criterio para discernir lo mejor de lo peor. Si no lo hubiera no tendríamos más remedio que aceptar el relativismo moral y concluir que la moralidad está sujeta a la tradición o a la historia.

¿Fue moral que se consintiera el trabajo esclavo o que en el siglo XIX un empresario honesto, religioso y valorado por la comunidad empleara a niños en su fábrica trabajando doce horas al día? La legalidad y las reglas morales lo aceptaban, pero si se hubiesen atendido las razones de los esclavos y de los niños éstos hubieran expresado su desacuerdo con la moralidad de su tiempo. Tiendo a considerar que si bien las costumbres aceptaban aquellas normas como morales había inmoralidad en ellas.

La anterior afirmación nos obliga a considerar lo que se enuncia como «signo de los tiempos», la justificación de actos inmorales suponiendo que en otros tiempos no cabía otra salida que aceptar el daño al suponerlo como inevitable. Esta es una gran falacia que ampara el mal, no solo en el pasado, sino en la actualidad. En efecto, en la actualidad los niños que en algunos lugares son explotados y se abusa de ellos con daño, no podrían desear cambiar su situación. Lo mismo puede decirse de la carencia de derechos de las mujeres en tantos países. La falacia sobre «el signo de los tiempos» se basa en la suposición de que el caballo de colores diferentes, el caballo pinto, por oposición al alazán, debe conducir y arrastrar el carro de la moralidad.

Solo puede haber moralidad para bien de todos, a saber, una moralidad aceptada por todos si hay igualdad en dignidad y derechos. Cosa diferente es que la igualdad civil, y la moralidad de acuerdo con ella, no se establezca de modo instantáneo y que se requiera, como es evidente, de muchas décadas o quizá siglos para que sea un realidad que marcará época en la historia de los humanos. Una vez más se advierte que los hombres y mujeres necesitamos de mucho tiempo para aprender y reconocer lo que pudiera ser tenido como razonable y factible, pero, a su vez, no habría duda ninguna de que a partir del siglo XVIII empezó otra historia.

Tal vez la opinión de que la historia o, como tiendo a pensar, la prehistoria de la humanidad, habría sido la historia de la inmoralidad o de una moralidad con inmoralidad pueda resultar chocante y quizá inadmisible para algunos profesores de ética. Parece evidente que la vida en democracia es mucho mejor para todos que la vida en una sociedad esclavista o en una totalitaria, pero a los humanos nos cuesta aprender, nos ha costado más de cien mil años aprender que todos somos iguales o semejantes.

La gente vive dentro de un marco reglado, no siempre se hace lo que se quiere o se desea sino que la mayoría se comporta de conformidad con lo que está establecido aunque, a su vez, se modifican algunas o muchas reglas, pero no todas en el curso de la historia de los humanos. La moralidad siempre erige o instituye obligaciones o deberes. Desde siempre ha habido deberes u obligaciones que son imperativos porque no se dice, solamente, es recomendable o virtuoso no matar o no robar sino que se establece de modo imperativo: no se debe robar o no se puede matar porque la simple recomendación virtuosa no es suficiente.

Moralidad en nuestra época sería hacer lo debido de acuerdo a fines o consecuencias establecidos de conformidad a valores y derechos humanos predefinidos. En la actualidad al hablar del deber muchos piensan en Kant y no pueden ser criticados por ello, pero debe recordarse que Kant no entendía que el deber estuviera referido a los fines o consecuencias prácticas sino que, al contrario, se refería a una ley moral establecida por una supuesta razón pura que operaba al margen de la experiencia y que, por consiguiente, dejaba al margen las consecuencias, el sentir de los humanos, sus dolores, los sujetos de tales consecuencias.

Pero, por otra parte Kant acertó al anteponer el deber a la virtud. Como expuso muy claramente en *Metafísica de las costumbres*: «La virtud es la fuerza de la máxima del hombre en el cumplimiento de su deber [...]. La doctrina de la virtud ordena considerar sagrado el derecho de los hombres» [395]. Se podría terminar la frase de Kant diciendo: donde hay derechos germinan y crecen los deberes y él no se opondría a dicha afirmación.

La ética se ocupa de reflexionar acerca de cómo se enjuicia lo que es moral o inmoral; de lo que es indebido, incorrecto o reprobable y de lo que es debido, correcto o aprobable por respeto a todo humano; de la dignidad que no puede herirse si somos iguales; de la virtud y de si ésta tiene o no la supremacía frente al deber y de este tipo de cosas.

La subordinación de lo debido o correcto al respeto a todos es obligada porque el humano es cosa sagrada para el humano, «homo, res sacra homini», propuso Séneca en su carta noventa y cinco a Lucilio. El humano no puede ser tratado como una cosa cualquiera, como un medio o instrumento.

Esto último, lo referente a que el humano no se debe tratar como medio o cosa no es lo que dijo Kant en la segunda formulación de su imperativo categórico según se lee en su libro *Fundamentación de la metafísica de las costumbres*: «obra de tal modo que uses a la humanidad, tanto en tu persona como en la persona de cualquier otro, siempre al mismo tiempo como fin y nunca simplemente como medio» [A 66-67]. Como se hace muy evidente en la formulación citada Kant dijo que se puede tratar a otro como medio si se le trata como un fin en sí mismo. Si Kant hubiera pensado que no se puede tratar al otro como medio lo hubiera dicho. Hubiera escrito: «nunca como medio», pero lo que escribió fue: «nunca simplemente como medio». En mi libro sobre la felicidad y el dolor pienso que ya dije lo suficiente en relación a este tema tan importante.

A diferencia de Kant aquí se dice de modo imperativo: nunca se debe tratar al otro como medio, siempre se le debe tratar como fin. Se trata a una persona como medio cuando tal persona no puede decir: no, cuando no consiente a lo que se le propone o impone, pero este imperativo no es el de Kant.

Hoy en día, prosiguiendo con aquel antiguo principio adoptado por Séneca, el criterio y requisito principal que determina el deber tiene que ser el respeto a todos los humanos por ser seres iguales, sensibles y dignos. El respeto obliga a la evitación del dolor y el daño y esta evitación incluye la prohibición de la ofensa y humillación, que siempre son muy dolorosas, aunque estas ofensas pudieran ser ejercidas en nombre de un bien superior.

La pregunta primordial y elemental acerca de cual sería el fin del deber o del porqué del deber sería: para no hacer daño porque el otro es un igual que exige respeto y no quiere el dolor y el daño. Se debe añadir, es obvio: si está en tu mano debes socorrer y ayudar a quien tiene dolor, de no hacerlo mantienes el dolor y el daño, lo toleras, te haces cómplice de quien daña o consientes con lo que daña.

La moralidad nace cuando se mira al otro con respeto, con miramiento, un miramiento que permite discernir si es persona o cosa. Cuando se considera que los demás pueden sentir dolor y nuestra conducta se adapta a ello aparece la moral que solo podrá serlo de una forma acabada en nuestro tiempo. Esta adaptación supone un cierto control y renuncia del potente egoísmo y, al mismo tiempo, del uso de la razón.

Del miramiento o sea del respeto surge la moral y hoy tenemos más respeto por el semejante que en otras épocas. El mirarse los unos a los otros comporta no destruir el bienestar de los componentes del grupo humano. El animal amenaza y grita, el humano apela a la conciencia, al miramiento o respeto del congénere.

Mi propuesta general que argumentaré en lo sucesivo afirma lo siguiente: la felicidad debe fundamentar la moralidad a través de lo debido, pero como la felicidad es no tener dolor, la moralidad manda no causarlo, y, suprimirlo cuando se pueda a los allegados o a los alejados si se está obligado por deber. Otra cosa será que los otros sean felices porque el bienestar depende de cada uno y la moralidad no puede garantizarlo, solo puede evitar su destrucción cuando lo haya.

De acuerdo con lo anterior, no puede decirse que la moralidad o la ética sea el tratado de la felicidad. A lo sumo, sería el tratado que impide la destrucción del bienestar. La moral impide destruir el bienestar logrado, la actividad política, si mejora la vida de los ciudadanos, contribuye a alcanzarlo.

La felicidad o bienestar depende de cada uno si no padecemos dolores intensos en el cuerpo y en el alma. Pero sucede abundantemente que malogramos una felicidad asequible cuando esperamos demasiado de la vida y de los otros. Spinoza advertía que nos perjudicaba estar demasiado pendientes de la esperanza. «Cuanto más nos esforzamos en vivir bajo la guía de la razón, más nos esforzamos en depender menos de la esperanza» [4/47e], escribió con profundidad este sabio en *Ética*.

Nicolás de Chamfort, el lúcido y muy escéptico escritor y político francés perseguido por el Terror en 1793, seguramente había leído a Spinoza y al apóstol Pablo y fue muy certero al escribir sobre la esperanza: «la felicidad no empieza para mí sino cuando la he perdido. Yo pondría de buen grado a la puerta del Paraíso, el verso que Dante colocó sobre la entrada del Infierno: *Lasciate ogni Speranza, voi ch'entrate*» [§ 40]. Así es, cuanto más feliz se es menos se espera. Esperar en demasía comporta infelicidad.

Si como parece llevaba razón Spinoza esperar demasiado sería un error, grave error que con facilidad conduce a la amargura. De aceptarse esta opinión se hace evidente que la ética no puede conducir a la felicidad aunque es bien cierto que la inmoralidad la destruye. Así, pues, la felicidad depende de nuestro sentir, la moralidad de los demás evita que se arruine la que disfrutamos. El bienestar no proviene de la ética sino, en gran medida, del conocimiento y de la reflexión de dicho conocimiento para evitar los errores.

Muchos son los que dicen que el interés por lo propio es lo que conduce la historia de los seres humanos. Pueden añadir que el altruismo, llamado amor entre los humanos, no puede fundamentar la moralidad y tienen parte razón, pero se equivocan cuando al pasar de un extremo al otro concluyen que el egoísmo lo explica todo.

Algunos van más allá y nos advierten que es ilusorio pensar que las mujeres y los hombres son generosos y morales y se conducen pensando en los intereses de los demás. Encuentran un apoyo en la filosofía de Hobbes u otros cuando afirman que el humano siempre mira para sí, pero creo que yerran porque se confunden en la definición y alcance del fenómeno moral. No advierten que si bien los hombres y las mujeres se conducen por interés y aunque sea evidente que los humanos son seres aprovechados como los animales, a su vez, no se permiten cualquier cosa.

De modo general no somos generosos con nuestro dinero que guardamos para satisfacer nuestros intereses y necesidades y no estamos dispuestos a darlo o a prestarlo sin garantías, pero la mayoría no roba el dinero del vecino; tenemos intereses eróticos, pero nos guardamos y no intentamos seducir a la pareja del amigo; podemos cerrar los ojos ante la injusticia, pero no solemos cometerlas; quizá no dedicamos mucho tiempo y esfuerzo a consolar a un amigo infortunado o a un conciudadano en apuros, pero no dedicamos nuestro tiempo a perjudicar o fastidiar a los demás. Así, pues, es cierto que no somos muy altruistas y generosos, pero cuando hay paz civil tampoco somos unos depredadores aunque algunos hay.

Una vez más se podría repetir que se confundirían quienes entienden que la moralidad es hacer el bien porque ser moral es, para empezar, abstenerse del mal. Se puede ser moral absteniéndonos de decir la verdad cuando la verdad aprovecharía a alguien, pero se es inmoral cuando se levantan testimonios falsos. Es cierto que quien se abstiene de decir la verdad, si ésta ayuda a alguien, con el objetivo de evitarse consecuencias desagradable o simplemente molestas es poco generoso o muy interesado, no es virtuoso, pero no es inmoral. El inmoral es quien ocasiona daño y nadie nos puede obligar a ser tan virtuosos o heroicos para remediar un mal con perjuicio propio.

El control del egoísmo es suficiente para que haya moralidad, pero entre otros Nietzsche en *Crepúsculo de los ídolos*, como en otros lugares de su obra, realiza una crítica de lo que él considera la moral de la decadencia y afirma: «Una moral "altruista", una moral en la que el egoísmo se atrofia, no deja de ser, en cualquier circunstancia, un mal indicio [...]. Faltan las cosas mejores cuando comienza a faltar el egoísmo» [p. 108]. Suponer que la moral proceda del altruismo es un error, pero lo es también basarla en el egoísmo. La cuestión está en el grado: debemos ser egoístas en algún grado, pero no con el grado que perjudique o dañe al congénere.

El amor a los humanos no puede sostener o fundamentar la moralidad porque no hay tanto amor en el mundo. La moralidad solo puede fundarse en el control del egoísmo por acción del respeto que promueve a hacer, no solo el bien del altruista, sino sobre todo, lo debido. Si se aceptara que la moralidad se fundamenta en la prohibición del daño, con el control del egoísmo es suficiente dado que el amor se refiere a dar para el bien de los demás y esto no es muy frecuente aunque lo haya. Es evidente que un egoísmo desenfrenado, aquel que no puede ser controlado, comporta la disolución de la moralidad porque el interés por lo propio choca siempre con el interés de los demás.

La moral se funda en el respeto, en el control del egoísmo: no robar, no perjudicar, no molestar, no violar, no esclavizar, pero la moralidad no puede exigir la principal de las virtudes que según mi parecer sería la generosidad, generosidad para con todos.

El egoísmo es poderoso y siempre habrá en cualquier comunidad el aprovechado que con poca conciencia y gran desvergüenza, según los casos, guiado por el propio interés intentará conseguir beneficios y provechos en detrimento de los demás por medio de irregularidades de todo tipo, pero la sociedad tiene mecanismos para remediar los abusos, al menos algunos de ellos.

Tampoco parece aceptable la concepción de Schopenhauer sobre egoísmo y moral cuando propone en *Los dos problemas fundamentales de la ética:* «La ausencia de toda motivación egoísta es, pues, *el criterio de una acción de valor moral*» [§ 15, 204]. Esta afirmación de fuerte sabor kantiano es unilateral porque Schopenhauer participa de la idea de que la felicidad, supuestamente, siempre está determinada exclusivamente por el egoísmo. Si así fuera, egoísmo y felicidad se opondrían a la moralidad y no se podría salir de esta encrucijada, pero no sucede de este modo.

Muchos filósofos han opuesto felicidad y moralidad, pero cuando se examina con mayor precisión y detalle la vida de los humanos, esta afirmación no se mantiene. El egoísmo puede ser el «dios de este mundo» como propuso Kant en su libro sobre religión [Ak 161], o, como pensaba el propio Schopenhauer, «el egoísmo es colosal, domina el mundo» [§ 14, 197], pero en el mundo hay algo más que egoísmo o dioses que ocasionan perjuicios, hay también dioses o diosas benignos como el respeto o la solidaridad y la fraternidad, el sentimiento humanitario de Hume y las buenas razones que se oponen al egoísmo sin freno.

El hombre y la mujer desde siempre han sido cooperantes con el propio grupo humano, la mayoría de humanos en los periodos de paz suelen ser mansos, tranquilos, algo solidarios, no andan perjudicándose o fastidiándose unos a otros, van viviendo con cierta moderación en paz y hasta no es del todo infrecuente que ayuden al convecino en apuros.

En lo que concierne al egoísmo y la codicia no se sabe lo que en el futuro sucederá al respecto de la riqueza que acumulan unos pocos en detrimento del bienestar de muchos, una situación claramente inmoral dado que ocasiona mucho dolor. No podrá ser el amor o la compasión los que puedan resolver este asunto puesto que no es posible suponer que estos sentimientos aumenten entre los humanos. Será la razón con sus propuestas morales, ideológicas y políticas la que deberá establecer cómo hacer para evitar un enriquecimiento abusivo y dañino.

El relativismo moral

El relativismo moral es una ideología que no acepta que hayan deberes condicionados e incondicionados, defiende que todos los deberes son condicionados e históricos. No obstante, parece que hay comportamientos que están proscritos en toda la Tierra y los hay que varían con el tiempo y las circunstancias. De ser así habría deberes o mandamientos incondicionados que no varían y los habría variables, relativos o condicionados. Quiere decirse que en tal supuesto habría unos deberes absolutos, no variables y deberes relativos, relativos a las circunstancias y por tanto variables.

El relativismo parece ignorar que hay deberes de jerarquía o categoría diferente porque no es lo mismo matar que mentir. No todo es relativo porque las personas no somos cosas y, por consiguiente, pueden haber deberes incondicionados, si el criterio es el de no perjudicar a un igual. Nunca nadie, ni los relativistas morales, han aceptado que sea moral o correcto matar al vecino en provecho propio, se trata de una norma universal, pero la que dicta que no podemos ir desnudos en los espacios públicos es variable, es relativa, está sujeta a las costumbres, tradiciones o circunstancias. La primera norma, no depende de las costumbres, la segunda, depende absolutamente de ellas.

A pesar de que Kant se esforzó en ofrecer una ética que pudiera aplicarse en cualquier tiempo y lugar, esto es, una moralidad de carácter absoluto, no variable, yo considero que no lo consiguió. Como se verá su ley formal que supuestamente nacería de la razón *a priori* de la experiencia, al margen de toda experiencia, es una ley que se adapta, se amolda a la situación vigente en su época. La ética de Kant sanciona como moral lo que las circunstancias sociales y políticas habían establecido.

El filósofo alemán, a mi juicio de manera incomprensible, establece que su imperativo categórico, su querido mandamiento establece y ordena lo que estaba ordenado por el poder y las costumbres de su tiempo. Afirmo lo anterior por algunas de las cosas que el propone y escribe como imperativos en su *Metafísica de las costumbres*. Más adelante me extenderé algo más sobre estas propuestas, pero en este momento solo enuncio cuatro de ellas como muestra para poner de manifiesto como la moralidad que propone Kant obedece a lo que era aceptado en su época y que comportaba perjuicio y daño: uno, se debe aplicar la pena de muerte al asesino [333]; dos, quien comete un crimen queda «convertido en simple instrumento del arbitrio de otro (sea del Estado, sea de otro ciudadano) [...] es un esclavo y pertenece a la propiedad de otro [330]; tres, todas las mujeres, el sirviente, el mozo que trabaja al servicio de un comerciante, el menor de edad carecen de personalidad civil, no son ciudadanos; cuatro, «si el varón y la mujer quieren gozar mutuamente uno de otro gracias a sus capacidades sexuales, han de casarse necesariamente [...] si uno de los cónyuges se ha separado o se ha entregado a posesión a otro, el otro está legitimado siempre e incontestablemente a restituirlo en su poder, igual que una cosa [278]. Si se reflexiona lo que propone Kant no hay más remedio que concluir que el filósofo se inclina obedientemente ante las costumbres de su tiempo.

En lo relativo al poder, *a fortiori*, con mayor razón, pienso que aquí se observa con toda claridad porque Kant no pudo decir y no dijo: los semejantes nunca serán tratados como medios o instrumentos. Lo que Kant escribió en *Fundamentación de la metafísica de las costumbres* fue: los congéneres serán tratados «siempre al mismo tiempo como fin y nunca simplemente como medio» [A 66-67]. La ética de Kant permite que los semejantes sean tratados como medios, cosas o instrumentos.

En mi libro *Creer en Dios o creer en Jesús* Carlo Martinetti expone: «Cuando alguien dice "a las personas no se las debe tratar como meros medios, deberán ser tratados, a su vez, como fines", incurre en relativismo moral». Sospecho que Martinetti tiene razón. Las personas que no tratan a los demás como medios o instrumentos se oponen a lo establecido, se oponen al poder, poder que cuando no procede de una organización democrática bien establecida deriva en abuso. Es un abuso manifiestamente perjudicial tratar a los demás como medios o instrumentos aunque se diga que, a su vez, son tratados como fines. Puesto que Kant se manifestó como un cristiano luterano estricto no siguió en todo el mensaje de Jesús que no fue relativista moral.

También Aristóteles, Hegel o Marx pensaban que sus éticas valían para todos los tiempos, sus principios éticos tenían para ellos un carácter absoluto, pero resulta que se acomodaron a lo establecido, al poder y su abuso, y como para Kant los semejantes podían descender a la categoría de medios o instrumentos. Kant era un hombre muy informado, sabía que Estados Unidos declaró su independencia en 1775, sabía que aquel país estaba lleno de esclavos. Silencio, ni una palabra contra la esclavitud. Sabía que en su siglo la tortura era legal. Silencio. Sabía que la Inquisición todavía era operativa. Silencio. Montaigne y Voltaire escribieron contra la tortura.

Hay profesores de filosofía que se presentan como antimetafísicos y, a su vez, aceptan lo escrito por Nietzsche en sus *Fragmentos póstumos* de 1887: «no hay hechos, solo interpretaciones» [7, 60]. Ellos saben que es un hecho que en algunas aldeas de Pakistán o en las de otros países las mujeres que cometen un supuesto crimen contra el honor de las familias pueden ser matadas. Es tradicional y cultural que se haga y que quede justificado. Representa el caballo del mito que se guía solo por lo histórico. ¿Qué dicen de ello estos profesores? ¿Se oponen a esta tradición, la reprueban? Si se oponen, ¿cómo fundamentan su reprobación?

Entiendo que solo se puede reprobar la mutilación genital femenina o los crímenes de honor si se acepta la existencia del caballo alazán propuesto al principio del capítulo y no hacerlo es aceptar el relativismo moral. El caballo de color alazán representa lo que nunca debe hacerse: no se puede causar dolor y daño, en este caso la mutilación o la muerte, en nombre de una ideología o tradición. Nunca, en ninguna parte del planeta, hacerlo es tratar, en este caso, a las mujeres como medios o instrumentos.

Aristóteles opinó que el adulterio era siempre una perversidad, como el robo y el homicidio y muchos coincidirán con esta opinión. Nadie o casi nadie entiende que el adulterio sea moral o correcto aunque es evidente que muchos son adúlteros. Cuando así hacen se disculpan o lo justifican, pero casi nunca lo consideran bueno y recomendable; la mayoría de adúlteros piensan que es inmoral, pero en su caso no tanto.

También el ladrón se justifica y puede decir: todos roban si pueden o se hacen con el bien ajeno de maneras legales sin llamarlo robo, pero es más raro que consideren que robar sea algo bueno y que debiera ser aprobado. La gente suele mentir y se siente moral, pero es menos frecuente que se defienda como algo moral levantar falsos testimonios ensuciando el prestigio de los demás. Así, pues, hay en la humanidad una corriente de fondo que acepta unos principios o reglas de carácter moral que atraviesa la historia de los humanos.

Lo debido es relativo e histórico, pero solo en parte, mientras que el no causar daño para el propio beneficio o beneficio del grupo como criterio fundador de todo deber es o, podría concebirse, como absoluto y ahistórico, aunque la historia pueda describir como habidos episodios de gran dolor y daño, pero lo que fue pudo haber sido de otra forma. Me consta que este es un terreno sujeto a gran discusión, pero voy a ensayar una argumentación.

En determinadas culturas la sumisión de la mujer o la mutilación genital se dan como buenas, por tanto, tales normas serán históricas para un historiador del siglo XXII, pero los humanos del siglo XXI podrían dejar de hacer lo que hacen, en este caso, dejar de someter a la mujer o mutilar a una niña.

Se cometieron inmoralidades que quizá no se pudieron evitar o no se quisieron evitar, como las seguimos cometiendo los hombres y mujeres actuales aunque es bien cierto que unos son más morales que otros. ¿Son o han sido inmorales los verdugos que torturan y matan en nombre de la ley? Tiendo a pensar que quien tortura y mata comete una inmoralidad, porque daña a alguien indefenso, aunque algunos que se dedican a este tipo de trabajo condenable pudieran ser ciudadanos decentes en otros momentos.

Se cometen inmoralidades en nombre de la ley y se cometen inmoralidades que la ley no tiene porque perseguir y esto es así porque la moralidad y el derecho, aunque se influyen mutuamente, no son cosas iguales. No todo lo legal es moral y justo ni todo lo moral y justo es legal y lo inmoral ilegal. ¿No es inmoral que algunos perros y gatos en nuestra sociedad actual vivan mil veces mejor que millones de africanos? Siempre nos encontramos con el provecho y el capricho que son tolerados muchas veces en nombre del bien o del bien común que no siempre es el bien para todos. El humano quizá aprenda y acepte que un igual, un individuo de la propia especie, no debe vivir peor que un perro.

En lo relativo a lo que sea el bien para un humano y para un perro, ¿se puede dudar que la idea del bien y de lo bueno está condicionada por lo que determine la actividad política y que ésta está amparada en la ideología que en parte la determina y la legaliza? Así, pues, parece evidente que la política está condicionada por la ideología moral y que la actividad política de los ciudadanos de todas las naciones condiciona, en nuestros días, la vida de los humanos en África pues Europa y otro grupo de naciones, directa o indirectamente, pueden estar aprovechándose de los africanos como los griegos se aprovecharon de los cautivos de Troya aunque ahora lo hagan de una forma menos brutal.

El relativismo moral de Aristóteles aceptó la esclavitud; el relativismo moral de Kant aceptó que la mujer no tenía derechos de ciudadanía y que la homosexualidad era un *crimina carnis contra naturam* [314-315 y 278]. El relativismo moral de algunos filósofos y sociólogos acepta la mutilación genital femenina y lo consideran adaptado a la cultura de la comunidad donde se produce este atropello.

Lo expuesto por Marx de modo categórico en el inicio del prólogo de su *Crítica de la economía política* y que fue el eje fundamental de su reflexión antropológica no se sostiene. Dice Marx: «No es la conciencia de los hombres lo que determina la realidad; por el contrario, la realidad social es la que determina la conciencia» [p. 7]. Para contradecirlo cabe indicar que hay una conciencia humana al margen de las vicisitudes de la historia, algo común y constante que nunca tiene variaciones ni es relativo a las circunstancias aunque estas puedan aprobar o reprobar determinadas conductas. Pero Marx no admitía que existiera lo que representa el caballo alazán del mito sobre la moralidad.

El relativismo moral de Marx no atiende a la conciencia de las personas individuales, como hace todo relativismo, y es ciego a la realidad de los humanos que siempre y en toda circunstancia han tenido un decálogo moral en lo referente a las cuestiones mayores. La realidad social contribuye a determinar la conciencia, como dice Marx, pero no del todo ni para todos.

El historicismo y el relativismo. El juicio moral sobre lo acaecido en la historia de la humanidad es legítimo

Entiendo que nos podemos oponer al relativismo y al historicismo y, además, podemos oponernos a la idea de que no se podrían hacer juicios morales sobre lo pasado en la historia de la humanidad. El relativista moral no puede hacerlos. Kant nunca hizo este tipo de juicios.

El deber de no matar es un deber incondicionado, no puede ni pudo quedar condicionado o sujeto a opiniones, gustos o leyes morales kantianas. Solo cabe una excepción aceptada por todo el mundo: matar para evitar la propia muerte. Matar para defender la propia vida. No se puede matar al infiel o al adversario y nunca debió hacerse aunque se haya hecho abundantemente. No se puede matar al criminal. No se le puede matar aunque el criminal lo haga. Aceptar la pena de muerte porque hay sociedades que la consideran legal y justa, según mi criterio, es una forma de relativismo. Un hombre tan religioso como Kant no se avino con la sencillez «filósofica» del Maestro de Nazaret que consiguió evitar la ejecución de una pena de muerte. Kant levantó un gran aparato filosófico para justificar la pena de muerte. Matar a un humano en beneficio propio o del propio grupo siempre ha sido una inmoralidad como lo ha sido esclavizarlo. Los esclavos nunca admitieron que fuera moral la esclavitud y pienso que tenían toda la razón.

Matar en provecho propio aunque haya sucedido durante miles de años fue y es condenable, torturar para procurar mantener el poder o para obtener confesión aunque haya sido legal hasta el siglo XIX fue y es condenable, pero el historicismo puede admitir que no pudo haber sido de otra forma.

Por historicismo entiendo la doctrina, concepción o idea de que algo habría que conduciría la historia de los humanos: plan, ley, organización económica, designio, destino, sino, espíritu o providencia. El historicismo supone que este algo es exterior a la propia evolución de los animales y de los humanos, algo que gobierna y conduce la vida de las personas hacia algún lugar con independencia de las ideas y los sentimientos de los individuos.

Los marxistas y otros historicistas no marxistas suelen explicar que Aristóteles construyó su ética de acuerdo a la realidad social de su época, una sociedad esclavista, y no pudo condenarla. Pero ignoran una parte importante de la realidad porque de tener razón no entenderíamos y no aceptaríamos en nuestra sociedad democrática actual algo de lo que Aristóteles dejó escrito, y resulta que una parte de lo que escribió Aristóteles sigue siendo cierto y aceptable, como lo descrito en la tragedia griega o en las tragedias de Shakespeare.

La esclavitud sucedió, pero pudo no haber sucedido. Aristóteles la defendió y su conciencia moral lo aprobaba, pero no todos lo hicieron. De tener razón Marx al decir que: «la realidad social es la que determina la conciencia» se entendería a Aristóteles, pero, entonces, otros como Esquilo o Eurípides no hubiera tenido una conciencia bien conformada. ¿Entendería Marx que no haya ninguna tragedia griega conocida que defendiera la esclavitud? ¿Se entendería que Esquilo en *Las suplicantes* la condenara?

El signo de los tiempos puede contribuir a la conformación de las conciencias individuales, pero no puede determinar lo que sea bueno o malo para la conciencia de todos, hacerlo es una muestra de relativismo. Para los oprimidos o victimizados y para algunos que se mantienen lúcidos la conciencia de los opresores es mala aunque el poder la califique de buena.

Los humanos que han leído los evangelios nunca han dicho que lo que expuso Jesús en el sermón de la montaña fuera inconveniente o injusto y aunque no seamos creyentes como lo fue Kant aceptamos que el anhelo de justicia es muy general y entendemos y podemos aceptar, aunque solo sea en parte, lo que se dice en el Antiguo Testamento y en el Nuevo.

Cuando los marxistas, los neomarxistas o los historicistas de todo tipo invocan a la propia realidad como prueba de que lo que sucedió fue necesario porque así sucedió, se exceden y yerran, porque no quieren ver que de no haber existido Marx la Revolución soviética de Lenin no hubiera ocurrido o que de no haber existido Hitler el exterminio no se hubiera producido. Ahora que está bien claro que la Revolución de octubre en Rusia no solo fue un error histórico sino que no fue necesaria podemos entender que no era inevitablemente obligado que aquello sucediera.

No existe una ley de la historia que obligue a los hombres y mujeres a hacer o dejar de hacer algo al margen de sus ideas y propósitos, y, estas ideas y propósitos no son emanaciones que surjan sin más de los modos de producción y apropiación de la plusvalía o de un «plan oculto» como suponía Kant. En *Sobre la paz perpetua*, en *Ideas para una historia universal en clave cosmopolita* y en *Replanteamiento de la cuestión sobre si el género humano se halla en continuo progreso hacia lo mejor* Kant habla de «plan oculto», de «secreta sabiduría» y, también claramente, de «Providencia». El providencialismo del filósofo alemán es muy llamativo en sus escritos. El filósofo nos ofrece razones sobrenaturales para explicar fenómenos naturales. Pero no solo habla Kant de fenómenos naturales como la aparición de los camellos en el planeta sino que también habla de otro fenómeno natural, la guerra, pero la guerra en relación con la divinidad; en *Crítica del juicio* escribe: «en la medida en que la guerra es una tentativa inintencional (incitada por pasiones desenfrenadas) por parte los hombres, quizá sí sea una tentativa intencional y hondamente recóndita por parte de la sabiduría suprema» [B 394], Pienso que Kant se atreve a hablar demasiado de Dios.

No parece que haya ningún plan oculto ni ninguna ley que ordene la historia de los humanos de manera uniforme como sucedería de haber dicho plan, ley o providencia. Contra la ausencia de uniformidad, uniformidad que observaríamos si hubiera el plan oculto de Kant o el materialismo histórico de Marx quizá valga para reflexionar que en ninguna sociedad europea o americana en cualquiera de sus etapas de desarrollo se les ocurrió mutilar a las niñas ni tampoco en ningún momento organizaron una sociedad de castas como en la India. El modo de vida oriental tan impregnado por el pensamiento de Confucio y Lao Tse atraviesa toda la historia de China hasta nuestros días mientras que en Europa y América la cultura está impregnada del pensamiento de Grecia. Jerusalén y Atenas como pilares propios. En Atenas hubo esclavismo, pero en China nunca lo hubo; por consiguiente, pudo no haberlo habido en Occidente.

¿Quiénes se oponen a que se hagan juicios morales sobre los acontecimientos históricos? ¿Por qué se oponen? Según mi parecer están en desacuerdo con este enjuiciamiento aquellos que otorgan la primacía a la política en detrimento de la moralidad para justificar que lo sucedido no podía ser de otro modo.

Muchos supuestos progresistas caen en incoherencia manifiesta cuando justifican las inmoralidades del pasado, pero no lo hacen para las del presente. Ellos no justifican sino que reprueban la sumisión de las mujeres o la explotación de los niños en su siglo, el XXI, pero la justifican en los siglos pasados y dicen que no se puede reprobar. Ahora bien, los nietos o bisnietos de estas personas vivirán en el siglo XXII y si son supuestamente progresistas al modo de sus antepasados podrán decir que no era posible reprobar moralmente la explotación de mujeres y niños en el siglo XXI.

Parece evidente que cuando nos oponemos a la explotación de los niños o de las mujeres hacemos uso de criterios morales, anteponemos la moralidad a la política, a la tradición de la *polis*. Para algunos la moralidad solo valdría para el presente, pero no valdría para el pasado, pero ¿por qué no valdría para el pasado si éste fue presente para los antepasados?

Parece evidente que quienes adoptan el pensamiento de Hegel o el de Marx y en alguna medida el de Kant, son relativistas morales, que por serlo, lo que es o sucede no puede estar sujeto a escrutinio moral dado que habría plan o ley que daría órdenes a la historia humana para su realización. Para estos autores, como para Platón y Aristóteles, la moralidad fue y debe seguir siendo esclava de la política excepto cuando ellos deciden que no será así como se decía hace poco al hablar de la explotación de los niños y de las mujeres. Manifiesta contradicción, pues, la de quienes aceptan que la moralidad esté viva en el presente, pero la matan al referirse al pasado.

Claro que si hubiera unas leyes para la historia como las hay para la naturaleza sería del todo vano proceder a realizar juicios morales sobre la actividad política, del mismo modo que no podemos enjuiciar desde un punto de vista moral que los leones maten a los cachorros que ellos no han engendrado, pero el humano a diferencia de los animales no se comporta de acuerdo a programas biológicos sino morales aunque éstos estén condicionados por la biología.

La conciencia de Homero en lo relativo a muchas cuestiones importantes no fue muy diferente a la conciencia de los humanos actuales y esto que parece muy elemental no lo tuvo en cuenta Marx. Los modos de producción de la actividad económica pueden condicionar la conciencia de los humanos, pero del mismo modo que cualquier ideología que tampoco depende enteramente de los modos de producción.

No se puede hacer un juicio moral sobre lo sucedido en el pasado dicen algunos progresistas. Lo pasado y las circunstancias que se dieron involucró a todos, la conciencia moral de los antepasados, como la nuestra en la actualidad, estaba determinada por su realidad inmediata y no pudieron dejar de hacer lo que hicieron, siguen diciendo. Falso. Entiendo que estos argumentos son sofismas a los que se adhieren los que pretenden someter la moralidad a la política.

Cuando la moralidad se antepone a las conveniencias de la política se puede enjuiciar moralmente a lo que sucedió. Lo que fue pudo haber sido de otra forma si las ideas y creencias morales de los que causaron un mal supuestamente inevitable hubieran sido otras. ¿Fue necesario e inevitable el lanzamiento de las bombas que mataron a más de doscientas mil personas inocentes en Hiroshima y Nagasaki? ¿Fue necesaria e inevitable la tortura y muerte de millones de judíos en la Alemania nazi? ¿Para ser progresistas hemos de abstenernos de realizar juicios morales de estos hechos nefandos?

Uno que no fue progresista anduvo por estos caminos, quiso refugiarse en la inevitabilidad de lo que sucedió y pretendió defenderse de haber contribuido a la matanza de los judíos citando a Kant aunque tergiversara el pensamiento del filósofo. Según refiere Arendt, Eichmann en su juicio en Israel explicó que había leído la *Crítica de la razón práctica* y que «siempre había vivido en consonancia con los preceptos morales de Kant, en especial con la definición kantiana del deber» [pp. 206-207]. El Dr. Servatius fue el defensor de Eichmann y también citó a Hegel [p. 36] para intentar mostrar que la historia no siempre obedece y se conduce de acuerdo a la voluntad de los humanos. Pretendía insinuar que la historia y sus supuestas leyes, como si hubiera un plan oculto, sería la responsable de lo que sucede, en aquel caso el Holocausto.

Es evidente que Eichmann se forjó un Kant a su medida, pero no deja de ser evidente que las personas justificamos nuestra conducta según lo que creemos, sea esta creencia un saber o un creer saber. Igual hacen los que afirman que no podemos enjuiciar el comportamiento de nuestros antepasados. ¿No podemos enjuiciar moralmente a Pablo IV, Stalin, Hitler y, en este momento, a Eichmann? Entiendo que no es aceptable desaconsejar y prohibir que lo hagamos o que podamos hacerlo.

Kant, ya lo he examinado, se integra entre los historicistas. En el octavo principio de *Ideas para una historia universal en clave cosmopolita* escribió: «se puede considerar la historia de la especie humana en su conjunto como la ejecución de un plan oculto de la Naturaleza» [27-28]. Esta opinión de Kant es imposible de probar y si Dios no existe dicha opinión filosófica no tiene sentido alguno, es una elucubración infundada. Si Dios existiera Kant fue muy allá al considerar o adivinar los planes o designios de Dios.

Pienso que se procede de modo legítimo al realizar un juicio moral sobre el comportamiento de los antepasados, de Robespierre, Hitler, Lenin o Stalin y el de sus seguidores como el de los cardenales, obispos y frailes durante la Inquisición. Más todavía, utilizar criterios morales para enjuiciar a las doctrinas de Marx y de todos los reformadores políticos pienso que puede hacerse y debe hacerse porque no todo es relativo y dependiente de la época y las circunstancias.

¿Se puede condenar la pasada esclavitud? ¿Hubieran podido aquellos hombres griegos dejar de cometer la inmoralidad de esclavizar a las troyanas como explicó y denunció Eurípides en esta tragedia y en *Hécuba* lamentando el dolor de los esclavos? Sí, si las ideas clavadas en sus cabezas hubieran sido otras, pero las ideas mandan mucho, lo mandan todo y no siempre se reflexiona suficientemente sobre las ideas clavadas en el cerebro. Ni los sabios lo hacen. Decía Chamfort: «Se cuentan más locos que sabios y en el mismo sabio existe más locura que sabiduría» [§ 64].

¿Hubiera podido argumentar Aristóteles que la esclavitud era inmoral? Mi respuesta es afirmativa puesto que algunos en su tiempo lo hicieron, pero alguna historiografía de nuestra época, quizá la marxista en primer lugar, diría que esta propuesta de haber sido formulada por el filósofo, no podía haber tenido ninguna relevancia política. No obstante, dada su gran autoridad intelectual, si Aristóteles lo hubiera hecho así quizá nuestra historia hubiese ido por otros caminos porque quienes hacen la historia son los hombres y mujeres con sus ideas y éstas no dependen de las leyes sino que las leyes dependen de las ideas.

CAPÍTULO V

NATURALEZA Y CULTURA

La sempiterna polémica sobre phýsis y nómos, naturaleza y costumbre o convención. Sócrates y los sofistas

Es muy corriente que las opiniones relativas al ser humano se enfrenten cuando tratan de la importancia relativa que en su constitución y conducta tendrían la naturaleza y la cultura como ya se dijo al hablar del mito o alegoría de los dos caballos en el inicio del capítulo anterior. En el siglo v a. C., el siglo de oro de la Grecia clásica, se produjo un imponente choque de ideas entre Sócrates y algunos sofistas alrededor de este tema cuando discrepaban sobre lo que es la naturaleza, *phýsis* [fisis] y la importancia que se le debía conceder, y, por otra parte, lo que es el producto de la cultura, el *nómos*, lo acostumbrado, lo establecido por convención o acuerdo entre los humanos bien fuera lo establecido, las costumbres o las leyes. Se puede recordar que de *phýsis* viene fisiología, una materia fundamental para el estudio de la medicina y de otras ciencias de la vida; también deriva de *phýsis*, metafísica, esto es, lo que está más allá o al margen de la naturaleza.

Al hablar de Sócrates no siempre se considera que este inquisitivo pensador siempre habría dudado acerca de dónde provenía la moralidad, la virtud, cual era su origen o fundamento. En este contexto hago sinónimos virtud y moralidad al considerar la importancia de la justicia, la virtud principal para Aristóteles, en el ejercicio y desenvolvimiento de la moralidad.

Sócrates quería saber con precisión qué era la virtud humana, saber de dónde procedía, perseguía encontrar un fundamento racional para la moralidad. Si era un saber se podría adquirir o aumentar, y, lo que resulta de capital importancia si en parte o del todo fuera una saber se podrían corregir los errores de nuestra conducta. Para los griegos *areté*, virtud, era o podría ser lo que definiera una de las características o funciones de los humanos de un modo parecido a como el buen filo sería la *areté* del cuchillo o la fuerza y fortaleza la virtud de un caballo de tiro.

Para los humanos la *areté* sería la mayor excelencia asequible, aquel valor, facultad, función y conducta que abre las puertas y sustenta la moralidad y en particular la justicia. No obstante, es importante observar que no estamos todavía en la fundamentación de la moralidad en el deber como se hará a partir del siglo XVIII.

Los griegos hablaban del deber de un modo implícito y como si fuera un derivado de la virtud, pero estaban lejos del cambio ético analizado por Kant cuando se invierten los términos: el deber pasa a ser lo primario y la virtud se pone al servicio del deber. Es sabido que para Sócrates virtud era conocimiento y como tal debería poder adquirirse o por lo menos aumentarse. Esta es la cuestión que se debate con extensión en el *Protágoras* platónico, seguramente el último diálogo en el que se presenta el Sócrates histórico.

Frente a la opinión general de los sofistas, Sócrates nunca fue relativista moral y, precisamente, esta posición constituía el núcleo de su discusión con ellos. Al contrario del relativismo moral él suponía que la moralidad, o la virtud, reposaba en unos principios que no podían ser relativos a las circunstancias, opiniones y tradiciones sino que debían contener algo fijo, constante, inmutable y, por consiguiente, pretendía acceder a una definición general o universal de virtud que pudiera oponerse a lo expuesto por los sofistas que pensaban que la moralidad era algo convencional y variable sujeto a las circunstancias y a los tiempos.

En lo relativo a la filosofía moral de Sócrates hay una cuestión que me parece que no siempre se entiende del todo bien. Para el filósofo griego virtud es conocimiento, pero por otra parte, a su vez, la moralidad sería algo dado, dado por la naturaleza o por Dios tal como concluye el *Menón* platónico.

Si es conocimiento se la puede enseñar, se la enseñaría a quienes carecieran de ella, entonces no estaría dada desde dentro sino dada desde fuera. ¿Hay contradicción entre ambas formulaciones? No, no la hay, y de esta aparente contradicción nacería lo más sustantivo del pensamiento moral de Sócrates. La moralidad, la virtud y el deber, en parte están dados, pero en parte se adquieren. Hume tendría parte de razón, Kant también la tendría.

La moralidad no procede enteramente del exterior, se la descubre mediante la reflexión y el diálogo, se desvela en más o en menos, pero puede crecer o decrecer. A mi juicio, como ya he dicho, lo más importante de la propuesta de Sócrates sería lo siguiente: el pensar y reflexionar puede acertar o errar al definir la virtud, la moralidad o el deber.

Al introducir la noción de conocimiento Sócrates incluye al mundo de lo conocido o supuestamente conocido, el mundo de las ideas, la ideología. Lo que se sabe o se cree saber determina o condiciona el fenómeno moral. Con el sabio de Atenas la ideología entró de lleno en la discusión y establecimiento del fundamento de lo moral, pero no suele verse que fue así.

Para unos la moralidad procede de Dios, es infundida aunque la razón la detecte, como es el caso de Tomás de Aquino y de Kant, para otros procede de la evolución de los animales durante millones de años, como es el caso de Darwin. Para los primeros los principios de la ética es sobrenatural, para los segundos es natural. Finalmente siguen habiendo muchos filósofos que siguen procediendo como los sofistas y afirman que la moralidad se fundamenta en la convención, acuerdo, pacto o contrato, dialogado o impuesto.

Sócrates intuía que los principios y valores de la moralidad o virtud debían existir en alguna parte, dentro o fuera del corazón humano, dados por quien fuera o como fuera. La moralidad no podía ser del todo algo circunstancial y convencional. Algún germen de la misma debía encontrarse en la naturaleza, algo estaba dado como se dice al final del *Menón*. De su existencia previa, aunque en estado germinal, se podría extraer su conocimiento porque no veía nada claro que los valores cardinales de la humanidad pudieran ser recreados por cada individuo particular según fuera su experiencia. Muchos siglos después Hume y Kant coincidieron cada uno a su modo con la opinión socrática.

Platón a diferencia de Sócrates propone que el bien, la belleza, la virtud no sería algo nacido en el corazón de los humanos, algo dado al margen de la experiencia, sino al margen de las personas, fuera de ellas, algo inmutable y absoluto con existencia propia y eterna, lo que denominó Idea o Forma. Pero, este final no es estrictamente socrático. Sócrates anduvo siempre buscando una solución, pero quien creyó encontrarla fue Platón, cerrando el tema con algún que otro indicio o suposición proveniente de su maestro.

Lo que por otra parte queda claro es que con esta argucia metafísica Platón se sitúa inequívocamente al lado de Sócrates y en contra de todo relativismo ético. Aquél, como su maestro vienen a decir: si todos los humanos que aman la sabiduría, aquellos que no son sofistas, pueden llegar a concordar acerca de lo que sea la virtud y el bien, estas ideas o principios deben tener una vida objetiva al margen de la opinión de los propios humanos.

Sócrates probablemente pensaba que los valores o virtudes eran objetibables, podían ser descubiertos en el corazón de los humanos, nacidos de su propia naturaleza sin que hubiera necesidad de una preexistencia de las Ideas. Frente a la opinión de los sofistas que consideraban que la justicia era algo convencional, convenido o impuesto Sócrates suponía que ésta y otras virtudes era algo inherente a los seres humanos. Así, pues, la moralidad en su aspecto germinal, capaz de aumentar o decrecer, era algo dado.

De modo general los filósofos de nuestros días tienden a considerar el carácter cultural del humano, pero no atienden y valoran suficientemente la importancia de los elementos naturales, lo que en parte pudiera estar dado como pensaron Sócrates, Hume y Kant entre otros.

Sobre el naturalismo ético

Charles Darwin inicia el capítulo cuarto de su libro *El origen del hombre* de esta forma: «Acepto por completo la opinión de los escritores que sostienen que entre todas las diferencias existentes entre el hombre y los animales inferiores el sentido moral o conciencia es la más importante. El sentido moral [...] se resume en la breve pero imperiosa palabra *deber*, cuyo sentido es tan elevado» [p. 100].

A continuación Darwin reproduce a su modo el célebre canto de Kant al deber escrito en la *Crítica de la razón práctica* [A 154]: «¡Deber! Maravilloso pensamiento, que no obras por insinuación, por lisonja ni por ninguna suerte de amenaza, mas tan solo manifestándote al alma en su desnuda austeridad, imponiendo el respeto, cuando no siempre la obediencia; ante tu vista enmudecen los apetitos todos, por tenaces que sean; en secreto dime, ¿dónde, dónde tienes tu origen?» [p. 101][6].

En esta hermosa descripción laudatoria kantiana del deber, que Darwin reconoce, aparece el interrogante acerca del origen de la moralidad. Darwin en otros pasajes de su libro sigue citando su acuerdo con Kant y acepta el reto sobre el origen del deber, quiere responder y entonces expone su programa «como ensayo para ver hasta dónde el estudio de los animales inferiores puede dar luz a una de las más elevadas facultades psíquicas del hombre» [p. 101].

Darwin propone que el sentido moral se fundamenta, primero, en los «instintos sociales», «primer principio de la moral», en segundo lugar a «las facultades intelectivas activas, y los efectos del hábito» [p. 128]. Por instintos sociales entiende los sentimientos empezando por la simpatía [p. 114], en el sentido propuesto por David Hume aunque no cite a este autor, a saber: simpatía o benevolencia y humanitarismo. A la conmiseración o humanitarismo como instinto social añadía Darwin la vergüenza, el arrepentimiento y el remordimiento [p. 116].

Darwin concluye su reflexión sobre la moralidad con una propuesta exclusivamente naturalista: «la diferencia que media

---

6   La versión literal tal como se lee en *Crítica de la razón práctica* es la siguiente: «¡Deber! Tú que portas tan sublime e insigne nombre, tú que nada estimas a cuanto conlleve o contenga las más mínima lisonja, tú que reclamas por el contrario sumisión, si bien tampoco amenazas con algo que suscite una repugnancia natural en el ánimo e infunda un temor destinado a mover la voluntad, limitándote a erigir una ley que sepa encontrar por sí misma un acceso al ánimo y consiga de suyo verse venerada sin quererlo (aun cuando no siempre logre su cumplimiento), haciendo callar a todas las inclinaciones aunque conspiren en secreto contra dicha ley, ¿cuál es ese origen digno de ti?» [A 154].

entre el alma del hombre y la de los animales superiores, consiste en grado, no en esencia» [p. 127].

Kant no hubiera podido aceptar la conclusión naturalista de Darwin. Si bien admite y propone que el principio de la moralidad es un hecho, un hecho de la razón, su ideología religiosa no hubiera podido admitir que el principio de la moralidad fuera natural sino espiritual. Así dice en su *Religión dentro de los límites de la mera razón* para que no quepa ninguna duda: «Dios ha revelado ciertamente su voluntad mediante la ley moral en nosotros» [Ak 144]. El conocimiento práctico, una ley moral, está disponible para todo humano «como si estuviese escrito literalmente en su corazón: [...] la ley de la moralidad; y, lo que aún es más, ese conocimiento conduce ya por sí solo a la fe en Dios» [Ak 181].

Hay que observar que Kant, a pesar de que se alude a su contractualismo culturalista, nunca creyó que las normas morales o la ley moral como él la denomina tuviera un origen cultural o adquirido sino que fiel a una ideología religiosa de la existencia estaba convencido de que la ley moral era dada a los seres humanos, no por la naturaleza o la cultura sino por Dios mientras que Darwin pensaba que el sentido moral o si se quiere la ley moral era un producto natural. Pero, uno y otro no pensaban que las normas morales principales fueran un producto en exclusiva cultural derivadas de la experiencia, del ambiente social, del acuerdo o de la tradición.

El naturalismo y en particular el naturalismo ético aceptan que la naturaleza mediante el habla abre el camino de la cultura y que la ley moral surge de la primera si bien la cultura la modifica en un mayor o menor grado.

El interesante capítulo cuarto del libro de Darwin acaba de esta forma: «El sentido moral es quizá la mejor y más clara demarcación entre el hombre y los animales inferiores; pero no tengo necesidad de añadir nada sobre este asunto, puesto que no ha mucho me he esforzado en demostrar que los instintos sociales, primer principio de la moral del hombre, ayudados de las facultades intelectuales activas, y de los efectos del hábito nos llevan naturalmente a la Regla de oro[7] que nos enseña 'a querer para los otros lo que queremos para nosotros mismos', verdad que forma el fundamento de la moral» [p. 128]. Al respecto de la Regla de oro es posible que Darwin, además de conocer los evangelios, hubiera leído a Stuart Mill.

El utilitarismo de Stuart Mill también acepta la Regla de oro como principio de la moralidad, pero Kant había criticado dicha regla por insuficiente y estoy de acuerdo con él sobre este particular, sin embargo ahora hay que señalar que Kant no hubiera estado de acuerdo con Darwin en concluir que el origen del deber o de la moralidad procediera de la naturaleza aunque concordaría con el biólogo en que tampoco procede de la cultura.

Es más que evidente que Kant siempre pensó que la moralidad no podía ser algo que provendría de la convención o de un acuerdo dialogado y pactado entre agentes morales libres y pacíficos sino que era algo inserto, con carácter previo a la experiencia y a todo posible diálogo, en el corazón de cada humano. Sobre este particular habría acuerdo entre Kant y Darwin.

---

7   La Regla de oro en el Nuevo Testamento aparece en el Evangelio de Mateo y en el de Lucas, pero Meier pone en duda que este dicho de Jesús sea histórico. John P. Meier es un sacerdote católico norteamericano que es reconocido como un gran experto en el Nuevo Testamento. En el tomo IV de sus libros sobre Jesús dice con acierto que «una mirada fría, crítica, podría ver en la Regla de oro nada más que egoísmo ilustrado. [...] no la cuento entre los mandamientos de amor de Jesús» [p. 483]. «No hay una sólida base para afirmar que el Jesús histórico formulase alguna vez la Regla de oro. [...] La Regla de oro ciertamente no proviene de Jesús. En una forma u otra, circuló ampliamente en la cultura griega antes de que fuera incorporada la literatura judía y luego a la cristiana» [pp. 559-560].

El naturalismo de Hume y la sofística.
El naturalismo, el sentir y la filosofía

No creo que pueda darse mayor naturalismo ético que el del filósofo escocés del siglo XVIII David Hume cuando en su *Tratado de la naturaleza humana* propone que «La razón es, y solo debe ser, esclava de las pasiones [sentimientos], y no puede pretender otro oficio que el de servirlas y obedecerlas» [415] o cuando en su *Investigación sobre los principios de la moral* expone: «La hipótesis que nosotros abrazamos es clara. Mantiene que la moralidad es determinada por el sentimiento» [§ 114].

También se consideraba naturalista Calicles, el inmoralista que aparece en el *Gorgias* de Platón, al pretender que la naturaleza, *phýsis*, debía tener la primacía frente a la costumbre, cultura o convención, *nómos*, establecida, según el caso, por ideas más o menos racionales. Pero la *phýsis* de Calicles no era la de Hume, para Calicles lo que contaba no era el sentimiento humanitario sino el egoísmo y la fuerza. Para el griego el egoísmo y la fuerza deberían aceptarse como fundamento de la ley moral.

La diferencia capital entre Hume y Calicles radica en la opinión acerca de lo que sería natural como agente de la conducta moral y la disputa se resuelve a favor de Hume. El filósofo del XVIII entendía que el sentimiento de benevolencia, el humanitarismo, originaba la moralidad mientras que el griego de pocas luces pensaba que el natural egoísmo por brutal que fuera era el mejor principio moral contravenido por la convención cultural que ampararía a los débiles.

Toda la experiencia, la antigua, la filosófica y científica actual favorecen a Hume contra Calicles. Pero el naturalismo ético de Hume no es correcto por insuficiente, mientras que el de Calicles es incorrecto por erróneo, dañino y falaz. La fuente, origen o fundamento de la moralidad puede estar en el sentimiento y en la utilidad como pretendía Hume, pero también, y en una medida superior, en el juicio moral que trabaja sobre las ideas producidas por la razón.

¿Por qué digo que el naturalismo de Hume es insuficiente? Al observar cómo se comportan los humanos, y cómo se han comportado siempre, no tengo ninguna duda en la respuesta: la razón produce ideas y sucede todos los días que algunas de estas ideas sofocan, adormecen o anulan los sentimientos morales.

Así, cuando Hume propone que la razón es, y solo debe ser, esclava de las pasiones [sentimientos], y no puede pretender otro oficio que el de servirlas y obedecerlas, no acierta del todo. En lo relativo a la filosofía moral, como se verá al hablar de la conciencia moral, al contrario de Hume pienso que debería proponerse que la razón es más esclava de las ideas que de los sentimientos. Quizá podría formularse contra Hume: «La razón es esclava de las ideas que ella engendra y suele ser esclava de ideas perniciosas. Las ideas guían la conducta, encienden las pasiones y son perniciosas cuando arruinan los sentimientos morales y comportan dolor y daño evitables».

Los animales más evolucionados pueden tener sentimientos, pero al carecer de razón no disponen de moralidad. Algunos animales pueden tener cierto grado de respeto, otros animales más evolucionados como los grandes simios, además, podrán sentir algún grado de compasión frente algún congénere debilitado, incluso sentimientos de benevolencia que les mueve al auxilio y socorro de los allegados como se ve entre los simios, pero no tienen juicio moral como los seres humanos. Los animales se comportan regidos por programas biológicos y no pueden escapar de ellos como hacen los humanos cuya moralidad es compuesta a diferencia del resto de los animales. Quizá los grandes simios empiezan a escapar de las cadenas de la naturaleza.

La moralidad del humano es un compuesto de dos partes,

reposa en la naturalidad y en la cultura, se basa en el sentir y en las ideas que produce la razón. Al ser humano la cultura o el simple entendimiento y sus sentimientos morales le permite saber y establecer lo que es el bien y el mal y como evitarlo o remediarlo. Cuando las personas no están embargadas por doctrinas y sienten respeto entienden que no es bueno causar daño.

Lo sustantivo y lo mejor de las éticas naturalistas es que la noción del bien y del mal se fundamentan en la naturalidad del sentir, del dolor, o toman el sentir como una noción capital que determina grandemente lo que debe y no debe hacerse.

Lo bueno y lo malo en las éticas naturalistas remite siempre al sentir de los humanos y a lo que ellos entienden que les es útil y placentero o inútil y doloroso para poder vivir bien. Según mi juicio este principio las hace imbatibles mientras no se excedan o no sean unilaterales. Por el contrario, la debilidad de las filosofías morales metafísicas como la de Kant es que no tienen en cuenta la importancia del dolor y del daño.

Los humamos en comunidad nos conducimos para satisfacer los propios intereses, pero también para procurar una satisfacción o un perjuicio a nuestros congéneres según sea nuestra conciencia moral que enjuicia lo que debe hacerse y lo que no. Según sea nuestra conciencia moral el deber será esto o aquello aunque, a su vez, entre los humanos se observa un gran acuerdo acerca de algunos de los deberes primordiales.

En nuestra tradición, fueron naturalistas, en más o en menos, las éticas de Sócrates, Demócrito, en cierto grado la de Aristóteles, Epicuro, Spinoza, Hume, Stuart Mill, entre otras. Pero no solo de Atenas proviene nuestra tradición. Jerusalén es otro de nuestros pilares y se puede observar que en una parte muy importante de los Mandamientos dados en el Sinaí, además de la referencia a Dios, el sentir está muy presente, a saber: es pecado lo que produce un perjuicio o un mal a los semejantes.

En Jerusalén esta concepción se incrementa grandemente con el advenimiento y mensaje de Jesús. Fue este gran profeta quien estuvo siempre atento y fue sensible al dolor y menesterosidad de sus congéneres. A diferencia de los creadores y expertos sobre las filosofías morales no ha habido otro pensador, filósofo o teólogo tan atento al dolor de los humanos como Jesús.

La religiosidad de Asia parece más interesada en el perfeccionamiento personal que en la ayuda y consuelo de los que padecen. Jesús estuvo siempre cerca de los pobres y de los que sufrían otras penalidades. Recuérdese al respecto la dureza del Maestro con los que se enriquecían en detrimento de los que se empobrecían y se dolían de ello. Los filósofos, al contrario de Jesús, se suelen alejar del sentir, de la naturaleza del dolor.

Ahora bien, no hay que confundir la importancia del sentir con la subjetividad individual, idiosincrásica, como de forma caprichosa hizo Calicles que pretendía crear una nueva moralidad que, precisamente, se oponía al sentir de los otros. Sócrates no aceptó esta opinión porque para él la moralidad se descubre, pero no se crea de forma interesada como pretendía Calicles. Ante esta situación Platón dio un paso hacia lo metafísico: la moralidad no nace en los humanos, es independiente de ellos, tiene una vida eterna fuera de ellos: el bien, la belleza, la justicia existen por sí mismos. Sería algo objetivo, pero situado en el más allá.

Los sofistas dirían: no, la moralidad procede de una convención y algunos añadirían que esta convención es contraria a la naturaleza, mientras que los seguidores de Platón dirían y siguen diciendo: sí, tiene un carácter independiente de la opinión de los humanos, procede de las Ideas eternas y preexistentes. Aristóteles diría: sí, procede de la naturaleza, pero responde al hábito de acuerdo al mejor fin al que tienden los humanos. Spinoza diría: sí, es intrínseca a la vida de los seres humanos y es el conocimiento de lo útil y deseado para la mejor vida de todos.

Hume diría: sí, la moralidad procede del sentimiento humanitario que poseen todos los hombres y mujeres y éste es inmanente. Kant diría: sí, procede de un hecho de la razón dada a todos los humanos, pero la razón, en lo que atañe a la ley moral, no es dependiente a la naturaleza conocida por la experiencia, la ley moral, hecho de la Razón, está inserta por Dios en todos los seres humanos.

Hegel diría: sí, la moralidad se debe al desenvolvimiento del Espíritu del mundo, pero la eticidad, así decía, debe ser la guía del quehacer moral. Tal como escribió en *Lecciones sobre la filosofía de la historia universal*: «La eticidad es en su primera forma costumbre, hábito» [p. 456]. Para que quede del todo claro en *Principios de la filosofía del derecho* afirma que el ser humano «no tiene que hacer otra cosa que lo que es conocido, señalado y prescrito por las circunstancias» [§ 150]. Marx, diría: no, la moralidad es convencional e histórica y procede de la ideología dominante en cada época según sean los modos de producción y apropiación de la riqueza.

Darwin diría: sí, la moralidad es inmanente y procede de la evolución de la naturaleza, de la de los animales sin un fin prefijado de antemano.

Algunos filósofos actuales dirían: no, lo que sea virtud, moralidad y deber procede del diálogo libre o es obra de un contrato o convención. Los actuales naturalistas dirían: sí, los principios morales tienen un carácter independiente de la opinión, proceden de la naturaleza de los propios humanos dada por evolución de los animales y algunos añadirían, yo mismo entre ellos conjuntamente con algunos filósofos, que la convención o la cultura pueden modificar grandemente las ideas y la conducta moral para bien o para mal.

Muchos filósofos suponen que el humano no tiene naturaleza sino historia. Así pensaban: Nietzsche, Marx a su modo, y muchos otros como Heidegger, Sartre. Richard Rorty, fallecido en 2007, fue uno de los mayores objetores actuales de la idea de que el humano tenga naturaleza como los animales.

Sartre afirmaba en *El existencialismo es un humanismo* que «no hay naturaleza humana, porque no hay Dios para concebirla» [p. 31]. «El hombre es libre y no hay ninguna naturaleza en que pueda yo fundarme» [p. 54]. También escribió que «los hombres dependen de la época y no hay naturaleza humana» [p. 119]. Reprocha a Kant que aceptara una naturaleza humana que dotara a los humanos de unas «mismas cualidades básicas» [p. 30]. Se supone que se refiere a la ley moral dada como un *factum* o hecho de la razón, el único hecho de la razón pura, dice Kant.

En el coloquio que siguió a su conferencia sobre el existencialismo como humanismo, Sartre contestó al marxista Pierre Naville: «Estamos de acuerdo en este punto: que no hay naturaleza humana —dicho de otra manera, cada época se desarrolla siguiendo leyes dialécticas— y los hombres dependen de la época y no de una naturaleza humana» [p. 119]. Si no hay naturaleza humana, como pretende Sartre, la moralidad solo puede ser un constructo cultural como también proponían Marx y otros muchos.

En su *Crítica de la razón práctica* Kant, en evidente oposición a estas opiniones, escribió de manera categórica: «El principio de la moralidad no precisa de búsqueda ni invención algunas, pues lleva largo tiempo inserto en toda razón humana e incorporado a su ser» [A 188]. Dicho así, sin más, parecería una formulación explícita del naturalismo de los principios morales contra toda pretensión culturalista, pero Kant no fue naturalista sino metafísico, sobrenaturalista se podría decir.

En la actualidad hay muchos filósofos, que quizá podríamos denominar protagóricos y que en oposición a Sócrates piensan que el humano solo es un producto cultural. Los filósofos culturalistas hacen como los conductistas cuando con gran aparato académico sostenían que todo, incluido el trastorno mental, era producto del ambiente como pensaban los discípulos de Pavlov.

Pero parecería que el conocimiento científico está sobrepasando con gran fuerza estas concepciones unilaterales, ambientalistas o culturalistas, quizá dando la razón a Sócrates, Hume, Kant y a Darwin en lo que atañe al principio de la moralidad: algo está dado. Los aportes de la etología animal y humana y los de la neurociencia suelen ser ignorados o negligidos por la filosofía que se ampara en la promulgación del anatema de reduccionismo, aunque justificados muchas veces, para oponerse a la aceptación de la naturalidad de los humanos.

Phýsis o *nómos*, naturaleza o convención cultural, pero ¿por qué no tomar a ambos conceptos como fundamento? *Nómos*, convención cultural con sus ideas y razones, más *phýsis*, naturaleza, sentimiento moral, apetito, pasión. Pretender excluir una u otra concepción no parece realista. ¿Por qué no considerar que la *phýsis* del humano, su naturaleza desarrolla cultura, pero que no toda ella, la naturaleza, se transforma o se puede transformar en un ideado producto cultural?

Demócrito del que se ha dicho que fue maestro de Protágoras conocía perfectamente bien la disputa entre la naturaleza y la convención cultural y escribió: «la naturaleza y la instrucción poseen cierta similitud, puesto que la instrucción conforma al hombre y, al conformarlo, produce su naturaleza» [B 33]. Sabia reflexión parece ésta: la cultura conforma la naturaleza humana, la conforma, produce su nueva naturaleza, pero no tiene porque ignorar la importancia de la *phýsis*.

De modo parecido se manifiestan otros naturalistas como hizo Aristóteles cuando expresa que las leyes universales son «conforme a la naturaleza», las que escritas o no son observadas en todos los países. Como explica en *Retórica*, «existe lo justo y lo injusto por naturaleza en general, aunque no medie consenso o pacto mutuo» [1373b]. Así, pues, las leyes conformes con una idea humanitaria y universal de la naturaleza humana, en ocasiones deben pasar, como en el caso de Antígona y también de Sócrates, por encima de los decretos convencionales emitidos por los que tienen el poder.

En *Ética Nicomáquea* dice Aristóteles que «la justicia política puede ser natural y legal; natural la que tiene en todas partes la misma fuerza y no está sujeta al parecer humano [...] como el fuego que quema tanto aquí como en Persia» [1134b]. Aristóteles, pues, otro naturalista hasta cierto punto, pero que, como es obvio, entiende a la naturaleza humana de una forma bien distinta que Calicles y algunos sofistas.

El problema radica en establecer lo que sea nuestra naturaleza moral, pero lo más próximo parece que es lo más difícil de acordar. Lo que no sería correcto es afirmar como hacen en ocasiones algunos filósofos: puesto que es difícil o imposible, según estos, definir lo que es la naturaleza moral de los humanos esta supuesta naturaleza no existe. Pero, si la hubiera como parece, ¿por qué será tan difícil definirla siendo tan próxima a nosotros? Pues quizá precisamente por ello: al sernos tan propio, a la razón le cuesta ser objetiva y neutral. Unos la definen de un modo, otros de modo contrario según sea la ideología adoptada. Platón, San Pablo y Kant pensaban que nuestra humana naturaleza es concupiscente y fácil de corromper, Sócrates, Spinoza o Hume pensaban que nuestra naturaleza no es tan concupiscente y corrupta.

La aparición de la razón y sus productos en los humanos, las ideas que pugnan en un sentido y otro hacen problemático definir qué es nuestra naturaleza moral, tan discutible al parecer que algunos concluyen que no existe tal cosa y que todo es convencional o histórico.

Tal vez la ciencia nos proporcionará algún día un conocimiento certero de la naturaleza humana alejado de las ideologías. A diferencia de muchos filósofos Spinoza, entre otros, nunca deja de considerar la naturaleza del humano. En el prefacio de la parte tercera de su *Ética* critica a sus colegas filósofos que «parece que conciben al hombre, dentro de la naturaleza, como un imperio dentro de otro imperio».

El naturalismo y el utilitarismo de Sócrates y Spinoza

Quizá Spinoza no estaba en desacuerdo con Sócrates cuando de modo concluyente establecía que «por bien entenderé aquello que sabemos con certeza que nos es útil» [4/d1]. Sócrates, por su parte, pensaba que el bien estaba en relación con la felicidad, es decir, con lo útil o beneficioso y con la función que le correspondía al humano: el conocimiento y el cuidado de su alma racional. Esta alma que para Sócrates era lo específico del humano y daba respuesta a la función del ser humano en el mundo, Platón la hizo inmortal y separable del cuerpo. Sócrates dudaba como se ve claramente en la *Apología* de Platón.

Para Sócrates la *psyché* era la inteligencia como para Demócrito que también recomendaba el cuidado del alma. De ahí su insistencia en el «conócete» o lo que es parecido o igual, el cuidado del alma como lo más virtuoso o precioso de la humanidad. *Therapeía tês psychês*, el cuidado del alma, su conocimiento y el conocimiento de sus límites en oposición a la vida incoherente, convencional e irreflexiva.

No hay duda que Sócrates fue naturalista, si por tal se entiende quien acepta la importancia del sentir humano en la edificación de la moralidad, y, en consecuencia, partió de una concepción moderadamente utilitarista sobre lo que sea el bien y lo bueno.

Las éticas naturalistas tienen en cuenta el sentir del humano que puede padecer injustamente dolor y perjuicio. Son éticas materiales, aceptan la materialidad del dolor, en oposición a las éticas formales, como la de Kant, que se fundamentan en ideas e ideologías mejor o peor fundamentadas. Las éticas naturalistas suelen proponer que las consecuencias tienen una gran importancia, las formales no siempre otorgan un valor preeminente a los efectos o consecuencias del obrar humano que puede ocasionar dolor y perjuicio. Entiendo que las éticas naturalistas tienden a respetar a los seres humanos en mayor medida que las metafísicas y formales.

En *Menón* leemos: «todas las cosas buenas son útiles» [87d-e]. En *Protágoras* se dice: «Todas las acciones con este fin, el de vivir sin penar [sin dolor] y agradablemente, ¿no son hermosas y beneficiosas? Y la acción hermosa, ¿no es buena y beneficiosa? [358a]. Guthrie, un especialista muy reputado de la Grecia clásica, escribe de modo concluyente: «Sócrates fue famoso por su planteamiento utilitarista de la bondad y de la virtud» [III, p. 438].

Quizá a algunos o a muchos no les guste o desaprueben está visión naturalista y utilitarista de Sócrates, pero creo que si no nos empeñamos en hacer de Sócrates un platónico no hay más remedio que entenderlo de esta forma porque los primeros diálogos de Platón y el testimonio de Jenofonte en su *Memorabilia* o *Recuerdos de Sócrates* no permite otra conclusión.

Para seguir hablando del naturalismo ético no me parece nada mal la compañía de Spinoza, aquel que en su *Ética* se mantiene fiel a su propuesta de considerar «las acciones humanas y los apetitos como si se tratara de líneas, planos o cuerpos» [3/p]. Spinoza describe al humano como es, huye de todo moralismo estrecho y estricto, pero recomienda los comportamientos útiles y benéficos. Como se verá estas recomendaciones incluyen el deber.

Seguramente sobre este particular Spinoza coincidiría con Hume. Su explicación del deber es implícita, pero nunca deja de advertir que hay que esforzarse en entender, conocer y razonar para ser virtuosos. El conocimiento, el entendimiento es para Spinoza la puerta de acceso a lo mejor, a la vida buena. Véase una de sus excelsas propuestas escritas en su *Ética*: «El deseo, en cuanto que se refiere al alma, es la misma esencia del alma, y la esencia del alma consiste en el conocimiento, el cual implica el conocimiento de Dios» [4/37d1]. En una de sus identificaciones memorables iguala conocimiento y virtud como hizo Sócrates: «Obrar por virtud es obrar bajo la guía de la razón» [4/36d].

Quizá sea conveniente decir que el Dios de Spinoza no es el de Aristóteles, Primer motor inmóvil, ni un Dios personal. Para el filósofo holandés Dios es el Todo, es «la sustancia que consta de infinitos atributos» [1/11]. «Aparte de Dios, no se puede dar ni concebir ninguna sustancia» [1/14]. «Todo lo que es, es en Dios, y sin Dios nada puede ser ni ser concebido» [1/15]. «La razón o causa por la que Dios o la Naturaleza actúa y por la que existe, es, pues una y la misma» [4/p[d]]. En este prólogo de la cuarta parte aparece el célebre *Deus, sive Natura*, Dios, es decir Naturaleza.

Spinoza no habla del deber, pero el deber está presente en sus descripciones. En lugar de deber suele hablar de esfuerzo, veamos: «Los hombres, en cuanto que viven bajo la guía de la razón, son sumamente útiles para el hombre y, por tanto, bajo la guía de la razón, necesariamente nos esforzaremos en lograr que los hombres vivan bajo la guía de la razón» [4/37d1]. Tal vez hubiera podido escribir que si vivimos bajo la guía de la razón, la razón nos anuncia el deber de procurar que los demás vivan bajo la misma guía. Algo parecido sucede en el inicio de la proposición 4/37: «El bien que apetece para sí todo aquel que persigue la virtud, lo deseará también para los demás hombres». Como se ve aquí «lo deseará» aparece como un imperativo, como un deber.

«Los hombres que buscan su utilidad según la guía de la razón, no apetecen nada para sí mismos, que no lo deseen también para los demás, y que por tanto, son justos, fieles y honestos» [4/18e[c]]. En este importante y esclarecedor escolio Spinoza traza una descripción de la virtud y de lo debido, pero se abstiene de hablar explícitamente de hacer lo que se debe. No dice: los humanos deben ser justos, fieles y honestos, sino que explica cómo son los justos y queda implícito que son los ejemplos a seguir porque los justos, fieles y honestos hacen lo esperable y debido.

De forma parecida en lo relativo a lo que pueda ser imperativo, pero dicho de otro modo tenemos: «Llevaremos, no obstante, con ecuanimidad las cosas que suceden contra aquello que pide la razón de nuestra utilidad, si somos conscientes que hemos cumplido con nuestro oficio» [4/c32]. Llevaremos con ecuanimidad es lo mismo que decir: debemos ser ecuánimes.

Spinoza no dice nunca «los humanos deben conducirse de este modo» sino que viene a decir «los más sensatos, con la guía de la razón se conducen de acuerdo con la virtud porque «la verdadera virtud no es otra cosa que vivir bajo la guía de la razón» [4/37e1[c]]». Aunque no hable expresamente del deber dice que es preferible y mejor para sí mismo y para los demás, pues quien se conduce por la razón y desecha la pasión hace lo mejor y debido. «El hombre fuerte [...] se esfuerza cuanto puede en obrar bien y alegrarse» [4/73e]. Así, los que razonan bien y no son esclavos de la pasión se esfuerzan para hacer lo debido.

A pesar de lo antedicho no hay más remedio que reconocer que Spinoza no pudo llegar tan lejos como Kant y hacer del deber el eje de la moralidad. Al respecto, Spinoza es un antiguo frente a la modernidad de Kant y al cambio fundamental que propone para la ética o filosofía moral. El genial holandés se mueve todavía en el reino de la virtud, el deber está, pero está implícito, hay que esperar a que Kant lo haga explícito al observar que el feudalismo está muerto y nace el reino de la igualdad. Kant vive en el Siglo de las Luces, fue un lector apasionado de Rousseau por el que sentía una profunda admiración, tanta como para calificarlo como «el Newton del mundo moral».

La moralidad en parte viene dada.
No todos podemos ser manifiestamente inmorales

Muchos piensan que la mujer y el hombre pueden llegar a ser y a hacer cualquier cosa, serían como de cera que puede moldearse y se moldea según las circunstancias. Opinan que según sean las circunstancias el humano sería un homicida, violador, pederasta, ladrón, nazi cruel como Hitler, masón reflexivo como Mozart, cristiano desvaído como Rousseau o cristiano rigorista como el evangelista Mateo o Kant.

Marx y Sartre, entre otros, pensaban cada uno a su modo, que no habría naturaleza moral en el humano sino solo historia, según el momento el ser humano podría ser y hacer una cosa u otra, en el caso de Sartre siempre guiado por su libre albedrío.

Es obvio que Mozart no hubiera podido ser masón de no haber habido masonería a no ser que él la fundara. Es obvio que Rousseau no hubiera podido ser cristiano de no haberse escrito los evangelios. Es obvio que el teólogo y evangelista Mateo no hubiera podido ser un cristiano rigorista de no haber sido un judío riguroso y de no haber existido Jesús que seguramente no fue rigorista como Mateo.

Lo que se quiere poner de relieve sería lo siguiente: los valores que adoptaron Mateo, Mozart o Rousseau no dependieron del todo de lo que encontraron en su tiempo. Pienso que puede decirse con absoluta certeza que Mozart, Rousseau o Mateo no hubieron podido ser violadores, ladrones u homicidas. Entiendo que no hubieran justificado la esclavitud aunque San Pablo la toleró.

Pudo haber algunos humanos con el talento musical de Mozart mil años antes de Homero y no les conocimos, no pudieron dejar nada escrito porque no existía entonces la escritura musical, pero creo que nadie piensa que de cualquier músico, de cualquier orquesta, puede aparecer un Mozart si se hubiera dedicado a la música desde la niñez. Mozart estuvo dotado de gran talento musical y del «talento» moral podría decirse algo parecido.

Al igual que en cualquier parte del mundo en Austria nacen pocos Mozarts como nacen pocos Hitlers. Mozart a diferencia de su compatriota no fue un asesino y no todo el mundo puede serlo al modo de Hitler y sus secuaces como mejor que nadie escribió Primo Levi. Es cierto que nacen más Hitlers que Mozarts como seguramente es cierto que nacen más necios que sabios. No se quiere decir con ello que haya de caerse en un determinismo reductivo: no se dice que Hitler estuviera completamente determinado por la biología ni que lo estuviera por completo Mozart, lo que se dice es que si se nace con el talento para hacer algo bello, ¿por qué no se puede nacer con el «talento» para hacer algo «feo»?

Es muy claro que Hitler hubiera podido dejar de hacer lo que hizo y Mozart también. Si Hitler hubiera tenido algo más de talento para pintar quizá hubiera sido admitido como pretendió en la academia de pintura. En tal supuesto, ¿sería excesivo pensar que si Hitler hubiera podido ser pintor no hubiera orientado su ambición hacia la política? Es posible que hubiera podido aparecer otro político totalitario, pero también es posible que éste hubiera podido ser inofensivo para los judíos y menos sanguinario para la humanidad. No obstante, se podría suponer que de haber habido un Hitler pintor no hubiera sido un humano ejemplar, no habría hecho tanto daño, pero seguramente hubiera sido algo cruel y fanático, pero de no alcanzar el poder no hubiera podido torturar y matar a los judíos.

De cualquier modo, lo que se pretende argumentar es que el humano no es como la cera o la plastilina de las que pueden surgir todas o casi todas las formas porque no todos pueden aprobar la crueldad o ser crueles y totalitarios. Un santo no puede llegar a ser como Hitler ni estar de acuerdo con él ni ser su cómplice, y un Hitler o un Pinochet nunca podrán ser santos, podrían haberse dedicado a pintar, pero es dudoso que pudieran ser humanos virtuosos porque eran muy proclives a ser intoxicados por ideas nocivas. Hay humanos, generalmente necios y brutos, en los que prenderá con mayor facilidad una doctrina nazi y los habrá más resistentes a la barbarie.

Téngase en cuenta que un notable pensador como Heidegger fue nazi y Aristóteles esclavista, pero, a su vez, es cierto que el nazismo de modo general no se aviene nada bien con la inteligencia y que algunos en el siglo de Aristóteles o en los anteriores, como Sócrates, también reflexivos como el primero, no tuvieron esclavos a sus servicio ni justificaron la esclavitud. En efecto hay de todo y no todos van a pensar lo mismo y a hacer lo mismo.

Los culturalistas y relativistas suponen que de la historia, sin intervención de la naturaleza, nace cualquier cosa, pero esto es solo en parte verdadero porque la naturaleza pesa mucho. Uno de los mayores relativistas morales fue Marx al argumentar que la voluntad y libertad de los humanos estaban siempre sujetas a su historia. Marx conocía y admiraba a Shakespeare, pero creyó que los hombres y mujeres descritos por el escritor genial eran un producto de la ideología burguesa en ascenso y no entendió que siempre hubieron y siempre habrán Yagos, Edmundos, Ricardos y Macbeths con cierta independencia de las circunstancias.

Marx no entendió que no todo el mundo puede acabar siendo un Yago o un Hitler. De nuevo viene a la memoria lo dicho por Demócrito: la instrucción conforma al humano, no hay duda de ello, pero, como sabía Sócrates y no parece que el atomista le hubiera contradicho, no todo es instrucción y convención. Seguramente, no es casual que Marx en su tesis doctoral, en lo relativo a la conformación de la conciencia moral y a la libertad, prefiriera Epicuro a Demócrito.

Al haber variabilidad de la conciencia quizá la solución al problema sería no adoptar un método cualitativo sino cuantitativo para resolver el litigio. ¿Cuántos humanos y durante cuánto tiempo han aprobado el homicidio, cuantos hombres y mujeres lo han reprobado? De ahí nace el Decálogo como un hilo conductor normativo de la constancia. Pero surge un problema, a saber: los humanos desbaratando el Decálogo o Mandamientos pueden darse a los mayores atropellos. Rompen lo que parecía constante y seguro, burlan todo decálogo y ley.

¿Cuántos nazis aprobaron el exterminio y cuántos hombres y mujeres pudieron advenir nazis? Quizá Hume hubiera dicho que hay humanos poco o nada benévolos y compasivos. Pero ¿es suficiente esta explicación para entender que surja una moralidad nazi, una moralidad estalinista o marxista o una moralidad inquisitorial? Creo que Hume no puede resolver bien estos interrogantes porque quedó preso de sus propias ideas. Entiendo que quedó preso de un naturalismo excesivo o inadecuado, pensaba que la naturaleza y el hábito explicaban las diferencias como también pensaba Aristóteles. Creyó demasiado en esta propuesta y no advirtió, como tampoco advirtieron Aristóteles y Kant, que la razón produce monstruos. No es que el sueño de la razón acabe produciendo monstruos como suponen algunos posmodernos sino que, por el contrario, podría decirse que cuando la razón es adormecida por la sinrazón es cuando produce estos monstruos.

La naturaleza fabrica el «talento», luego la razón y las diversas razones harán el resto. Pero no todas las razones, no todas las ideas serán aprobadas y asumidas por todo tipo de «talentos» morales. A la inversa, según sea el «talento» moral, se adoptarán con mayor facilidad algunas razones y se desestimarán otras. Hitler y su «talento» moral «feo» podía adoptar con facilidad los antivalores del fascismo, Mozart y su «talento» moral «bello» podía adoptar con facilidad los valores de la masonería que se oponían a los de Hitler.

Por supuesto que no digo que haya naturalezas malas o buenas. Lo que digo, y desarrollaré más adelante, es que hay personas que no están muy dotadas de sentimientos morales y pueden sucumbir más fácilmente ante ideologías interesadas o dañinas. Quienes tienen un «talento» moral «feo» podrán ser morales, pero deberán vigilarse para evitar aprovecharse o perjudicar a los demás y llegar a ser inmorales.

Coincido con Aristóteles acerca de este asunto tan importante. El filósofo griego entiende que hay naturalezas proclives a la virtud y las hay proclives a la incontinencia y al vicio, pero todos pueden comportarse con moralidad aunque los incontinentes deban hacerlo con mayor esfuerzo. En *Ética Nicomáquea* afirma sobre la incontinencia: «los que son incontinentes por hábito es más fácil de curar que la de los que lo son por naturaleza, porque se cambia más fácilmente el hábito que la naturaleza; pero incluso el hábito es difícil de cambiar, porque se parece a la naturaleza» [1152a28-32]. La afirmación de Aristóteles es realista y sensata, pero el filósofo griego siempre olvida que la razón puede crear monstruos ideológicos como el esclavismo que él defendió, la Inquisición, el nazismo o el comunismo, monstruos que adormecen, arruinan, matan, desbaratan o burlan toda continencia y sensatez.

La razón crea monstruos y ángeles, crea quimeras y crea ideas útiles y benéficas para los humanos. La razón, pues, crea moralidad e inmoralidad, pero, a su vez, crea la posibilidad de razonar y enjuiciar sobre las razones y las sinrazones y el progreso de la humanidad está relacionado plenamente con esto y no hay que olvidar que hay bastantes personas inmunes o resistentes a dejarse penetrar por cualquier tipo de ideas. No siempre la realidad social conformará la conciencia moral de todos los humanos.

Para finalizar por el momento con la discusión sobre el naturalismo, el culturalismo ético y la variabilidad de la conciencia, podría decirse lo siguiente y puede que Sócrates, Hume, Kant y Darwin hubieran estado de acuerdo con la siguiente formulación: «El humano es un creador de valores, pero los valores morales no se inventan sino que se descubren porque proceden del interior del humano, sin embargo pueden crecer o decrecer. Algunos de los imperativos éticos principales, los mandamientos se descubren mediante el diálogo, con los otros o con uno mismo, pero no los crea el humano sin más».

Quizá el desacuerdo brotaría entre aquellos pensadores si se dijera en relación con el origen de los valores o virtudes: el humano es un creador de valores, pero los valores morales no se inventan sino que se descubren porque proceden del interior de los hombres y de las mujeres, por consiguiente, les son inmanentes, bien procedan de un hecho de la razón, sean un producto de la evolución de los animales o se originen en ambos principios. Unos se decantarían por un origen, otros por otro principio o fundamento.

Si fuera cierto que la virtud o los valores morales son en parte inmanentes, las éticas dialógicas tendrían sus límites que ya Sócrates conjeturó. El Maestro de Atenas se inclinaba a pensar que mediante el dialogo o dialéctica se podía descubrir la virtud o la moralidad, pero que ésta no era algo inventado por completo, el diálogo permitiría descubrir, pero no crear la moralidad. Al respecto de este tema tan importante Kant opinará algo parecido.

Podría suceder, entonces, que los mandamientos o imperativos no los inventara el ser humano sino que brotarían de su desarrollo natural o, en el caso de Kant, procederían de la emergencia de la ley moral dada como un *a priori* de la razón. Y, esta ley, como ya se dijo, es infundida por Dios como escribió en *Religión dentro de los límites de la mera razón*: «Dios ha revelado ciertamente su voluntad mediante la ley moral en nosotros» [Ak 144].

Parecería que algo está dado, pero esta donación no sería la misma para todos. Habría diferencia o grados en la constitución de la moralidad individual, lo cual no quiere decir, en absoluto, que quien está moralmente poco dotado para el bien quede justificado para hacer el mal. Hitler creía saber que hacía el bien a su país, pero no sabía, como hubiera dicho Sócrates, y su ignorancia al ser tan irreflexivo y necio no le eximia de la mayor reprobación y castigo. El nazi creía saber que hacía el bien haciendo el mal, sabía, como no, que hacía un enorme mal, pero no le importaba, perseguía un presunto bien para su país. Creía saber. Creía saber lo que era el bien para su país.

Mozart de haber vivido en tiempos de Hitler quizás no hubiera sido masón, pero no hubiera podido abrazar los antivalores de los nazis. Hubiera sabido que valores iguales o parecidos a los de la masonería del XVIII eran mejores, más benignos que los antivalores de los nazis que ocasionaron un mal horrendo e innecesario. Por lo mismo entiendo que Mateo el evangelista de haber vivido en tiempos de Hitler no hubiera podido ser nazi aunque muchos cristianos lo fueron.

En conclusión, algunos como Mozart serán más resistentes a la colonización de ideas nocivas, será más difícil que adopten antivalores y respetarán a sus congéneres; otros como Hitler, poco dotados de sentimientos morales y de inteligencia, podrán adoptar con mayor facilidad todo tipo de antivalores y no respetarán a quienes se les opongan. Los primeros serán algo o muy virtuosos, los segundos malvados, inmorales y temibles.

No todos podemos ser asesinos a sueldo, ladrones que dañan, violadores, sádicos o pederastas. Hay pederastas que aunque crean en Dios no sienten respeto, compasión ni, en ocasiones, sentimiento de culpa por el gran daño que ocasionan a las niñas o a los niños. Hay pederastas que se sienten avergonzados al ser descubiertos, pero no sienten culpa y voluntad de enmienda, repiten el daño si tienen ocasión. Hay creyentes en Dios que han sido capaces de matar en la hoguera a otros creyentes en Dios.

Lo anterior me permite decir que de la sola creencia en Dios no se desprende la moralidad. Podemos creer en Dios o no creer en él y nuestra conciencia moral puede quedar adormecida o puede aprobar comportamientos manifiestamente inmorales.

Sobre la justicia y lo justo

Por justicia entiendo otorgar y dar a cada uno lo que le corresponde o le pertenece, lo que le es propio y lo que es merecido. A su vez, es una injusticia despojar a los demás de lo que les es propio o merecido. Dañar o causar un dolor que no es consentido es suma injusticia porque se arrebata y se destruye el bienestar. En consecuencia, perjudicar no es justo, beneficiar suele serlo aunque no se merezca. Lo justo no daña y es justo lo que no perjudica y lo que suprime un dolor o daño.

En conclusión, no puede ser justo lo que provoca perjuicios y daños. En la *República* aparece Sócrates diciendo: «en ningún caso es justo perjudicar a alguien» [335e]. Si en este momento lleva razón Sócrates como parece y no es justo perjudicar, lo justo será beneficiar, beneficiar y por encima de todo no perjudicar. Lo propuesto por el Maestro de Atenas aparece aquí como algo sencillo y claro, algo sencillo que puede fundamentar todo un gran edificio moral, pero en seguida veremos que no siempre puedo estar de acuerdo con el Maestro si es cierto lo que nos transmitieron Jenofonte y Platón.

Si en este momento hablamos del deber puede ser conveniente precisar que lo correcto y justo no siempre es debido, aunque, de modo general, no se puede dejar de hacer lo justo y correcto cuando hay obligación; si no hay obligación, como es obvio, desaparece la idea de deber. Es correcto y justo que pretendamos comportarnos para otorgar o fomentar la felicidad de nuestros vecinos y de todos los conciudadanos, pero no se puede decir que se tenga esta obligación o deber. El deber, pues, está prejuzgado por lo correcto, pero no todo lo correcto y justo puede ser un deber. Por consiguiente, la moralidad se sustenta en el deber, pero no en la corrección o justicia no debida.

Tenemos deberes en tanto que personas en un mundo de personas, pero además contraemos deberes al hacer uso, en una sociedad de iguales y libres, del derecho a elegir entre diferentes opciones; contraemos deberes particulares si elegimos ser padres de un modo natural o mediante la adopción; cuando contraemos matrimonio; cuando nos hacemos comerciantes, albañiles, magistrados, médicos, periodistas o adoptamos cualquier otra profesión o actividad. No sería justo que no cumpliéramos con el propio deber al elegir una condición, estado o profesión. No tenemos el deber de alimentar a un vecino necesitado, aunque seríamos virtuosos al hacerlo, pero estamos obligados a alimentar a un hijo y sería una grave injusticia ser negligentes al respecto. Sería injusto el juez que no fuera imparcial y así con todo con arreglo a las circunstancias.

Quizá, para ilustrar la contracción de deberes según la situación que escojamos se puede observar que quien haya elegido ser abogado defensor de un imputado por homicidio o daño no debe aportar pruebas y testimonios que acusen a su cliente mientras que cualquier otro ciudadano tendría el deber de hacerlo si las tuviera. El abogado defensor si su conciencia no le permite proseguir la defensa de un acusado puede renunciar a ella, pero no puede presentar pruebas contra su defendido, sería inmoral e indebido que lo hiciera movido por la compasión a la víctima del imputado.

Con la virtud de justicia ocurriría algo parecido. No todo lo justo es debido aunque la justicia es más exigente que la corrección. Si por justicia se entiende otorgar lo que corresponde, lo que es propio o lo que es merecido tenemos que, en general, será recomendable que nuestro comportamiento se adapte a ello, pero no siempre lo justo constituye un deber. No es justo tomar para sí lo que no nos corresponde, pero no tenemos la obligación de ser justos en cualquier circunstancia porque puede ser justo, pero no estrictamente debido hacer algo o no hacerlo para bien de los demás.

Es justo y debido no apropiarse de lo que corresponde a otro, pero puede ser justo aunque no sea un deber ayudar con nuestro dinero al menesteroso. Aranguren, entre otros críticos de Kant, a propósito de lo justo y lo debido, escribía de modo inmejorable en *Propuestas morales*: «es patente que muchas acciones sería *bueno* que se llevasen a cabo, aun cuando de ningún modo puede decirse que constituyan *deber*» [p. 57].

Hay que andarse con mucho cuidado con las virtudes especialmente con la más importante de ellas: la justicia. Importante porque de ella puede depender de forma inmediata el beneficio o perjuicio para los demás. Digo que hay que andar con sumo cuidado porque no siempre lo justo es lo establecido, lo tradicional o lo legal. Lo legal puede ser sumamente injusto dado que, en ocasiones, produce dolor y daño. Fue legal la esclavitud en vida de Sócrates, fue legal la Inquisición, fue legal la tortura pues hasta el siglo XIX el juez podía aprobar que se torturara a un sospechoso para obtener confesión o delación.

Pero, al parecer los grandes y sabios como Sócrates quizá no siempre le entendían de esta forma y nos planteó, de ser así, un problema muy serio. Jenofonte nos transmite que Sócrates dijo: «declaro que lo legal y lo justo son una misma cosa» [IV, 4, 18]. Esta declaración coincide en parte con lo expuesto en el *Critón* de Platón. Para Sócrates, como también para Platón y Aristóteles, lo que disponían las leyes de la ciudad era obligado sin discusión. Las leyes eran justas, lo injusto era no respetarlas. Esta concepción sobre las leyes de la ciudad y sobre la justicia le impidieron huir, la sentencia de muerte era legal, por consiguiente, él no podía escapar de la muerte.

Aquí ha aparecido un tema de gran importancia, la identificación de la justicia con la legalidad. Sobre este particular Sócrates cometió un grave error si aceptó y propuso que lo justo es lo legal. ¿Por qué lo justo es lo legal? ¿Lo legal no puede ser injusto? Antes de responder hay que deshacer una posible confusión. Podría decirse que la ley de la ciudad hay que obedecerla tanto si es justa como si es injusta, pero pueden haber leyes y sentencias injustas. Lo que para Sócrates estaba del todo claro es lo siguiente: en primer lugar, hay que obedecer la ley y, en segundo lugar, la ley se puede modificar o se puede intentar si no es correcta, si hay que mejorarla, pero entretanto debe obedecerse.

Bien está o puede estar bien lo anterior, pero ¿hay leyes y sentencias injustas? Según mi parecer esta pregunta planteó un problema a Jenofonte y a Platón, tal vez al propio Sócrates. En la *Apología* de Platón aparece un Sócrates que puede afirmar que hay leyes y sentencias injustas, pero en *Critón* la cosa ya no está tan clara y hay contradicción en el propio diálogo. Por una parte se dice que el juicio fue llevado rectamente [50c], pero por otra se dice que si Sócrates huye lo hace injustamente aunque sea condenado injustamente. No es condenado, se dice, injustamente por las leyes sino por los hombres. Y, se añade que no se debe devolver injusticia por injusticia [54c]. Todo ello me parece innecesariamente complicado. En resumen, se admite que puede haber injusticia, pero que las leyes y el juicio son correctas. Parece que se admite que la sentencia puede ser injusta, pero, no obstante, debe obedecerse. Quizá Jenofonte fue demasiado rotundo cuando puso en boca de Sócrates que «lo legal y lo justo son una misma cosa», pero en este caso algo de ello habría, no resulta contradictorio con lo que sabemos de él.

Es claro que hubieron y hay leyes injustas o no del todo justas. En la Grecia de Sócrates la esclavitud era del todo legal, pero también es claro que algunos necesitaban creer que lo legal era justo. No podían considerar que la esclavitud era injusta y puesto que era legal debía ser justa. Aristóteles en *Política* escribió que «está claro que unos son libres y otros esclavos por naturaleza, y que para éstos el ser esclavos es conveniente y justo» [1255a]. Es conveniente y justo ser esclavos... ¡Qué maravilla! Todo está claro. Entiendo que se lo montaron bien para aprovecharse de los esclavos y que su conciencia no protestara. Pero, por otra parte, ¿qué diría Sócrates de la tortura? Fue legal, ¿sería justa? ¿Diría que era justa? Acerca de la tortura es muy infrecuente que filósofos y teólogos presten atención a esta gran injusticia. Pocos se han ocupado de este grave problema. Montaigne y Voltaire escribieron para condenarla. En el caso de Voltaire con tanto valor y decisión que siempre he pensado que sus escritos contra la tortura justificaban y ennoblecían una vida. Voltaire merece ser leído, pero se le lee poco.

La justicia es una virtud muy estimable que hace de quien

suele ser justo un ejemplo para todos, pero las virtudes, si se toman las cardinales establecidas por Platón: justicia; valentía, coraje o fortaleza; prudencia o sabiduría y moderación o templanza, no siempre son obligadas aunque sean altamente recomendables. Aunque como es obvio el cultivo de la virtud siempre es encomiable y de gran valor y, con mayor razón con la primera de ellas, la justicia. Es recomendable y correcto ser justos, pero no siempre es obligatorio, será obligatorio ser justos solo cuando lo justo sea lo debido, cuando el deber lo exige.

Así, pues, la justicia estaría compuesta de dos partes: la parte relativa a la virtud y la parte relativa al deber. La primera es recomendable y exquisita, excelente, pero la segunda es obligada. En ocasiones podemos ser justos o no, pero en ocasiones debemos serlo. Podemos decir la verdad para ayudar a otra persona y seremos virtuosos si lo hacemos, pero podemos callar para evitarnos molestias o perjuicios y nadie nos lo puede demandar. Ahora bien, en las mismas circunstancias ante un tribunal no podemos callar, debemos contar la verdad, lo que sepamos de cierto. En tal caso está en marcha el deber de ser justos. Se podría decir que en este supuesto el deber nos hace virtuosos.

No parece acertado decir como hace Rawls en su *Teoría de la justicia*, siguiendo a Kant, que «el concepto de lo justo es previo al del bien» [§ 6]. Entiendo, a la inversa, que todos nos comportamos, en primer lugar, considerando que tal acción u omisión es buena y tal otra mala y a continuación decimos que es moral, correcta o justa la primera e inmoral, injusta o incorrecta la segunda. Aristóteles también se hubiera opuesto a Rawls pues como opinó en su *Retórica*: «habría que definir qué es robo, qué son malos tratos, qué es adulterio, con objeto de que podamos esclarecer qué es lo justo» [1374a].

Parecería que para encontrar la mejor solución ante las preguntas de carácter moral se debería tomar en consideración y examinar en detalle las circunstancias en las que se plantea el problema y las consecuencias de la acción u omisión. La mejor solución provendría de examinar cada caso por separado, proceder de un modo casuístico, pero sin renunciar a los principios. Como es natural, también será objeto de la ética examinar si es posible que haya unos principios ideológicos que permitan responder a estas preguntas o a parte de ellas de un modo satisfactorio para todos o para una gran mayoría de humanos.

La idea sobre el bien y lo bueno siempre, en una gran parte, depende de las ideologías de todo orden y de cómo éstas determinan la moralidad y la actividad política autorizando o prohibiendo. En Grecia y en todo Europa durante siglos autorizando la esclavitud o la tortura, la tortura judicial hasta el siglo XIX.

Cuando reina la democracia la política establece en buena medida lo que puede ser un bien para los miembros de una comunidad en su conjunto aunque alguno o muchos no lo acepten o lo acepten a regañadientes. Pero como es sabido por todos no siempre es así. Hay épocas en las que la actividad política justifica injusticias y abusos de todo tipo. Incluso en los estados democráticos no siempre es fácil revertir las políticas que consienten y amparan la injusticia. En estos casos puede ocurrir que la ideología dominante adormezca la conciencia de mucha gente cuando deposita su voto en la urna.

En no pocas ocasiones las personas acabamos votando contra los propios intereses. Los poderosos, los acaudalados y quienes están a su servicio no suelen equivocarse en el voto, votan guiados por el interés, esta es su ideología, pero la gente sencilla y desfavorecida no siempre vota por lo que más le conviene.

CAPÍTULO VI

LA CONCIENCIA MORAL

Las fuentes y fundamentos de la conciencia moral: los sentimientos y los productos de la razón

La conciencia moral es la facultad del ser humano que enjuicia lo que se hace y se deja de hacer con los otros o para con los otros en lo que se refiere a su beneficio o perjuicio. Al enjuiciamiento de la propia conducta lo acompaña el sentir, antes de la comisión u omisión o después de ellas.

Se observa, a su vez, que la conciencia a unos les comporta sentir más o menos dolor ante la desgracia de los demás y la conciencia de otros se mantiene impasible o desdeñosa ante el dolor del semejante. De cualquier modo que sea los sentimientos morales y las razones morales se entrecruzan continuamente.

Todos los humanos, ante el hacer o el dejar de hacer, hacen uso de su razón y se dicen así mismos cuatro tipos de cosas diferentes: una, «siento que debo hacer tal cosa, en consecuencia, pienso que debo hacerlo»; otra, «creo que debo hacer tal cosa, y aunque no lo sienta, pienso que debo hacerlo». En este último supuesto el enjuiciamiento de la conciencia se pone al servicio de la razón y suplanta al sentimiento. Una tercera dice: «siento y pienso que debo hacerlo».

También se observa una cuarta posibilidad, la de aquellos que se dicen a si mismos: «creo que debo hacer tal cosa, pero como siento que no debo hacerlo, pienso ahora que no debo hacerlo y no lo hago». En este caso el poder de la razón con sus ideas o creencias queda en suspenso o derrotado ante el empuje de los sentimientos.

Como se verá, no siempre los sentimientos morales derrotan el poderío de la razón, más frecuentemente, sucede a la inversa, el poder de los productos de la razón, las ideologías, acaba apagando o arruinando la presencia de los sentimientos morales.

En más o en menos, el poder de la razón y el poder de los sentimientos morales siempre están presentes y cuando se oponen entre sí uno de ellos acabará dominando al otro y lo derrotará hasta una próxima ocasión.

Hay personas con una conciencia tan despierta que enjuician con severidad lo que desean o fantasean, algunos incluso se sienten mal al enjuiciar sus sueños. En tales casos confunden el deseo o la fantasía con la realidad y no observan que su escrúpulo moral no solo está activo en lo relativo a lo que está en la cabeza sino que lo está también en lo que vayan a hacer. Quiere decirse que si son escrupulosos para con los propios deseos o sueños lo serán igualmente con su conducta y nunca harán lo que desean, fantasean o sueñan.

Hay muchas personas con una conciencia moral adormecida, con pocos escrúpulos que no dudan en acometer pequeñas o no tan pequeñas faltas. A su vez, hay también muchos humanos que adoptan determinadas ideas que les permiten, les animan a cometer perjuicios en ocasiones graves que quedan legitimados y justificados ante su conciencia. Son personas que en nombre del bien pueden hacer mal.

La conciencia moral es un compuesto de dos partes, ambas fundamentales: uno de los componentes de la conciencia son los sentimientos morales: respeto, compasión o piedad, vergüenza y sentimiento de culpa o de culpabilidad; el otro componente fundamental de la conciencia es la razón y sus productos, las ideas, principios, ideologías o creencias. La razón moral es casi siempre dependiente o secundaria a la creencia adoptada.

El amor o el altruismo sería otro componente, pero no es tan esencial, frecuente y asequible como los cuatro sentimientos propuestos. Con la empatía sucedería algo parecido al amor y aunque ésta contribuye en la edificación de la conciencia, no es tampoco suficiente. La empatía suele estar en la base del respeto, pero en lo que se refiere al comportamiento de las personas entre sí, el respeto es más importante. La empatía se hace necesaria si tomamos a todo el grupo humano en su conjunto, pero si observamos a los individuos singulares no resulta suficiente, mientras que el respeto sí es necesario y suficiente en lo relativo al trato con los demás. Entonces, ¿puede haber respeto sin empatía? Sí lo hay, pero como un comportamiento debido aunque no haya sentimiento. Dado que puede haber empatía sin respeto incluyo al respeto, pero no a la empatía como sentimiento moral principal.

Sin dolor no habría conciencia moral. En este momento me refiero al dolor de los otros. Si los humanos fuéramos como dioses y no se nos pudiera perjudicar y dañar, ¿qué función tendría la conciencia si pudiera haberla en esta imaginaria situación? Puesto que no podríamos causar dolor y daño la conciencia estaría de sobras.

El dolor físico de la piel y del sistema locomotor permite la sobrevivencia de los animales y de los humanos; nos apartamos del fuego siempre que podemos. El dolor moral de la propia conciencia en ocasiones nos detiene y evita que causemos un gran daño a los demás. Si no nos detuviera el dolor de los otros no habría freno para el peor de los egoísmos. Si el dolor de los otros no nos causara dolor, un dolor suave, ligero o intenso, pero efectivo como la piedad o el sentimiento de culpa nos lanzaríamos con astucia o fuerza unos sobre los otros en una guerra interminable. Es lo que sucede con los psicópatas insensibles ante el dolor de sus víctimas.

De la razón nace la idea de deber y esta idea puede desbordar la fuerza de los sentimientos morales. Cuando la razón enjuicia y dice: «esto es malo, no debe hacerse» o «puede y debe hacerse porque es bueno», antes que nada, estas ideas se confrontan con el sentimiento y, a veces, se amoldan a él, pero no siempre porque la razón con sus ideas puede hacer crecer los sentimientos morales, pero, a su vez, los puede disolver con suma facilidad.

Entiendo que es sumamente importante lo siguiente: ante un posible mal si el sentimiento es más potente que la idea propuesta a la conciencia la acción se detiene, viceversa, cuando la idea es más potente, aunque se ocasione un mal, el sentimiento es adormecido o barrido por el poder de la razón y sus productos, la ideología. Este último caso es muy frecuente, las ideas tienen mucho poder, detienen o empujan aunque se ocasione el mal. En no pocas ocasiones las creencias, lo que creemos saber, nos proporcionan y establecen permisos y deberes que serán perjudiciales para los demás.

Veamos ahora cómo se comportan los subgrupos humanos puesto que el grupo humano, a diferencia de los animales, no se comporta de manera uniforme. Muchas personas se comportan de acuerdo a los sentimientos morales y conforman un grupo humano numeroso. Fundamentan su moralidad en estos sentimientos y se comportan con corrección. Estas personas no se dejan dominar fácilmente por doctrinas varias, suelen ser gente bastante independiente. De la consideración de este proceder extrajo Hume los postulados de su filosofía moral. Se trata de un primer grupo de humanos.

Se observa también que hay muchas personas que gobiernan su conducta guiadas por razones y principios derivados de la ideología que han asumido. Se encuadran o forman un segundo grupo y, como es obvio, en este grupo se encuentran individuos con escasa dotación sentimental. Algunos fundamentan su moralidad de acuerdo a normas, creencias, doctrinas, razones o principios establecidos por el grupo al que pertenecen. Quizá podría llegar a pensarse que Kant extrae su propuesta sobre la moralidad de la consideración de las personas que se comportan casi con exclusividad de acuerdo a razones.

En este grupo segundo se observan grandes diferencias debidas al hecho de que la ideología toma la delantera y puesto que las ideologías son diversas será diverso el comportamiento y la explicación que se pueda dar del mismo. Conjuntamente con gente moderada y muy correcta aunque algunos algo rígidos deben incluirse en este grupo los que están dominados por una gran rigidez moral, puritanismo o fanatismo moral.

Los fanáticos y puros mantienen una ideología moral funesta acerca del ser humano, ven egoísmo, incontinencia y concupiscencia por todas partes, siempre están vigilantes ante peligros inexistentes y suelen hablar con frecuencia de la maldad de la humanidad, ven maldad en casi todo, todo sería incorrecto o pecaminoso. El mundo es malo, los humanos son muy malos, piensan, pero hay que ser buenos. Habría bastante gente estúpida en este grupo dado que los necios se defienden mal del gran influjo y poder de las creencias. Como se verá Platón, Aristóteles, Pablo de Tarso y Kant, en más o en menos, veían incontinencia y pecado en todas partes.

También se incluirán en este segundo grupo los aprovechados. A diferencia de los puros y fanáticos los componentes de este subgrupo aceptan que los humanos somos egoístas y malos sin remedio, pero no hay que intentar ser buenos, dicen, porque el mundo es así. Estas personas suelen aprovecharse a veces con desvergüenza si creen que no serán descubiertos, piensan que el mundo siempre será igual y no es infrecuente que se burlen de la gente bondadosa.

Asimismo sabemos que hay gente que piensa que el mundo es un desastre y, sin embargo, se comporta correctamente. Tales personas han adoptado una ideología aciaga del género humano y vienen a decir: «el mundo es así, no tiene remedio, hay que sortear y zafarse del desorden inevitable. Si queremos evitarnos molestias y perjuicios hay que cerrar los ojos ante la injusticia y los abusos ineludibles». Este tipo de humanos, como los desvergonzados, se adhieren a una ideología parecida a la que describe Hobbes.

Como se ve este segundo grupo es muy diverso y no es raro que sea de este modo al ser muy diversas las creencias o ideologías. En resumen, el grupo está formado por personas muy correctas aunque algunas de ellas sean algo estrictas o rígidas; gente fanática; gente desvergonzada y, por fin, gente muy acomodaticia aunque correcta. En ocasiones las personas acomodaticias son cobardes, disponen de poca valentía, fortaleza o coraje, una de las virtudes. Al respecto, aprovecho la ocasión para recordar que si estas persones acobardadas hubiera incorporado una ideología moral más consistente podrían llegar a ser más valientes cuando la situación moral lo requiriera.

Habría un tercer grupo formado por una gran mayoría de humanos. Se trata de aquellas personas que se comportan de acuerdo a las dos partes de la conciencia: sentimientos y razones o principios. En según qué ocasiones prevalecen los sentimientos, en otras situaciones las razones. Ante un hecho o situación toman el mando los sentimientos, ante otro, el mando lo toman las razones. Seguramente es el grupo más numeroso conjuntamente con el segundo.

Finalmente, habría un cuarto grupo de humanos, el menos numeroso, que está muy poco dotado de sentimientos morales y de principios. Formarían parte de este grupo los delincuentes con escasa conciencia moral y los psicópatas con apenas conciencia moral.

De los grupos descritos, el primero y el tercero suele corresponder a gente sencilla, culta o inculta. El segundo a gente más ideologizada, quiere decirse que las razones y principios, buenos o malos, están muy valorados, en ocasiones sobrevalorados, por las personas que conforman este grupo. En este grupo se encuentran personas inteligentes muy cultos o no tanto y gente bastante necia. Como se ha dicho, los fanáticos que pueden ser muy estúpidos, también se encuentran en este grupo.

Los que pertenecen al primer y tercer grupo, los que albergan sentimientos morales fuertes, son más resistentes a la colonización en sus cabezas de doctrinas dañinas que los del segundo grupo. En este segundo grupo los estúpidos forman un subgrupo bastante numeroso, se dejan dominar bastante fácilmente por las ideas del partido, secta, iglesia o congregación ideológica al que se adhieren. Hay necios que tienen fuertes sentimientos morales, pero muchos estúpidos los tienen en medida escasa y son éstos los que se tragan fácilmente cualquier norma aunque sea inmoral. Muchos nazis y otros pertenecientes a otras ideologías perjudiciales fueron muy estúpidos.

Cuando se diga que hay un progreso de las costumbres, pero que no es probable que la conciencia moral de la humanidad progrese se alude a los sentimientos morales, no a las razones que son ideas que pueden cambiar. Se alude a que la intimidad de la conciencia —el «buen corazón» [Ak 29] del que hablaba Kant en su libro sobre la religión— sería algo dado y por ello no podría progresar. Kant pensaba que la conciencia en su totalidad estaba dada mientras que aquí se dirá que solo los sentimientos están dados.

Siempre nacerán y en gran número personas estúpidas o memas con una pobre conciencia, asimismo, siempre nacerán personas inteligentes con pobres sentimientos morales. De ahí que se diga que no puede esperarse un progreso de la conciencia moral de la humanidad. Es suficiente que las costumbres impidan que los necios con un pobre «corazón» y los inteligentes con escasos sentimientos se desmanden.

Los sentimientos morales y la conciencia. El amor y el amor al prójimo

Los sentimientos más relevantes y operativos en la conciencia moral son: el respeto, la piedad o compasión, la vergüenza y el sentimiento de culpa o de culpabilidad y pueden con toda propiedad denominarse sentimientos morales. Propongo que se entiendan como los sentimientos cardinales o capitales de la conciencia.

No cabe duda alguna de que el amor comporta moralidad, quien ama, quien es benefíciente es benevolente, justo, no daña, al contrario, beneficia al congénere, hace lo debido para con los otros. Pero dado que aun siendo un sentimiento principal no es muy abundante no se incluye el amor en la lista de sentimientos morales porque al no observarse como algo muy frecuente no puede ser uno de los fundamentos operativos de la conciencia moral de la mayoría. Muchas personas se comportan con corrección aunque no amen a nadie o dispongan de este sentimiento en muy escasa medida.

El respeto es el primer y más importante sentimiento moral y conjuntamente con la participación de la razón está en la base del edificio moral. Sin respeto no habría moralidad puesto que los otros sentimientos morales no se darían sin él, pero hay que tener siempre presente que la razón con sus ideas lo suele disolver y, en muchos casos, arruinar. El respeto es un sentimiento primario, no procede de otros sentimientos, como la piedad, vergüenza o culpa, no es algo secundario a ellos aunque lo puedan apuntalar y acrecentar. Tampoco es secundario o proveniente del amor.

El respeto es un sentimiento primario de aversión a causar perjuicio, dolor y daño, pero además, en la medida que puede crecer, reforzarse y cultivarse sería también una virtud. Hay algo más que decir del respeto que no se puede aplicar a los otros sentimientos morales. Entiendo que es algo importante. Puesto que este sentimiento y virtud detiene al humano para evitar el daño se trata de una facultad que depende también de la voluntad, esto es, en cualquier momento podemos desplegar el respeto o no. En este último sentido es exigible lo que no puede suceder con los otros sentimientos morales. Así pues, todo el mundo tiene el deber de respetar a los demás aunque no se sienta respetuoso. Por consiguiente, el respeto es: sentimiento, virtud y deber. Se observa con suma claridad que es de este modo cuando aquellos que no sienten respeto por los demás respetan para evitarse la reprobación, la vergüenza o el castigo.

Es más difícil y hasta imposible que los otros sentimientos morales puedan crecer porque los sentimientos están dados, cada uno tiene los que tiene. Si no pueden crecer no se les puede considerar como virtud y de ahí que nadie o casi nadie dice que el amor o el sentimiento de culpa sean virtudes.

La compasión y el amor, así como la vergüenza y el sentimiento de culpa apenas se modifican en el curso de una vida individual. Por modificación entiendo aumento o disminución, pero atención, lo que sucede con los sentimientos, los que haya y con la cantidad que haya, es que pueden hacerse presentes o desaparecer, pueden despertar o dormirse. Pueden aparecer en mayor o menor medida, pero no pueden crecer o aumentar. Pueden dejar de hacerse presentes, pero no pueden disminuir o desaparecer.

Obsérvese que el amor y la compasión, mucho más el primero que el segundo, persiguen el bien de los otros y es mucho más difícil beneficiar que dejar de perjudicar. El respeto evita el perjuicio, el amor persigue el beneficio del congénere. De todo lo anterior se desprende que pongamos al respeto como el principal de los sentimientos morales al ser más frecuente y al poder ser exigible.

El amor, como otros sentimientos, no se puede exigir mientras que el respeto, mirar para no dañar, es exigible en cualquier relación humana. Puesto que podemos recurrir a él con facilidad sería el que fundamenta el mayor de todos los deberes: no causar el mal cuando se puede evitar. Solo las personas con trastornos serios de carácter moral, inducido por la colonización mental de ideologías dañinas o las personas con trastornos cerebrales psicopáticos no disponen de respeto.

Sin desmentir lo anterior es muy importante observar que el amor no es algo simple. El amor es un compuesto de dos elementos principales: por una parte, el afecto, el cariño, la estima, es decir, el sentimiento y, por otra parte, el comportamiento, la conducta, lo que se hace o se deja de hacer en relación con los demás. Los humanos somos beneficientes y somos maleficientes.

Se puede proscribir la maleficencia y se puede exigir la beneficencia si está en nuestra mano, mientras no se nos pida demasiado y no se pida que la debamos ofrecer a todos. Ahora bien, al entender el amor en parte como conducta o comportamiento beneficiente esta conducta, como cualquier conducta, pasa por la voluntad de modo que hasta cierto punto podemos «amar» aun sin sentir afecto. Llamo amor de beneficencia a este aspecto del amor para distinguirlo del amor beneficiente con manifiesta estima o afecto.

Aristóteles tiene una definición de amor muy hermosa que permite comprender mejor lo antedicho, en *Retórica* expone: «Sea pues amar [*phileîn*] querer para alguien lo que se considera bueno, en interés suyo, y no en el nuestro, y estar dispuesto a llevarlo a efecto en la medida de nuestras fuerza» [1380b-1381a]. Esta definición resalta el comportamiento, no se sabe si hay afecto, poco o mucho, en el seno de la definición. Puede haber mucho o muy poco.

Es preciso observar que en el amor, como en todo, hay grados; también se puede hablar de cantidades. No es lo mismo observar y decir: «le quiere poco» que observar y decir: «le quiere mucho». Ser muy beneficiente es difícil, es poco frecuente, ser algo beneficiente está o puede estar al alcance de muchos. En lo relativo al otro componente del amor, al afecto también observamos que hay grados o cantidades en el sentir, el sentimiento puede ser muy intenso o ser muy débil.

En ocasiones sentimos un gran afecto por alguien, pero nuestro comportamiento no es muy beneficiente. Por ejemplo, podemos sentir un gran afecto por alguien que está en entredicho en la comunidad y, en tal caso, por miedo o por interés no hacemos todo lo que podríamos por esta persona. Viceversa, podemos sentir poco afecto por alguien, pero nos sentimos obligados, por las razones que sean, a aportarle gran cantidad de bienes o beneficios. De cualquier modo que sea lo que esta claro es lo siguiente: podemos ser extremadamente beneficientes con un amigo, pero difícilmente podremos sentir por él el mismo afecto o más afecto que por un hijo o por la pareja aunque puede suceder.

Cuando decimos que a diferencia del respeto el amor no se puede exigir nos referimos, en primer lugar, al elemento o parte sentimental del amor, al afecto, al cariño, la estima, pero también nos referimos, aunque en menor medida, al elemento conductual o comportamental que aporta beneficios para los demás puesto que no se nos puede obligar a ser beneficientes en el mismo grado para todos, pero se nos puede obligar a tener respeto para no ser maleficientes. Podemos decir que el respeto se puede exigir siempre y el amor no siempre, en consecuencia el respeto puede fundamentar la moralidad y el amor no tanto o no en el mismo grado o frecuencia que el respeto.

A propósito de lo dicho por Jesús de Nazaret acerca del amor al enemigo y sobre el amor al prójimo como a uno mismo. El samaritano

Los preceptos sobre el amor dados por Jesús se refieren a amar al prójimo y amar al enemigo. Como es sabido en los evangelios sinópticos aparecen estos preceptos, pero Marcos no habla del amor al enemigo. Para entender mejor lo que propone Jesús en los preceptos de amor debemos tener en cuenta lo que se expone en la Escritura, en la del Antiguo Testamento. En los Proverbios bíblicos leemos: en el proverbio 24, 17: «si cae tu enemigo, no te alegres; si tropieza, no lo celebres», y en el 25, 21 leemos: «si quien te odia tiene hambre, dale de comer; si tiene sed, dale de beber». Así pues, en los Proverbios y en el mensaje de Jesús con mayor determinación se prescribe hacer el bien al enemigo. «Amad a vuestros enemigos y rogad por los que os persiguen», dice Jesús.

Entiendo que este precepto es posible y realista solo si se acepta que el amor es un compuesto de sentimiento y comportamiento. El precepto no puede decir ni dice «tendrás afecto por el enemigo». Se hubiera podido formular de la forma siguiente: «Sed beneficientes con vuestros enemigos». Si se entiende el mandamiento de Jesús como la ayuda al enemigo o al adversario aunque no haya afecto no es un mandamiento imposible cumplir. Puede ser difícil, pero es posible cumplirlo. No dijo Jesús nada descabellado. ¿No nos hemos comportado de este modo en alguna ocasión?

Además, como se ha dicho, en relación al amor y al aspecto beneficiente del amor es muy importante entender que en el amor siempre hay grados o, si se quiere, cantidades y esto es necesario aceptarlo para comprender los preceptos de los que habla Jesús. El precepto es un deber y al respecto hay que admitir que el grado de amor o de beneficencia manifestado depende siempre del tipo de vínculo existente. Supongo que Jesús estaría de acuerdo con ello. Habrá, debe haber más cantidad de amor para un hijo, para la pareja, en suma para los allegados que para los vecinos. No puede ni debe amarse a todos por igual. Jesús nunca dijo que debíamos amar a todos con el mismo grado o cantidad de amor porque tal cosa no tiene sentido, es imposible.

Más todavía, el deber que se desprende del precepto de amor de Jesús para con el enemigo no puede ir más allá del deber de socorro y ayuda. Pienso que el Nazareno fue un hombre sabio, no fue un ingenuo o un naif. Se trata de dar agua al sediento si uno dispone de ella, darla aunque sea un enemigo, pero no se trata de regalarle flores. Se trata de ofrecer pan y agua, no se trata de cocinar un buen plato o abrir una botella de buen vino para tomarlo con quien es el enemigo que nos perjudica y daña.

No son pocos los que creen que el precepto: «Amarás a tu prójimo como a ti mismo» fue propuesto por Jesús. No es así pues se trata de un precepto judío que se lee en el bíblico Levítico en 19, 18. Acerca de los mandamientos de amor de Jesús propongo que el Maestro estableció una diferencia entre amar a los demás, incluso al enemigo, y a «amar al prójimo como a uno mismo». Y, la clave para entender el pensamiento de Jesús sobre este precepto bíblico la ofrece Lucas [10] al escribir sobre el buen samaritano.

En mi libro *Creer en Dios o creer en Jesús* [pp. 136-139] expongo con cierto detalle la importancia de la parábola del buen samaritano y en esta ocasión presento un resumen de lo allí escrito: ¿Quién era el prójimo para los judíos creyentes en la Escritura? Pues, puede decirse casi con bastante seguridad que el precepto del Levítico se refería a todas las personas que pertenecían al pueblo de Israel. Pero en el tiempo de Jesús Israel ya no era un pequeño pueblo agrupado en doce tribus y, según mi parecer, al constituirse en un reino extenso y mucho más poblado que en el origen, Jesús advirtió que el precepto bíblico no podía mantenerse.

Mediante esta parábola Jesús con suma autoridad modifica la Escritura. No obstante, un gran experto sobre Jesús, John P. Meier, sacerdote católico, ha escrito de forma demasiado rotunda en el tomo V de *Un judío marginal. Nueva visión del Jesús histórico*: «El buen samaritano es una pura creación de Lucas» [p. 81]. Creo que Meier en esta ocasión se equivoca porque Lucas no se hubiera atrevido a modificar la Escritura ni a poner en boca de Jesús una parábola inventada por el evangelista que modifica el supuesto precepto revelado por Dios a Moisés. No es verosímil que Lucas hiciera tal cosa.

Además, lo narrado en la parábola choca con el pensamiento judío de la época y, seguramente, con el pensamiento de la Iglesia cristiana primigenia. Pero Meier no observa que hay gran discontinuidad o desemejanza y dificultad entre lo establecido en la parábola y lo aceptado por el judaísmo y la primitiva iglesia cristiana en el tiempo en el que Lucas escribe su evangelio.

Todavía hoy, como se verá enseguida, hay judíos y cristianos que no entienden ni aceptan el Jesús que se atrevió a cambiar el precepto levítico.

De cualquier modo que sea, volvamos a la parábola, importante por sí misma, aunque la hubiera creado Lucas: ¿quién es el prójimo para Jesús? «¿Quien de estos tres te parece que fue prójimo del que cayó en manos de los salteadores?» [10, 36], pregunta el Maestro. Según lo escrito por este evangelista el prójimo del herido y maltratado, tal como propone Jesús, no es todo el mundo, no es cualquiera, no es el sacerdote o el levita —el auxiliar del sacerdote— que pasaron de largo, sino quien le socorrió, el buen samaritano. El herido, entonces, puede amar al samaritano, y solo a él, como a sí mismo porque éste es su prójimo.

No siempre se entiende así. En no pocas ocasiones de la lectura de la parábola se concluye que el prójimo, *reá* en hebreo, son todos los humanos. Es frecuente que en el seno de las iglesias cristianas se divulgue que el prójimo de la parábola se refiere a todos los humanos sin distinción. Transcribo lo que expuso una autoridad de la Iglesia católica. En su primera encíclica, *Deus caritas est,* Benedicto XVI escribió: «La parábola del buen samaritano nos lleva sobre todo a dos aclaraciones importantes. Mientras el concepto de "prójimo" hasta entonces se refería esencialmente a los conciudadanos y a los extranjeros que se establecían en la tierra de Israel, y por tanto a la comunidad compacta de un país o de un pueblo, ahora este límite desaparece. Mi prójimo es cualquiera que tenga necesidad de mí y que yo pueda ayudar. Se universaliza el concepto de prójimo, pero permaneciendo concreto» [§ 15].

En realidad sucede lo contrario de lo que afirma Benedicto XVI, Jesús no universaliza sino que singulariza, no amplia sino que restringe. De ahí la importancia de la parábola donde se manifiesta un Jesús realista y conocedor de los humanos. El concepto de prójimo, queda restringido al comportamiento, es prójimo quien es capaz de ofrecer una ayuda decisiva a los demás. El cambio que propone Jesús es el siguiente: el prójimo a quien amar como a uno mismo no es el herido es el samaritano, el prójimo es quien tiene misericordia, el prójimo para Jesús no es ni el sacerdote ni el levita. Creo que este es un asunto muy importante porque la solución no es la predicada y aceptada en el judaísmo y en el cristianismo, es una diferente, nueva y realista.

El significado y alcance de la palabra hebrea *reá*, el prójimo, también se sigue discutiendo todavía hoy entre los judíos. Hay filósofos y teólogos de religión judía expertos en el Antiguo Testamento que sostienen que *reá* se refiere a todo aquel que tiene rostro humano, todas las mujeres y todos los hombres. Así hizo Hermann Cohen en su libro *El prójimo* y con él Martin Buber que prologa el libro. Sin embargo, el mayor número de expertos en los estudios bíblicos entienden que el prójimo, *reá*, en el Antiguo Testamento se refiere al compatriota, al cercano, al compañero o al residente aceptado por los judíos.

Pero, sea de una forma o de otra lo que es esencial en esta parábola es que Jesús modifica la Escritura y explica que *reá*, el prójimo solo es quien tiene misericordia y ayuda al necesitado. Ni el sacerdote ni el levita son los prójimos a quienes se deba amar como a uno mismo, se les debe amar, como también se debe amar al enemigo, pero de ninguna forma se les debe amar como a uno mismo.

Además de lo anterior se puede observar que el maltratado que iba de Jerusalén a Jericó es auxiliado y salvado por un hombre, un samaritano[8], que seguramente no creía exactamente lo

---

8   A mi juicio una gran enseñanza escondida en esta parábola radica en el tipo de persona escogida: un samaritano. El conflicto religioso y humano entre los habitantes de Judea y los de Samaría era secular, los

mismo que los creyentes judíos, el sacerdote y el levita, que ven al herido y pasan de largo. En esta ocasión, de nuevo, se observa que el rabbí Jesús otorga mucha más importancia a lo que se hace que a lo que se piensa al tomar como eje de su evangelio a una persona que no piensa o cree lo que él en tanto que judío creyente. Pienso que al Jesús de Lucas no le importan las creencias, las doctrinas, los catecismos. Para Jesús lo importante son las obras, lo que se hace.

Amar como a uno mismo requiere dar de lo propio a quien es amado si lo necesita. Pero, hay que tener gran cuidado al hablar de este modo porque esta donación, este tipo de amor, no

---

judíos consideraban que los samaritanos eran seres algo inferiores, pero no obstante Jesús era amigo de ellos. Los judíos odiaban a los de Samaría. El Templo de Jerusalén era el lugar sagrado de Israel, en su centro estaba el *Debir*, el Santo de los santos, el Santísimo, un recinto en forma de cubo de 10 metros de lado, siempre cerrado y completamente vacío en tiempos de Jesús donde residía la Presencia de Dios. Nadie excepto el Sumo Sacerdote podía entrar en el *Debir* y lo hacía una sola vez al año, el gran Día de la Expiación, el *Yom Kippur*. Los samaritanos no reconocían la grandeza única del monte Sión en Jerusalén donde se construyó el Templo, ellos creían que el Templo verdadero fue el destruido por los judíos en el monte Garizín, cerca de la antigua Siquén en Samaría en el año 129 a. C. Pensaban que los sacerdotes que habían oficiado en el Templo de su monte eran los legítimos según la ley mosaica y no reconocían a los sacerdotes del Templo de Jerusalén. De la Biblia hebrea, el Tanaj o Antiguo Testamento, compuesto por 24 libros, los samaritanos solo aceptaban 6 como canónicos, el Pentateuco y Josué.

La potencia de pensamiento de Jesús se muestra en este pasaje evangélico: el Maestro prescinde de la ideología, entiendo que expresamente, y pone el acento en las obras. El justo no es aquél que sostiene una buena ideología religiosa sino quien ayuda. Jesús está por encima de las creencias y los dogmas. Se salva quien ama a Dios y cumple con los mandamientos como le dice al joven rico, «si quieres entrar en la vida guarda los mandamientos» [Mateo 19, 17].

puede ser general, de ahí que solo se puede amar a los demás como a uno mismo, si como a mí entender hace Jesús, se define bien quien es el prójimo.

Otra cuestión también me parece muy importante y que, seguramente, fue escogida a propósito por Jesús para que se entendiera bien el alcance y significado de la parábola. Me refiero a la propia historia tal como es descrita; el samaritano no ayuda a cualquier necesitado o a cualquier menesteroso como vemos y con quienes nos cruzamos varias veces todos los días en una gran ciudad. El samaritano ayuda a una persona que quizá sin esta ayuda hubiera podido morir, su misericordia se pone de manifiesto en una situación extrema, se trata de una situación de socorro ante un peligro de muerte, no se trata de una situación corriente. «Unos bandidos que después de despojarle y darle una paliza, se fueron dejándolo medio muerto» [10, 30]. Entiendo que la expresión «medio muerto» da a entender que el herido estaba grave, quizá obnubilado o inconsciente.

Para resumir, entiendo, pues, que Jesús formula una interpretación muy precisa, pero diferente de lo prescrito en Levítico 19, 18. Él recomendaba, en primer lugar, amar a todos, es decir, no causar dolor o daño a nadie, ayudar si se podía, incluso al enemigo y, en segundo lugar, amar como a uno mismo al prójimo, entendido como aquél o aquélla que te ayuda o te ha ayudado, te ha socorrido, a aquel que no te deja tirado, aquel que te salva la vida, éste es el prójimo al que se puede y se debe amar como a uno mismo. De ser así Jesús fue un pensador muy realista y capaz de modificar la Escritura.

A partir de la formulación de la parábola del samaritano entiendo que sucede algo importante en la comprensión de los preceptos de amor: deja de ser obligatorio como se prescribe en el Levítico amar como a uno mismo a los cercanos o a los del propio grupo, tribu o pueblo, a partir de ahora nadie debe sentirse culpable por no hacerlo. Además, lo propuesto por Jesús permite amar a cualquiera piense lo que piense, sea creyente o no, sea de los nuestros o no, sea nacional o extranjero.

Para concluir con los preceptos de amor de Jesús y resumir lo dicho, sería sumamente importante observar que no se puede exigir un amor afectuoso para el enemigo, es suficiente con dejar de hacerle el mal y darle de beber si tenemos agua y él no la tiene. Si el amor se entiende de tal modo lo prescrito por Jesús se puede cumplir. En esta situación puede intervenir también el perdón tan destacado por el Maestro. Y, al respecto se observa que al perdonar se renuncia a la venganza, a saber, a la maleficencia para con el enemigo. Al perdonar se puede beneficiar más fácilmente al enemigo si ha habido arrepentimiento como expone Lucas. Cuando se hable de la ética de Jesús me referiré de nuevo y destacaré que solo Lucas demanda el arrepentimiento para poder perdonar.

Se hace evidente, se comprende y todo el mundo puede aceptar que no se puede amar al enemigo como amamos al hijo o a la pareja. De igual modo se entiende que no se puede amar a los verdugos de Jesús como se le puede amar a él. Y, por otra parte, parece que es claro que amar al prójimo como a uno mismo es mucho más difícil e infrecuente que respetarle, no causarle daño. Recomendar o predicar amar a los demás como a uno mismo sin distinción es predicar lo imposible y sería una predicación que suena bien, pero que es falsa y puede ser hipócrita.

Respeto, piedad o compasión, vergüenza y culpabilidad. Remordimiento y arrepentimiento

El respeto se opone a la causación del mal. Casi siempre podemos evitar causarlo. Esta última afirmación es sumamente importante. A veces se oyen este tipo de cosas: hay acciones morales que no pueden evitar un cierto grado de dolor, por consiguiente, no se puede decir que el mayor de los deberes es el de no causar dolor y daño. Pues sí, puede decirse si los congéneres son tenidos y utilizados como fines en sí mismos y nunca como cosas o medios.

Se utiliza a un ser humano como medio o cosa cuando no se le respeta, cuando no se toma en consideración su sentir y su consentimiento o aprobación. Si alguien no aprueba o consiente el dolor que se le puede causar no podemos hacerlo aunque nuestra intención sea buena. De este modo puede decirse que el mayor de los deberes es no causar perjuicios o daños.

La piedad o compasión es un sentimiento con cierto poder moral, pero es menos operativo que el respeto en el ejercicio de la moralidad. En primer lugar porque no es tan frecuente y en segundo lugar porque no se la puede exigir mientras que el respeto se puede y se debe exigir. Se puede añadir que sin respeto no hay compasión mientras que sin compasión puede haber respeto.

La piedad mueve a la ayuda, pero no siempre lo consigue, muchas veces la sentimos, pero no hacemos nada para remediar el dolor del semejante. Es frecuente que sintamos compasión por el desgraciado, pero nos detenemos en ese punto. Aunque podamos estar conmovidos, en muchas ocasiones pasamos de largo ante quien tiene frío y hambre, y en pocos minutos estamos de nuevo con lo propio, entonces, la piedad se disuelve hasta una próxima ocasión.

La piedad o compasión tuvo también gran importancia entre los antiguos griegos como la sigue teniendo entre los budistas o entre nosotros. *Éleos*, la piedad aparece en un pasaje muy bello de la *Ilíada*. Para reproducirlo tomo la versión de Emilio Lledó en su introducción a las éticas de Aristóteles [p. 38]: el dios Apolo les dice enfadado a los otros inmortales: «perdió

Aquiles la piedad [*éleos*] y también el pudor [*aidós*]. Eso no es humano. Porque las Parcas dieron a los hombres un corazón paciente» [XXIV, 44-45].

La compasión es un sentimiento moral poderoso, pero no sería el componente fundamental de la moral como pretende Schopenhauer que apreciaba tanto el budismo. En el libro *Los dos problemas fundamentales de la ética* dice de modo concluyente: «Únicamente esa compasión es la base real de toda justicia *libre* y de toda caridad *auténtica*» [§ 16, 208]. No lo veo así. Puede haber justicia libre sin compasión y si por caridad, como parece, se refiere al amor debe decirse que caridad y compasión brotan de dos caños algo diferentes de una misma fuente, puede haber compasión sin amor. El amor *auténtico* siempre es beneficiente, la compasión no siempre.

Cuando Schopenhauer propone a «la compasión como única fuente de las acciones de valor moral» [§ 16, 209] crea más problemas a la filosofía moral que los que supone que resuelve. También a su modo David Hume otorgaba gran relevancia a la compasión. Pero, sucede que por compasión podríamos robar a quien tiene mucho para ofrecerlo a quien carece de lo necesario. No obstante, esto lo condenamos con potentes razones y no se hace en una comunidad ordenada que no autoriza el robo del vecino que tiene más para dárselo a quien tiene menos o nada puesto que anteponemos el respeto y el deber, que en buena medida se desprende de la razón, a la simple compasión.

La vergüenza es un sentimiento muy operativo sobre todo cuando hay poco respeto y poco sentimiento de culpabilidad o de culpa o cuando, en relación a determinadas faltas menores, la culpa no se hace present. La vergüenza en términos religiosos se relaciona con el dolor de atrición y puede hacer crecer el respeto.

Otros sentimientos como el remordimiento y el arrepentimiento podrían ser considerados derivados o emparejados a los

cuatro identificados como cardinales o primordiales. El remordimiento conlleva inquietud, el arrepentimiento pesar. El primero, cuando solo implica inquietud está más emparentado con el
sentimiento de vergüenza que con el de culpa, el segundo se relaciona más con el sentimiento de culpa que con el de vergüenza.

Cuando se dice que el remordimiento comporta pena y pesar
estamos hablando de arrepentimiento. Remordimiento y arrepentimiento pueden darse conjuntamente, pero también por
separado. En su *Ética* Spinoza, en la definición de los afectos,
no habla del remordimiento y del arrepentimiento dice que «es
la tristeza acompañada de la idea de algún hecho que creemos
haber realizado por libre decisión del alma» [3/af 27].

Se puede sentir remordimiento sin arrepentimiento. Quien
solo siente remordimiento se avergüenza, se empequeñece, puede pensar y declarar: «me remuerde la conciencia ante vosotros
o ante Dios por lo que decís u ordenáis, pero yo no lo tengo tan
claro, siento remordimiento por haber quedado en mal lugar»
o de forma parecida: «me he comportado como un imbécil, me
remuerde la conciencia porque no seré bien visto, pero no me
siento culpable, no debo volver a hacer lo que hice porque no
está bien visto y seré reprobado». En estos casos no hay pena ni
pesar solo se está pendiente de la opinión ajena.

No se piense que el remordimiento sin arrepentimiento es
infrecuente. Esta situación se observa en diferentes situaciones, entre otras posibles es lo que puede suceder en el ánimo
de aquella persona que intenta seducir a otra persona adulta a
quien no debe o a aquellos que pueden cometer pequeños hurtos a quien tiene mucho dinero.

El sentimiento de culpabilidad o de culpa es el dolor de con-
trición relacionado con el arrepentimiento que comporta pena,
pesar, ánimo de enmienda y voluntad de reparación del mal
causado. Quien dispone de escaso respeto y poco sentimiento

de culpa solo se siente avergonzado si puede ser descubierto o cuando es descubierto.

A su vez, es frecuente que al arrepentimiento lo acompañe el remordimiento, pero no siempre que hay remordimiento se da un claro y efectivo arrepentimiento. Parece evidente también que el arrepentimiento comporta siempre la voluntad de no repetir el daño, pero con el remordimiento no siempre. Así, pues, es mucho más potente el arrepentimiento que el remordimiento.

El sentimiento de culpabilidad o de culpa, y su acompañante mayor, el arrepentimiento, se da en las conciencias más elaboradas o complejas porque actúa al margen de la opinión ajena. En tal caso nos sentimos culpables independientemente de que la comisión de un acto sea aprobado o no por los demás y esto basta para actuar moralmente mientras que el sentimiento de vergüenza opera con exclusividad mirando por nuestro propio interés. El sentimiento de culpa refuerza el respeto, pero no es su origen. También, puede decirse, que refuerza la piedad cuando ésta manda hacer algo por los demás.

La vergüenza es un sentimiento moral muy potente, para evitarla la mayoría de humanos dejamos de cometer pequeñas inmoralidades. La vergüenza se refiere al malestar y disgusto que sigue a la reprobación y repudio que se obtiene al hacer o dejar de hacer lo justo y debido. La vergüenza se refiere a la mala opinión que los demás van a formarse ante nuestro comportamiento. Si fuéramos invisibles no temeríamos a la vergüenza, pero algunos o muchos en este supuesto temerían al sentimiento de culpa. El sentimiento de culpa se refiere a la vergüenza ante sí mismo con independencia de la opinión de los otros. Así, pues, el sentimiento de culpa se da aunque nadie nos haga sentir culpables.

El respeto aparece antes de la comisión de una acción y es un freno para la misma mientras que la piedad puede alentar una acción benéfica. La piedad o compasión también se da antes de la comisión o de la abstención mientras que la culpabilidad o sentimiento de culpa surge después de la comisión u omisión y, puesto que sabemos de este sentimiento, procuramos evitárnoslo para no sentirnos mal, de ahí que nos detenga en no pocas ocasiones en las que se nos ocurre o deseamos emprender una acción.

Los sentimientos morales suelen ser más operativos que los ideales de la razón entre la buena gente, sencilla y poco ideologizada mientras que sucede al revés entre las personas que están embargadas o dominadas por doctrinas de todo tipo. Lo anterior me parece importante porque es frecuente. Por supuesto que no digo que la gente sencilla no tenga ideales sino que este tipo de personas están poco influenciadas por grandes y sonoras ideas. Tampoco digo que aquellos que están dominados por doctrinas no tengan sentimientos, lo que sí digo es que cuando los tienen escasos podrán causar daño con facilidad si las creencias o doctrinas no son benéficas o son punitivas.

Veamos ahora con algún detalle el grado, la escasez o la abundancia de los diferentes sentimientos morales. El respeto es la antesala de la piedad y aunque todos los sentimientos morales brotan de una fuente única que podría denominarse humanitarismo o humanidad no deben confundirse entre sí porque puede haber grandes variaciones entre ellos. Puede observarse que hay personas con poco respeto y que tienen un poderoso sentimiento de culpa que se manifiesta cuando se ha faltado contra el respeto debido. Otros que tienen mucho respeto sienten poca culpa en las ocasiones en las que se han dejado conducir con poco respeto.

La fuente del humanitarismo y de la moralidad mana por caños de diferente grosor, a veces el de la compasión es el mayor y abundante, en otras el caño con mayor caudal es el del respeto o el del sentimiento de culpa, pero los caños más caudalosos suelen ser los referidos al respeto y a la vergüenza.

Por otra parte, puesto que la moralidad, según mi parecer, se basa en hacer lo debido, el deber puede cumplirse sin amor e incluso sin respeto, pero en este caso la vergüenza viene en nuestra ayuda. El sentimiento de vergüenza impide la inmoralidad aunque el amor, el respeto, la piedad estén ausentes o se presenten en medida escasa.

Uno de los personajes de la gran novelista Jane Austen sabía bien de la presencia y adecuada combinación de los sentimientos y de los principios morales racionales. La inteligente y bondadosa Fanny Price, en *Mansfield Park*, piensa del egoísta Henry Crawford: «¡Cómo evidenciaba su falta de sensibilidad y tacto cuando quería satisfacer sus deseos! Y ¡ah, cómo se notaba que carecía de principios para suplir, como deber, lo que le faltaba de corazón!» [p. 386]. Exquisita agudeza y precisión la de Austen sobre dos de los pilares de la moralidad.

El castigo, podría decirse, convierte en virtuoso a quien no lo es. Hay personas con poco respeto y poca vergüenza que se comportan con respeto para evitar la reprobación. Hay quien desea colarse en una cola, otro desearía aprovecharse de las apreturas en un metro para frotarse con otra persona, los hay que quieren cometer pequeños hurtos, vengarse por pequeñas ofensas, tomar el periódico de otro en la portería, apabullar o aprovecharse del débil y otras pequeñas infracciones muy molestas, pero quizá la mayoría de ellos renuncian a satisfacer sus deseos respectivos para poder aparecer como ciudadanos respetables. En estos casos es el castigo o la reprobación lo que compele a comportarse con respeto.

Cuando Sócrates dice que se sentiría avergonzado, avergonzado ante sí mismo, si no dijera la verdad ante el tribunal que lo juzgaba se refería al sentimiento de culpa porque está claro que en la situación referida él está pendiente de su íntima reprobación según la voz de su guía o *daimónion* y, precisamente, lo que sucede es que desafía la opinión de los demás que lo van a reprobar y Sócrates sabe que va ser de este modo. En estos casos hacemos sinónimos vergüenza y sentimiento de culpa aunque podamos diferenciar según el contexto el significado de ambas palabras.

De modo parecido hablamos de culpa cuando deberíamos decir sentimiento de culpa o de culpabilidad porque ésta, la culpa, solo se refiere o es sinónimo de falta, incorrección o yerro. Por todo ello no estoy de acuerdo cuando se habla de una arcaica cultura de la vergüenza y de una cultura más avanzada de la culpa porque han existido siempre los dos sentimientos morales en proporciones relativas según los individuos. Creo que basta el recuerdo de lo dicho por Sócrates y Demócrito para deshacer esta concepción historicista sobre la culpa. Siempre han habido y habrán sinvergüenzas y, por el contrario, siempre habrán humanos con una conciencia capaz de sentir culpa.

En relación a los cuatro sentimientos morales mayores, además de la variabilidad entre ellos, la variabilidad se observa para cada uno de ellos según la situación o caso en particular; así si en una persona hay poco respeto para robar, esta misma cantidad de respeto puede ser suficiente para robar con daño. Hay personas, como todo el mundo sabe, que no tienen respeto ni vergüenza ni culpa y aquí hay que incluir a los grandes delincuentes que, por los motivos que sean, se han apartado del ordenamiento moral ordinario de la comunidad.

Los psicópatas, por otra parte, a diferencia de los delincuentes pueden acometer todo tipo de vileza que los delincuentes no se permitirían porque éstos, que no tienen respeto ni vergüenza ni culpa ante algunos delitos, la sienten en relación a otros más graves o diferentes. Un delincuente puede matar, pero no todos ellos pueden violar a una mujer, viceversa, no todos los psicópatas lo son para todo, uno puede violar y no puede matar, otro podrá matar y no podrá violar y otro más violará y matara con saña.

La diferencia fundamental entre un delincuente y un psicópata estaría en que el segundo es incapaz de sentir respeto, compasión y culpa y el delincuente suele tenerlos aunque en menor grado que la gente común. Esta diferencia se basa en que el delincuente no siempre tiene su cerebro estropeado y el psicópata parece que sí lo tiene porque conviene reiterar lo dicho con anterioridad: el cerebro es un órgano como el hígado o el riñón y como tal órgano puede tener deficiencias, trastornos y funcionar mal.

El delincuente puede tener un cerebro que no ha podido desarrollar muy allá los sentimientos morales y, además, su mente puede verse estropeada por ideas perjudiciales como parece que sucedió con Eichmann y Hitler o Stalin, todos ellos grandes delincuentes aunque no todos pretendieran beneficiarse expresamente de sus delitos. Muchas veces los delincuentes vulgares, como sucede con algunos ladrones, pueden ampararse en ideas sobre la injusticia de la sociedad y ellos pueden sentirse justificados, como también se podían sentir justificados los jefes nazis y estalinistas, pero los psicópatas no necesitan de ninguna justificación para sus ataques feroces.

Más adelante, sobre todo al hablar de si existe o no un progreso moral, se tratará con mayor extensión acerca de si los sentimientos morales pueden crecer. Como ya dije no parece posible. Los antedichos sentimientos pueden despertar o dormirse según sean las circunstancias: en una situación se sentirá amor, pero en otra situación habrá indiferencia. En una situación se encenderá la poca o mucha piedad que haya, en otra se encenderá el odio, pero no puede esperarse que el amor o la piedad crezcan en los corazones.

Cuando se proponga que las ideas, la ideología enciende o apaga los sentimientos morales se recordará que Felipe II, rey de España, alentó la persecución y martirio de los tenidos como herejes luteranos y fue muy cruel con ellos, nada compasivo. No creo posible que en el corazón de este rey hubiera podido crecer la poca compasión de la que disponía, lo que si creo es que hubiera podido ser más virtuoso y justo o hubiera podido abrazar una ideología más benigna y, en estos supuestos, hubiese podido comportarse de una manera menos feroz y hacerse presente la poca compasión que debía poseer.

Las virtudes y los valores

Como se dijo, Sócrates seguramente pensaba que en parte la virtud estaba dada, pero, a su vez, podía cultivarse y crecer. A diferencia de los sentimientos las virtudes sí que pueden crecer si se cultivan, pero, no obstante no podemos exigirlas como hacemos con los deberes. Será muy recomendable y ejemplar ser virtuoso, pero no es obligado serlo, solo puede ser obligado hacer lo debido.

De las cuatro virtudes cardinales o principales descritas por Platón se puede decir que la valentía, el coraje o fortaleza en la defensa de una causa justa puede crecer, la moderación o templanza puede desarrollarse, la capacidad o facultad para ser más justo en parte puede aprenderse, al igual que la prudencia. Pero la compasión, en tanto que sentimiento, no puede crecer y de ahí que no se la considere una virtud en un sentido estricto. Sin embargo, el respeto puede hacerse presente en cantidad suficiente aunque no se lo sienta de natural. Así, pues, el respeto sería un sentimiento, a su vez, virtud y, como se dijo, también un deber exigible.

Aristóteles en *Ética Nicomáquea* no distingue entre virtudes cardinales y derivadas. Describe más de diez de las que la prudencia que para él es la sabiduría práctica, la *phrónesis* sería «la virtud por excelencia. Por eso, algunos afirman que toda virtud es una especie de prudencia» [1144b16-19]. La justicia sería la más perfecta, «la más excelente [...] porque es la práctica de la virtud perfecta, y es perfecta, porqué el que la posee puede hacer uso de la virtud con los otros y no solo consigo mismo» [1127b29-35]. Parecería que también Sócrates lo pensaba según dice en la *República* de Platón: «¿Y no es la justicia la excelencia humana? [335c].

Aristóteles incluye la amabilidad como una de las virtudes. En el penúltimo capítulo de este libro se propondrá que la virtud cardinal o principal es la generosidad de la que se desprende siempre la amabilidad. Ser generoso no siempre significa dar algo de lo propio sino proceder pensando en el bienestar de los demás. La generosidad sería una virtud superior a la justicia, pero la generosidad es más escasa que la justicia. Entiendo que es superior la generosidad a la justicia porque el justo no siempre es generoso, pero sería raro, aunque es posible, que el generoso fuera injusto.

Las virtudes están relacionadas con nuestro comportamiento, pero no ejercen directamente su poder en los juicios que emite la conciencia. Pueden facilitar la puesta en práctica de los dictámenes de la conciencia o, por el contrario, moderarlos o frenarlos si se oponen a ellas, pero influyen poco en el enjuiciamiento de lo que consideramos justo y moral o injusto e inmoral. Lo que decide acerca de lo que es justo o injusto son los sentimientos morales y, como se verá a continuación, lo que decide la razón o la sinrazón. La justicia es una gran virtud, pero, precisamente, será la razón y sus productos, las ideas, creencias o principios, los que deciden lo que es justo o injusto.

Entendemos que la virtud es un gran valor, pero, como es obvio, no todo lo que concebimos como valores son virtudes. El bien, sea el que sea para cada persona o grupo humano, se suele considerar que es el mayor de los valores, sería lo que atesora mayor valor. Es un valor y tiene valor la belleza y es un valor su aprecio, es un valor la elegancia o la lucidez, es un gran valor el conocimiento o entendimiento, la instrucción y la cultura también, la inteligencia es de gran valor, la libertad es altamente valorada y en nuestra época pocos dudan al valorar la igualdad civil, pero es evidente que no se confunden estos valores, y otros más que pudiéramos nombrar, con la virtud.

Las virtudes y el resto de valores intervienen en la elaboración de los juicios de la conciencia moral humana, pero como se verá a continuación el mando supremo de la conciencia moral lo ejerce la ideología que hayamos aceptado. Es de este modo debido a que es la razón, con las creencias, ideas, ideales e ideologías que engendra, la que decide lo que es virtud y valor y lo que es vicio y antivalor.

CAPÍTULO VII

LOS PRODUCTOS DE LA RAZÓN Y LA CONCIENCIA. LA VARIABILIDAD DE LA CONCIENCIA

El lugar de la razón en la conciencia.
Las ideologías. La conciencia moral según Sócrates,
Demócrito y Kant

Por el momento quizá ya se ha hablado suficientemente de los sentimientos y ahora nos queda referirnos al otro componente principalísimo, la razón, que como observó Kant contra Hume ordena la moralidad. Los sentimientos morales tienen bastante fuerza, pero ahora se mantendrá que los productos de la razón: ideas, ideales, ideologías, principios, doctrinas o creencias son más poderosos.

La razón crea la moralidad, ella es el origen y fundamento de la moralidad y de la inmoralidad. Los humanos somos sujetos morales, a diferencia de los animales, por la acción de la razón y sus productos. Pero, a su vez, somos inmorales por la acción de los productos de la razón.

Sin razón no podría haber inmoralidad y tampoco moralidad. Mejor dicho, por el hecho de disponer de razón, los productos de la misma van a entremezclarse con la presencia de los sentimientos morales. Si solo dispusiéramos de sentimientos morales seguramente la moralidad quedaría muy maltrecha dado que muchos disponen de pocos sentimientos.

Por el contrario, si solo dispusiéramos de razón la moralidad también sería muy deficiente. Se puede ver que tal cosa sería cierta si pensamos que aun contando con sentimientos morales muchos humanos se han conducido con gran inmoralidad pensando que sus razones o ideas lo permitían. En tales casos estos humanos no creían que actuaban de modo inmoral, se sentían justificados.

La ideología, lo que creemos, es un producto de la razón y con gran frecuencia tiene el mando supremo de la conciencia moral, arrasa el poder de los sentimientos cuando se oponen a ella. Tan es así que no solo los adormece sino que los modifica en tal grado que podemos dejar de sentir respeto y compasión por las víctimas de los atropellos y podemos llegar a sentirlos por los victimarios. Cuando la ideología doctrinaria que permite el maltrato o el daño se apodera de la mente, el respeto, la piedad, la vergüenza y la conciencia de culpa son barridas por el vendaval de la doctrina, de la creencia.

Piénsese de nuevo en Hitler, Stalin y en sus millares de secuaces; en la mutilación genital femenina y en los crímenes de honor contra las mujeres. En algunas desafortunadas culturas se supone que la mujer puede deshonrar a la familia por su comportamiento sexual y se la mata; en tales culturas suele ser el padre de la mujer acusada el que autoriza el sacrificio. El padre que había sentido amor y compasión por su niña cuando estaba enferma ahora se transforma en una especie de diablo que la odia en lugar de amarla y la lleva a la muerte. Esta persona puede ser virtuosa, pero deja de serlo, deja de ser justo si lo fuera, cuando está impregnado por una creencia que reclama la muerte. Lo que sucede en tales casos parece monstruoso: se causa el daño en nombre de la justicia, de la virtud, del bien y del deber. En estos supuestos el homicida puede sentirse mal por no matar.

Si dejamos de lado a los psicópatas y a los delincuentes cuando los humanos nos entregamos a los mayores atropellos no es que no tengamos conciencia moral sino que la tenemos intoxicada por ideas perniciosas. Los humanos bondadosos y benévolos suelen pensar y decir que la conciencia de los inhumanos está estropeada o maltrecha, pero quienes son impíos e inhumanos no lo piensan así, pueden estar convencidos que obran de acuerdo con el deber, creen que su conciencia es recta y no tienen problemas con ella.

Los productos de la razón —ideas, ideales, ideologías, principios, doctrinas, creencias— son los que establecen el deber, lo que debe hacerse, y, la conciencia bajo el mando supremo de la razón, detiene o empuja, impulsa y apremia a hacer lo debido y lo que suponemos correcto de acuerdo a nuestras ideas o ideales que también pueden ser perniciosos y funestos.

Tenía Hume parte de razón cuando establecía que el deber estaba dado en la naturaleza del humano, dado por los sentimientos. Serían éstos los que establecen los deberes, no lo serían los productos sofisticados o arbitrarios de la razón dados por los metafísicos. Esto es lo que pensaba Hume acerca del deber y no lo que muchos dicen que pensaba al examinar su célebre *is* y *ought*, el es y el deber. Me referí en extenso a este tema tan importante en mi libro sobre la felicidad, la moralidad y el dolor.

Hume no dijo que el deber no procede del ser, dijo, precisamente, que procedía del ser, del ser de los sentimientos. Lo que dijo es que el deber no procede de la razón como pretendían los metafísicos. Los metafísicos, decía Hume, dan un salto del *es* al *debe*, olvidando el ser con sus sentimientos y construyen y proponen ideas varias y, en ocasiones, contradictorias acerca del deber. Sería el sentimiento humanitario, no unas imaginarias razones, el que establece lo que debe hacerse.

Pero no tenía Hume toda la razón. Lo explicaría del siguiente modo: en muchísimas ocasiones sobre el pequeño edificio del

deber guiado por los sentimientos morales se levanta el gran edificio del deber construido por la razón. Con todo, es evidente
que este deber o algunos deberes son perjudiciales si las creencias y los ideales lo son. Según Hume estos supuestos deberes
que mandan dañar o perjudicar serían contrarios al ser del sentimiento, del sentimiento humanitario. Pero Hume no resolvió
el problema, no observó que la moralidad sucumbe muchas veces ante el poderío de la razón, de la sinrazón que es también
un producto de la razón. Es la sinrazón de los humanos la que
crea deberes u obligaciones inhumanos que van a causar dolor y
daño. Pero ¿de dónde procede la sinrazón? Parece evidente que
procede de la razón, no puede tener otro origen.

Frente a Hume acierta Kant cuando hace de la razón la guía
de la conciencia, pero pienso que Kant se equivoca también
grandemente cuando pretende que la razón produce una ley
benéfica y justa para todos porque de su ley no se sigue este supuesto beneficio. Los humanos obedecen a su razón, pero no
a una imaginaria ley pura de la razón porque la ley es muy variable según el ejercicio de la propia razón y del dominio de las
diversas ideas e intereses.

No vale la propuesta sobre la ley que hace Kant cuando la
supone dada *a priori* de toda experiencia. Se trataría de una ley
formal, nada material, pero el mismo se encarga de desbaratar
su propuesta. Basta examinar cómo utiliza el propio Kant su
ley para observar que no está bien fundamentada. Como expone en *Metafísica de las costumbres* [314-315] y en *Teoría y práctica* [p. 34 y nota] su ley permite la sumisión de la mujer y del
trabajador y establece que no «están cualificados para ser ciudadanos». ¿Pero es razonable que las mujeres y los trabajadores
deban someterse puesto que la ley de Kant lo exige?

La sumisión de la mujer y la del trabajador, la esclavización
del delincuente por parte del Estado no son para nada cuestio-

nes menores, pero la ley de Kant dictaba que fuera así. Entonces, esta ley era y es injusta. Él la proponía como buena al suponer que era posible dictarla al margen de la experiencia, una ley formal, *a priori* de toda experiencia de dolor y daño, algo bien material, pero al menospreciar lo material, el dolor y el daño, la ley no es buena, no puede ser buena.

¿No es una idea del bien y del mal la que somete y humilla a la supuesta ley pura de Kant dictada al margen de la experiencia y de la sensibilidad humana? Es la ideología de Kant sobre la desigualdad de la mujer la que se pronuncia; es la ideología de Kant la que defiende la pena de muerte. Una ley *a priori* no puede decir que deba de matarse al asesino ni someter a la mujer y al trabajador manual, pero Kant lo afirma y, además, su ley permite tratar a las mujeres y a los trabajadores como medios.

En las situaciones antedichas y en cualquier otra son las ideologías las que se encargan de decir de modo imperativo lo que debe o no debe hacerse. La ideología de Kant somete a su imperativo, no es su ley pura e imperativa la que somete a la ideología. Siempre es así, no puede ser de otro modo, lo que tiene sumo poder es la ideología y de esta ideología nace la ley.

Volvamos a Hume por un momento. Su filosofía se opone a la de Kant, pero tampoco está muy acertado al rebajar la importancia de la razón. En la *Investigación sobre los principios de la moral* escribió: «La razón [...] no es por sí sola suficiente para producir ninguna censura o aprobación moral. La utilidad es solo una tendencia hacia un cierto fin; y si el fin nos resultara totalmente indiferente, habríamos de sentir la misma indiferencia hacia los medios. Se requiere, pues, que un *sentimiento* se manifieste, a fin de dar preferencia a las tendencias útiles sobre las perniciosas» [§ 103].

Esta formulación basada en la emotividad tiene cierta relevancia, pero es muy insuficiente porque Hume no puede explicar lo que es obvio o evidente: entre los humanos los sentimientos son débiles y naufragan ante la embestida de las creencias creadas por la razón.

En el *Tratado de la naturaleza humana* dice Hume para apoyar su opinión sobre la importancia de los sentimientos: «No es contrario a la razón el preferir la destrucción del mundo entero a tener un rasguño en mi dedo. No es contrario a la razón que yo prefiera mi ruina total con tal de evitar el menor sufrimiento a un *indio* o a cualquier persona totalmente desconocida» [416]. Creo que esta descripción no es cierta pues sería la razón y no los sentimientos o la falta de ellos lo que al fin permitiría a alguien decir estas cosas. Puestos en estos extremos, tal como él los presenta para poner de relieve a su pensamiento, es la razón o la sinrazón lo que mueve a mantener estos juicios.

Podemos ser muy egoístas, pero por un rasguño o por la pérdida de un dedo no estaríamos dispuestos a que se hundiera el mundo entre otras razones porque los nuestros también perecerían. Solo cuando estamos destruidos por la desgracia podemos ser capaces de estos pensamientos extremos, pero cuando nos reponemos nuestra opinión varía.

Puede decirse, además, que la mayoría de humanos no estaría de acuerdo con la destrucción del mundo para evitarse un dolor. Algunos sí que lo estarían, pero Hume está hablando de la generalidad de los humanos no de unos pocos o de muchos. Tampoco me parece muy razonable imaginar a alguien tan altruista que prefiera su ruina antes que observar el menor sufrimiento de un desconocido. Si alguien hubiera capaz de esta heroicidad, y puede haberlo, ¿no es producto de su razón la construcción de tan grandes ideales? Hay mucha rotundidad y exageración en la propuesta moral de Hume como también las hay en la de Kant.

Pienso que contra Hume se puede argüir que las ideas conforman la conciencia y lo que ella dicta. No es del todo cierto lo que de un modo muy categórico escribió en su *Tratado de la naturaleza humana*: «La razón es, y solo debe ser, esclava de las pasiones [los sentimientos], y no puede pretender otro oficio que el de servirlas y obedecerlas» [415]. En lo relativo a la conciencia moral, serían las ideas, hijas de la razón, las que pueden anestesiar el sentimiento o el dolor de esta conciencia o, por el contrario, hacerlo más intenso.

Kant abordó en detalle el estudio de la conciencia moral. El juez interno de la conciencia del que habla el filósofo alemán ya estaba enunciado en la antigüedad. Los griegos, con Sócrates y Demócrito, lo tenían en cuenta como también Séneca con posterioridad. Pero algunos antiguos, como fue el caso de Sócrates, fueron más certeros que Kant. El filósofo griego, a diferencia del alemán, según mi criterio, sospechó que el juez interior se regía por la ideología previamente adoptada.

En la antigüedad, de manera implícita, algunos aceptaban que la conciencia estaba regida por las ideas y Sócrates es una prueba fehaciente de ello. ¿Qué significa sino el socrático «no se yerra voluntariamente»? ¿No se refiere a que las ideas erróneas son las causantes del mal? En el *Gorgias* se lee: «Pues si en algo yo no obro rectamente en mi modo de vivir, ten la certeza de que no yerro intencionadamente, sino por mi ignorancia» [488a]. Sócrates siempre habla del saber o del creer saber, de las ideas, aunque también se refiere al carácter del licencioso y a la incontinencia. No obstante, Aristóteles no siguió a Sócrates.

Aristóteles escribió en *Ética Nicomáquea* que la sabiduría práctica, la *phrónesis* o prudencia «es normativa, pues su fin es lo que se debe hacer o no» [1143a]. Es normativa, dice, y, a su vez, la *phrónesis* proviene y depende de la sabiduría en mayúscula, la *sophía*: «la prudencia no es soberana de la sabiduría [...]. Así, [la prudencia] da órdenes por causa de la sabiduría, pero no a ella» [1145a]. Démoslo por bueno, pero ¿dónde está y cómo sabemos de la sabiduría tan importante puesto que de ella nacería el deber?

Si la prudencia es secundaria a la sabiduría, ¿no depende la prudencia, la que tiene por fin «lo que se debe hacer o no», de la ideología que será sabia o no tanto? Parece que ahora Aristóteles se aproxima a Sócrates con su célebre propuesta de que el mal se hace por ignorancia. Pero no es así. Para el discípulo de Platón todo el mundo sabe lo que debe hacerse —Kant es aristotélico acerca de este tema tan importante—, si no se hace lo que se debe, la mala acción no se comete por error, por falta de conocimiento, por la acción de determinadas ideas sino por incontinencia, egoísmo, perversidad, depravación o malignidad. Sócrates no lo veía exactamente de este modo.

En lo relativo a la conciencia moral, Sócrates en *Apología* y en *Hipias mayor* es bastante claro. En este último diálogo, se sentiría sobre todo avergonzado ante sí mismo de decir o hacer algo indebido: «no me permitiría decir esto a la ligera sin haberlo investigado, así como tampoco dar por sabido lo que no sé» [298b]. Cuidado pues con las ideas, dar por sabido lo que no se sabe puede conducir a no sentirse culpable. No sentirse culpable cuando se debe comporta proseguir con el daño.

Sócrates siempre relacionaba la moralidad con el saber y la ignorancia, con las ideas, mientras que Platón y Aristóteles la relacionaban con los apetitos, el egoísmo, la concupiscencia y la incontinencia. Sócrates, sin dejar de lado la concupiscencia, otorgaba gran valor a las ideas que podían ser erróneas, mientras que sus sucesores, algunos de sus discípulos creían que tenían más valor y fuerza las pasiones, los apetitos, la perversidad y los hábitos.

Demócrito, contemporáneo de Sócrates y fallecido algún tiempo después, para nada, entonces, presocrático, se refirió a la conciencia en bastantes de sus fragmentos conservados, en dos de ellos encontramos: «No hagas ni digas nada feo, aunque estés solo; aprende a avergonzarte más ante ti mismo que frente a los demás» [B 244]. Rodolfo Mondolfo, el célebre helenista italiano, en *El pensamiento antiguo* traduce el fragmento B 83 de un modo que coincide con la idea socrática sobre la ignorancia y el mal: «La ignorancia de lo mejor es causa del pecado» [p. 141].

Parece que Demócrito coincidió con Sócrates al otorgar un gran valor a las ideas e ideales. «Quien escoge los bienes del alma elige lo más divino; quien, por el contrario, prefiere los bienes del cuerpo, elige lo humano» [B 37]. «Ni el cuerpo ni las riquezas procuran felicidad a los hombres, sino la rectitud y la prudencia» [B 40].

«No por temor sino por deber es preciso abstenerse de acciones viciosas» [B 41]. «Deliberar antes de actuar es mejor que arrepentirse después» [B 66]. «Nadie debe avergonzarse más ante los hombres que ante sí mismo, ni obrar mal ni cuando nadie lo ve ni cuando lo ven los demás. Hay que avergonzarse ante todo ante sí mismo y establecer esta ley en el alma, de modo de no hacer nada impropio» [B 264]. «Arrepentirse de las malas acciones es la salvación de la vida» [B 43].

Werner Jaeger escribió en su libro *Paideia*: «Demócrito coloca en vez del *aidós*, en el antiguo sentido social, la vergüenza ante el semejante, la vergüenza del hombre ante sí mismo, concepto importante para el desarrollo del la conciencia ética» [p. 432]. Se hace bastante evidente que la vergüenza ante sí mismo es lo mismo que el sentimiento de culpa. Pero Demócrito no se refiere a algo nuevo, pone de relieve los sentimientos morales de las personas que, desde que el humano es humano, han podido desarrollar con completitud su conciencia moral.

Al referirse a *aidós* tal como lo entendía Demócrito, Guthrie en el volumen II de su *Historia de la filosofía griega* explica: «*aidós*, un sentimiento profundo de respeto hacia lo que merece respeto y de rechazo de la mala acción como tal y no por temor al castigo. El amor propio y la vergüenza ante uno mismo deberían bastar para impedir que cometiera una mala acción, aunque nadie llegara a enterarse de la misma. Adopta aquí Demócrito una posición firme frente a la actitud de algunos sofistas contemporáneos» [p. 501]. En el volumen III expone sobre *aidós*: «una cualidad moral más compleja, que viene a ser una combinación de pudor, recato y respeto a los demás y que no está lejos de lo que se entiende por "conciencia"» [p. 75]

Guthrie también propone: «podría argumentarse que algunos de los pensamientos que se han considerado siempre como característicos de Sócrates tal vez tuvieran su origen en Demócrito» [II, p. 497]. Por supuesto que no podemos esperar que Platón nos dijera algo parecido. A diferencia de Aristóteles que cita con frecuencia al filósofo materialista, de forma elogiosa en alguna ocasión, Platón nunca le cita. No citar a alguien cuando es de justicia hacerlo es una mezquindad.

A propósito del tribunal de la conciencia Séneca en su epístola 28 le propone a Lucilio: «cuanto te sea posible, ponte a prueba, investiga sobre ti; cumple primero el oficio de acusador, luego el de juez, por último, el de intercesor. Alguna vez procúrate un disgusto». ¿Pensaba Séneca que el juez interno podía errar si el humano que lo alberga andaba con idees erróneas? En la epístola 31 es concluyentemente socrático: «¿Qué es, pues, bueno? El conocimiento de la realidad. ¿Qué es malo? La ignorancia de la realidad?». Al menos en esta carta Séneca parece opinar que la conciencia está sujeta al conocimiento o a la falta de conocimiento, a las ideas y creencias.

¿No fueron ideas malignas las que encendieron el odio de Hitler a los judíos? ¿No fueron creencias dañinas las que encendieron el odio de Stalin a los acusados de revisionismo? ¿No fueron ideas benignas las que mantenían Buda, Jesús y otros bienhechores de la humanidad, ideas que amortiguan o apagan pasiones como el odio o la sed de venganza? Estas ideas pueden desactivar el odio hasta el punto, como también se lee en los Proverbios del Antiguo Testamento, que permitan auxiliar al enemigo.

Afortunadamente, hoy y antes, muchos de los creyentes y de los no creyentes siguen este tipo de mensajes benignos. Muchos ateos a diferencia del ateo Stalin se gobiernan por ideas o creencias que coinciden con los mejores credos religiosos. Muchos hinduistas y budistas han sido siempre buena gente. Muchos judíos antes de Jesús eran gente compasiva y amable como muchos cristianos después.

Sócrates pudo decir a sus jueces, como explica Platón en su *Apología*: «Yo estoy persuadido de que no hago daño a ningún hombre voluntariamente, pero no consigo convenceros de ello» [37a]. Parece que Sócrates explica que si había dañado a alguien no lo hizo guiado por los apetitos o las pasiones sino conducido por creencias erróneas. Para mostrar la importancia que Sócrates otorgaba a las ideas frente a los apetitos y pasiones, que por otra parte nunca menosprecia, puede valer lo dicho en el *Protágoras* de Platón: «si uno conoce las cosas buenas y las malas no se deja dominar por nada» [352c]. Una vez más queda claro que se hubiera opuesto a Aristóteles. La senda abierta por Sócrates es la que sigo para argumentar que la pasión no siempre esclaviza a la razón sino que las poderosas razones son las que a menudo destronan el poder de los sentimientos y pasiones.

Kant estuvo acertado al colocar a la razón por encima del sentimiento aunque al desestimar la importancia de las ideas y de los sentimientos morales también desembocó en la unilateralidad y la parcialidad. Creo que en parte, solo en pequeña parte, acierta, cuando en *Metafísica de las costumbres*, dice: «La conciencia moral no es tampoco algo que pueda adquirirse y no hay ningún deber de procurársela; sino que todo hombre, como ser moral, la *tiene* originariamente en sí [...], es un hecho inevitable, no una obligación y un deber» [401]. No es un deber adquirirla dado que es una «disposición originaria, intelectual y moral (porque es una representación del deber)» [438]. Kant como Platón es muy rotundo y absoluto, también creía saber.

Pero, como se verá enseguida, no todos la tienen en el mismo grado como Kant suponía: «Todo hombre tiene conciencia moral y un juez interno le observa, le amenaza, le mantiene en el respeto (respeto unido al miedo)» [438]. Kant no admitió grados o diferencias en la conciencia moral porque no pudo aceptar que nuestra conciencia está muy sujeta y dependiente de las creencias que asumimos.

Kant añade un aspecto muy importante aunque erróneo para entender su propuesta sobre la conciencia, a saber: «La inconsciencia moral no equivale a falta de conciencia moral, sino a la propensión a no tener en cuenta su juicio» [401]. A su vez propone algo fundamental para su ética o filosofía moral al subrayar: «El hombre puede llegar en su extrema depravación hasta no hacerle ningún caso pero, sin embargo, no puede dejar de *oírla*» [438]. Estas dos últimas opiniones no se puedan aceptar puesto que muchos humanos cometen atropellos guiados por creencias funestas y la voz de su conciencia queda muda.

Mi opinión creo que es acorde con la de Sócrates cuando propone que a menudo se obra mal por ignorancia. Por consiguiente, resultaría obvio que el filósofo griego admitía que las ideas y creencias hacían crecer o enmudecían la voz de la conciencia de los humanos. Lo que se defiende en este libro, siguiendo la senda abierta por el filósofo griego, es lo opuesto a lo que Kant acaba de decir. El depravado y el que yerra y daña, con frecuencia, no oye nada, su conciencia no protesta. Creo que Sócrates estaría de acuerdo.

El filósofo atenés pensaba que los acusadores que pidieron su pena de muerte no dejaban de oír la voz de su conciencia, al contrario, la oían, pero su conciencia no dejaba de aprobar una acusación injusta. Sócrates seguramente pensaba que el *daimónion* —algo dado por la divinidad, que impediría cometer acciones impías o vergonzosas— sus acusadores o no lo poseían o, lo más probable, lo tenían, pero sus ideas equivocadas lo habían adormecido o enloquecido, creían saber, pero erraban. Los funestos ideales de sus acusadores modificaron su propio *daimónion*.

Lo que Kant no vio o no quiso ver es lo siguiente: no es que el humano no siempre sea ejemplar al contravenir las sentencias del juez interno sino que quien no es ejemplar en tal caso es el propio juez. Es el juez quien puede ser depravado al estar, racionalmente, del todo sometido a las creencias que el propio juez ha asumido para lo mejor y lo peor, ideología racional o irracional. Es el juez interno acertado o errado quien inicia el camino de la ejemplaridad o la depravación al aprobar o desaprobar determinada conducta.

A Kant le conviene imaginar, por una parte, a un juez ejemplar siempre, en todas las ocasiones, un juez insobornable, casi omnisciente y absolutamente certero y, por otra parte, al humano portador de este juez, dominado por el egoísmo y la concupiscencia, un ser humano con «un corazón corrompido» como escribe en su libro sobre la religión [Ak 44] siguiendo por el camino abierto por el apóstol Pablo.

En realidad, el juez interno está enteramente sometido a lo que legisla la persona que contiene al juez y éste se inclina siempre sin protestar ante lo legislado por la persona aunque sea manifiestamente injusto y perjudicial. La persona legisla y manda, el juez interno obedece siempre, nunca se rebela, no puede porque no existe por sí mismo, es una facultad de la propia razón que emite juicios acordes con las creencias adoptadas.

Kant en su libro sobre la religión afirma y subraya sobre el humano: «la trasgresión en él se llama *caída* [*Sündenfall*, la caída en el pecado, el pecado original], en tanto que en nosotros es representada como consecuencia de la malignidad ya innata de nuestra naturaleza» [Ak 42]. ¿No es la ideología religiosa, en particular la de Pablo el Apóstol, quien le hace levantar su propuesta sobre la desobediencia ante la conciencia?

Kant no duda en escribir de manera categórica como título de uno de sus capítulos: «El hombre es por naturaleza malo» [Ak 32], esto es, sería un ser dominado por el pecado de origen como comenzó a propagar Pablo a diferencia de Jesús y de otros judíos en aquel tiempo. Esta concepción de Pablo pasó a Lutero y de Lutero a Kant.

«El deber consiste aquí únicamente en cultivar la propia conciencia moral, aguzar la atención a la voz del juez interior y emplear todos los medios para prestarle oído» [401], escribe Kant en *Metafísica de las costumbres*, pero el juez interno no es un ente separado y puro sino que es la propia conciencia y ésta está altamente condicionada por las propias creencias. Kant no puede aceptar que al corazón lo corrompen determinadas ideas además del egoísmo.

No es que se desestime el poder del egoísmo y la concupiscencia sino que se trata de observar que los mayores males de la humanidad no provienen de ellos, provienen de las ideas o creencias que consienten, amparan o promueven el mal. Kant no pudo verlo así porque necesitaba proponer que hay una ley moral prescrita a todo ser racional y el juez la interpretaría, pero lo que sucede es a la inversa, son los ideales o las ideas, benéficas o dañinas, los que ordenan al juez lo que va a dictar.

Está claro, por otra parte, que el enjuiciamiento de la conciencia se refiere a los ideales de la razón y, en no pocas ocasiones ésta se pronunciará contra los intereses, inclinaciones y apetitos del poseedor de la conciencia, sobre esto último no puede haber discrepancia con Kant.

En *Metafísica de las costumbres* el filósofo se refiere a algo sumamente importante para el enjuiciamiento de la moralidad: moralmente absuelve a quien ha actuado en conciencia. Tal cosa es un error grave, pero dejemos primero que hable Kant: «Cuando alguien es consciente de haber actuado según la conciencia moral, no se le puede exigir nada más en lo que concierne a la culpa o a la inocencia» [401]. Pues quizá sí que se le puede exigir más, mucho más, como mínimo se le puede exigir a cualquiera que obra con daño que debe desoír la voz permisiva de su conciencia intoxicada. Pero Kant no puede decir tal cosa, está atado de manos por su ideología moral. Volveré sobre ello más adelante.

A Kant le interesa construir su ética en base a la intención, «la *moralidad*, es decir, la intención» [392] dejando de lado las obras, las consecuencias del obrar. En lo relativo a las consecuencias, a las obras Kant sigue a Pablo más de lo que parece, le cita a menudo en *La religión dentro de los límites de la mera razón* y nunca se le opone. Está en su derecho, no tiene porqué oponérsele como hacemos nosotros que no creemos en el pecado original como creen él y el Apóstol.

El filósofo alemán imagina que la ley moral es invulnerable a las ideas, cree que la intención al margen de las obras o consecuencias es lo que vale, cree, según dice en su libro sobre la religión, que el egoísmo, los apetitos desordenados del cuerpo y la soberbia traidora, —inducidos por el diablo, el «príncipe de este mundo» [Ak 79]—, son el alma del mal y de la caída. Recuérdese lo que escribe Kant en este libro: «el amor a sí mismo, el cual, aceptado como principio de todas nuestras máximas, es precisamente la fuente de todo mal» [Ak 45], «el egoísmo, el dios de este mundo» [Ak 161].

El amor a sí mismo es la fuente de todo mal, dice Kant. Por el contrario, aquí se dice que el egoísmo es la fuente de muchos males, pero que las ideologías dañinas son con mayor frecuencia la fuente de los males. Lo que me interesa destacar ahora es que en no pocas ocasiones el mal no se hace por egoísmo sino al contrario, se hace en nombre del altruismo. Un «altruismo» maleficiente por supuesto. Los eclesiásticos que gobernaban la Inquisición no operaban necesariamente por egoísmo; les revolucionarios franceses que mataban sin contemplaciones y que al final también fueron ejecutados por sus correligionarios tampoco se comportaban necesariamente guiados por su egoísmo; muchos comunistas mataron en nombre de un mundo mejor y no todos fueron egoístas...

Al respecto de la ideología, puesto que el filósofo alemán habla de que el humano «puede llegar en su extrema depravación» hasta no hacer ningún caso a la voz de la conciencia, basta preguntarle, ¿eran depravados al no obedecer los dictados de la conciencia los clérigos de la Inquisición como acabo de recordar? ¿Era Hitler un depravado al desobedecer a su conciencia? No es así, Hitler, fue un depravado y su conciencia aprobaba su comportamiento depravado. Era un ser depravado al torturar y matar a gente inocente.

Los cardenales que dirigían la Inquisición no eran unos malvados depravados fueron unos humanos muy equivocados y peligrosos que cometieron maldades y el juez de su conciencia lo aprobaba. Así ocurrió también con los revolucionarios franceses y los revolucionarios comunistas. Estaban impregnados e intoxicados de ideas nocivas y su conciencia estaba tranquila, de otro modo hubieron dejado de hacer lo que hicieron. ¿Tenía Heidegger su conciencia tranquila al gritar *Heil Hitler*? Es evidente que sí. Todos ellos obraron con buena intención, intención que estaba de acuerdo con su conciencia al margen de las consecuencias, de las obras que eran manifiestamente malas. Habrá que tener mucho cuidado con la buena intención.

Si la conciencia habla siempre bien y solo los depravados no prestan atención a su voz, ¿serían para Kant unos depravados el Papa Pablo IV y Heidegger? No creo que lo hubiera podido pensar de haber conocido a Heidegger. En *Metafísica de las costumbres* Kant escribió: «cuando alguien es consciente de haber actuado según la conciencia moral, no se le puede exigir nada más en lo que concierne a la culpa o la inocencia. Solo está obligado a esclarecer su *entendimiento* de lo que es o no deber: pero cuando llega a la acción o ha llegado a ella, la conciencia moral habla involuntaria e inevitablemente» [401]. Es decir, la culpa o la inocencia lo decide la propia conciencia, y «una conciencia moral *errónea* es un absurdo» [401]. Está claro lo que Kant propone: la conciencia moral no puede equivocarse.

Pues más bien parece lo contrario de lo que creía y proponía Kant. La conciencia yerra frecuentemente, pero para el alemán si el entendimiento de lo que debe hacerse no es bueno la conciencia infalible va a pronunciarse contra el entendimiento. No es así.

Es evidente que en lo relativo a la conciencia moral si uno está de acuerdo con ella se sentirá tranquilo y se creerá inocente, pero también es evidente que la conciencia se equivoca con frecuencia. De ser así, uno que se cree inocente podrá ser un gran culpable, pero nuestro filósofo queda apresado en las redes que él construyó y no puede establecer la culpabilidad o inocencia ateniéndose a las obras, en su caso, la intención y la tranquilidad de la conciencia están muy sobrevaloradas.

Kant no puede decir que la conciencia moral esta sujeta a la experiencia, es decir, a las ideas acertadas o erróneas que construye o adopta el poseedor de esta conciencia. No obstante, obsérvese que algo de esto se cuela en su discurso y es que no puede dejar de ser así. Al respecto, en *Metafísica de las costumbres* explica «que podemos equivocarnos a veces en el juicio objetivo sobre si algo es o no deber, pero yo no puedo equivocarme en el juicio subjetivo sobre si yo lo he comparado con mi razón práctica (que aquí juzga) para emitir aquel juicio» [401]. Dicho de forma más sencilla: la conciencia moral no se equivocaría, pero sí puede equivocarse el portador de dicha conciencia. Pero, entonces, ¿de qué sirve la conciencia a la que Kant otorga tanto valor?

En desacuerdo con el filósofo le pregunto, ¿no pudo equivocarse la conciencia de San Bernardo y la de Santo Tomás cuando decían que matar a un infiel o a un hereje no es pecado? Lo que parece evidente es que la santa conciencia de Bernardo de Clerleval y de Tomás, en este caso, no emitieron ninguna voz, de haberse levantado la voz de su conciencia no hubieran dicho lo que dijeron. ¿De qué sirve entonces la conciencia si permanece bien tranquila cuando se daña al semejante al ser el error quien gobierna lo que se hace en conciencia? No cabe otra salida: no es suficiente la tranquilidad de conciencia si no se examinan las consecuencias. La conciencia sirve de mucho, no hay duda, pero no nos es suficiente.

Veamos ahora lo que Kant escribe en su libro sobre religión y observaremos que su concepción de la conciencia le crea problemas y contradicciones. Como buen ilustrado, al examinar la conducta de un inquisidor que condena a muerte a un incrédulo dice: «pregunto yo si en el caso de que lo condene a muerte se puede decir que ha juzgado con arreglo a su conciencia moral (la cual ciertamente yerra) o si se puede más bien culparlo sencillamente de *falta de conciencia* moral, haya errado o haya obrado de modo conscientemente injusto, pues se le puede echar en cara que en un caso semejante nunca podría estar totalmente cierto de no obrar de un modo quizá injusto» [Ak 186].

Ahora se dice lo contrario de lo que se dirá más tarde en *Metafísica de las costumbres*, «no se le puede exigir nada más en lo que concierne a la culpa o a la inocencia» [401], en este momento se le dice al inquisidor que «nunca podría estar totalmente cierto de no obrar de un modo quizá injusto». Nosotros diríamos que el inquisidor obra de un modo injusto, Kant dice que el inquisidor obra de «un modo quizás injusto». El asunto no es menor y quizá se debería decir que Kant intentaba tratar de un modo demasiado amable a los inquisidores. Tan rotundo en muchas ocasiones ahora deja de lado la rotundidad.

De cualquier modo obsérvese que Kant se contradice con lo que dirá más tarde; ahora ha dicho: «su conciencia moral (la cual ciertamente yerra)», después en *Metafísica de las costumbres* escribirá «una conciencia moral *errónea* es un absurdo». Pero hay algo más, lo más importante sería que Kant ha dejado entrar por la puerta trasera de su edifico moral el poder de la ideología en el enjuiciamiento de la conciencia. Lo que se hace evidente en este fragmento es que Kant no dice, no puede decir que el inquisidor no obrara con plena conciencia de que cumplía con su deber, lo que dice es que el inquisidor erró al establecer lo que creía que era su deber.

En lo dicho en este fragmento las obras, las consecuencias cuentan. No vale solo la intención para enjuiciar la moralidad del inquisidor, este es un caso grave, «en un caso semejante» defenderse con la alusión a la buena voluntad no es suficiente, hay que estar seguro de lo que manda el deber. Después, en *Metafísica de las costumbres* ya no cabe la duda de lo que es el deber: si el delincuente «ha cometido un asesinato, tiene que *morir*» [333]. Parece que Kant cambió algo su opinión, nada que oponer, pero se observa que no puede haber una ley moral pura que no atienda a las obras o que dejar de lado las consecuencias crea más problemas que los que resuelve.

En cualquier caso, si lo propuesto en *Metafísica de las costumbres*, es lo que vale como la última palabra de Kant, hay que volver a la anterior pregunta, ¿de qué nos sirve la conciencia moral? Si no nos sirve para enjuiciar el mal que ocasionamos no nos sirve de gran cosa: no sería una conciencia para la moralidad sino una conciencia para la tranquilidad.

Kant no advirtió que la conciencia moral es variable y que se somete a los dictámenes de las creencias y de aquí vienen los problemas. Debemos vigilar y someter a constante crítica a los juicios de nuestra conciencia, no siempre deberíamos quedarnos tranquilos si la propia conciencia nos dice que lo podemos estar. Debemos examinar siempre lo que vayamos a hacer o decir aunque la conciencia lo autorice. Debemos vigilar a nuestra conciencia para evitar que nos autorice a dañar a los congéneres.

Como puede verse Kant, al igual que Hume, no acepta que la ideología marque con la fuerza del fuego lo que será la conciencia, también la conciencia que él describe como buena y que puede aceptar que la guerra si «se lleva a cabo con orden y respeto sagrado por los derechos civiles» es buena para el pensar del pueblo, «una larga paz acostumbra a hacer dominante el mero espíritu comercial y con él la abyecta avaricia, cobardía y blandura, y acostumbra a degradar el modo de pensar del pueblo», escribió muy seriamente en *Crítica del juicio* [B 107]. Entonces, la conciencia aprueba una guerra que puede ser buena para el pueblo. Pero ¿en base a qué se enjuicia que una tal guerra es buena? No cabe más que una respuesta, se enjuicia en base a la ideología, en este caso, la de Kant.

Entiendo, como se viene proponiendo, que hay que tomar algo de Hume, algo de Kant y añadir lo que ellos desestimaron o no vieron: la fuerza, el poder de las ideas creadas por la razón de las mujeres y de los hombres. Solo de este modo se podrá obtener una concepción realista de la conciencia de los humanos.

Sobre la conciencia moral muchos pensadores, al igual que Kant, suponen que todos los congéneres la tienen por igual, pero no es así cuando se observa con alguna atención cómo opera dicha conciencia. Las evidencias muestran que, como todo en el universo, además de entidad o naturaleza constantes, se observan grados, niveles o cantidades. Todos los humanos tenemos una misma naturaleza que nos define como tales, pero no todos tenemos la misma fuerza muscular y la misma fuerza intelectual o la misma fortaleza moral.

También Platón parece que da por buena la opinión sobre la unicidad de la conciencia por oposición a la variabilidad, pero dudo muy mucho que Sócrates compartiera dicha opinión. En el *Protágoras* nos encontramos con la larga exposición del llamado mito de Prometeo en el que Zeus, «el dios que es obedecido por casi todos los dioses», envió a Hermes para que llevase a los humanos dos virtudes morales, *aidós* y *díke* pues temía que sucumbiera la raza de los humanos. *Díke* es la justicia y *aidós*, el respeto, la vergüenza ante sí mismo, en suma, la conciencia moral.

El dios hijo, Hermes, le pregunta a Zeus si reparte estos bienes a todos y éste le responde: «A todos y que todos sean partícipes. Pues no habría ciudades, si solo algunos de ellos participaran, como de los otros conocimientos» [322d]. Así, pues, conciencia moral para todos, pero el dios olvidó decir si se iba a repartir a todos la misma cantidad. Platón y Kant pensaron que no podía haber cantidad en algo tan sustantivo y había que tenerlo en absoluto, se tiene o no se tiene, pensaron, y acordaron interpretar la voluntad del dios como que nadie dejara de tener conciencia.

No parece que sea cierto que todo el mundo tenga el mismo grado de *aidós* o conciencia como tampoco lo sería que la conciencia hable siempre del mismo modo cuando las circunstancias varían. La conciencia es algo muy variable y diverso. Hay humanos con mucha conciencia, incluso una conciencia rigorosa como debió ser la de Kant y los hay con una conciencia muy laxa y condicionada.

Una parte considerable del grupo humano la tiene muy laxa y otra parte considerable del grupo la tiene más desarrollada y exigente, pero todos la tenemos muy condicionada, aunque por otra parte también es cierto que la de algunos es menos influenciable. Todos la tenemos muy condicionada en el sentido que está muy influenciada por la aprobación y la reprobación del grupo humano en el que estamos insertos. Así es como un grupo de hombres puede suponer que es obligado y bueno matar a una mujer de la familia que ha cometido un crimen contra el honor de la familia o que matar al infiel y al apóstata no es pecado como todavía hoy se puede observar en algún credo fanático.

No hay que suponer que todos los grupos humanos tienen la misma conciencia. Un grupo puede admitir en conciencia matar al apóstata como dicen algunos que siguen a Mahoma mientras que otro grupo repudia con determinación este tipo de homicidio: es más juicioso y coherente aceptar que la conciencia moral está muy condicionada por las ideas contra lo que suponía Kant y el dios Zeus.

¿Cómo puede sentirse bien consigo mismo un torturador, un tirano o un asesino de mujeres por un supuesto crimen contra el honor? ¿Ellos obran de acuerdo a lo que entienden que es su deber? Si sus conciencias son pobres, como sucede en tantos, tantísimos casos, y quedan aprobados por la comunidad se sentirán tranquilos por su acción inmoral u homicida. Es más, se podrían llegar a sentir culpables si no hicieran lo que creen que es justo. Acerca de esta última consideración se puede observar claramente que la ideología no solo puede barrer el sentimiento de culpa sino, incluso, transformarlo en su contrario.

Si la conciencia moral fuera igual para todos como pretendieron Zeus, Kant y tantos otros no se entendería que un terrorista, un homicida de mujeres para salvar el honor de la familia, un esclavista o un torturador puedan mantener su bienestar al creer que han obrado de acuerdo a la ley y al deber que se desprende de la ley. Si la conciencia fuera igual para todos los humanos no la dejarían de lado tan frecuentemente al dejarse influir por las ideas y tomar partido por causas que promueven o toleran el abuso y el dolor.

Jean Paul Sartre falleció en 1980 y en los últimos años de su vida, seguramente a partir de los acontecimientos de Mayo de 1968, se identificó con el comunismo maoísta. Al parecer su conciencia estuvo tan tranquila como en años anteriores a pesar de que no podía ser ignorante de la atroz brutalidad de la Revolución Cultural, la Gran Revolución Proletaria, uno de los episodios más sangrientos de la historia reciente de China. La Revolución Cultural fue el pasto ideológico que nutrió a Pol Pot que en 1975 se hizo con el poder en Camboya. De 1975 hasta 1979 fueron muertos cerca de dos millones de camboyanos, casi una cuarta parte de la población.

En el año 1968 me encontraba viviendo en París y recuerdo muy bien el asombro que produjo a algunos cuando la prensa informaba que Sartre que tres años después iba a dirigir la revista maoísta *La Cause du Peuple*, se dedicaba a acudir a las fábricas a arengar a los obreros.

En 1972 escribió en el prólogo de un libro sobre los maoístas en Francia: «La violencia revolucionaria es inmediatamente moral porque los trabajadores se convierten en sujetos de su historia. [...] La violencia, la espontaneidad, la moralidad, tales son los caracteres inmediatos de la acción revolucionaria maoísta. Sus luchas son cada vez menos simbólicas y puntuales, cada vez más realistas» [p. 44]. En 1974 explica: «*La Cause du Peuple* desapareció. Pero no el espíritu maoísta, que existe aún, y del que me considero un representante» [p. 465]. He tomado las dos citas anteriores del libro de Simone de Beauvoir *La ceremonia del adiós*.

Mao Tse-Tung falleció en 1976, en 1966 inició la Gran Revolución Proletaria, conocida como Revolución Cultural, que trastocó todo el país. Aunque Mao dijo en 1969 que se había acabado la gran revolución en realidad perduró hasta 1976 el año de su muerte. La cifra de muertos se desconoce, pero los historiadores refieren que fueron millares los asesinados y millones los heridos, torturados y expulsados de sus cargos políticos y universitarios. En Europa se conoció la brutalidad y el caos que se produjo con aquella revolución, pero algunos intelectuales como Sartre se hicieron maoístas y otros muchos cerraron sus ojos y sus bocas.

Como hice con Heidegger tomo el caso de Sartre como un documento para ilustrar cómo la conciencia está muy condicionada por las ideas y cómo esta conciencia, al referirla a la Revolución Cultural China, no tuvo ninguna necesidad de condenarla con la mayor resolución y apartarse definitivamente de una doctrina que estaba ocasionando la muerte de miles de seres humanos, la ruina personal y la humillación de otros tantos.

En *La esperanza ahora* se publicaron unas interesantes conversaciones de Sartre con su amigo y antiguo dirigente maoísta Benny Lévi tenidas pocos meses antes de su muerte donde sigue pensando que «lo que es un hombre no está todavía establecido. No somos hombres completos» [p. 37].

En 1954 a la vuelta de un viaje a la URSS Sartre publica en un diario de París que en aquel país es donde más libertad hay y, aunque después corrigió su opinión, en las conversaciones con Benny Lévi del año 1980 dice que en 1954, «yo me impedía censurarla» [p. 32], en referencia a la Unión Soviética. Decir «yo me impedía censurarla» es una banalidad. De un intelectual que ha hecho públicas sus opiniones debe esperarse una mayor contundencia en el reconocimiento del error y si no lo hace hay que seguir pensando, como sucedió con Heidegger, que mantiene algo o mucho de lo anterior.

La falta de libertad, y yo añadiría de igualdad, era notoria en el país comunista y sería muy insuficiente decir que «yo me impedía censurarla» porque de modo parecido podría decirse en un momento ulterior: «ahora sigo queriendo defender aquel régimen y por ello digo que a pesar de que no haya libertad ni respeto me impido censurarlo». Es una explicación muy insuficiente de quien justificó el totalitarismo, primero el soviético y después el maoísta.

En 1952, dos años antes del aludido viaje de Sartre, se produce la célebre polémica entre él y Albert Camus publicada en *Les Temps Modernes* que selló la ruptura de su amistad. La controversia se produjo a propósito del libro de Camus, *L'homme revoltée*, que tanto había disgustado a la izquierda comunista y también a alguna no comunista que, como en el caso Sartre, no hacía ni quería hacer una crítica del estalinismo.

Con independencia del valor del libro de Camus, algo confuso según mi parecer, lo más esencial del choque entre los dos intelectuales fue que Camus no estaba dispuesto a dejar de denunciar las barbaridades del régimen soviético aun a costa de ser tenido por anticomunista mientras que Sartre sí estaba dispuesto a defender el comunismo y seguía manteniendo algunos acuerdos con Marx y con la violencia revolucionaria aunque no fuera marxista.

En la polémica publicada Camus fue acusado injustamente de defender una especie de moralismo burgués, «su moral quizá mañana sea inmoralidad» [p. 80], le espeta cruda e injustamente Sartre que consiguió muchas adhesiones en su crítica a Camus. Se puede pensar que la integridad moral de Camus, que no era fácil de mantener en aquellos momentos, tuvo más relevancia y valor que el tacticismo moral de su oponente.

Una de las líneas escritas por Sartre en aquella dura polémica, en lo relativo a los campos de concentración en la URSS, el Gulag, me parece especialmente reveladora del espíritu de ambos contendientes. Dice así: «Sí, Camus, como a usted, esos campos me parecen inadmisibles; pero tan inadmisibles como el uso que la «prensa llamada burguesa» hace de ellos cada día» [p. 65]. Entiendo que en esta frase se resume el corazón de la controversia y se observa el error moral y político de Sartre. Una sencilla pregunta se plantea: ¿es tan inadmisible una cosa como la otra? Parece bastante claro, si no se es muy doctrinario, que lo que es realmente inadmisible es la existencia de los campos, del Gulag.

Esta desagradable polémica me hace pensar de nuevo en la posición de Sócrates frente a la de Aristóteles al situar a la moralidad por encima y por delante de la política. Sartre, poco antes de su muerte sigue pensando en una posible revolución, y le precisa a Benny Lévi que ésta sería: «la supresión de la sociedad presente y su sustitución por una sociedad más justa donde los hombres podrán tener buenas relaciones unos con otros» [p. 77]. No coincido con la idea de una tal substitución y, además, no entiendo que haya de producirse una nueva revolución para que los humanos puedan tener buenas relaciones, más bien suele suceder lo contrario.

Deberíamos dejar de pensar en la revolución, creo que podemos opinar que la de 1789 ya sentó las bases doctrinales y jurídicas para ordenar un mejoramiento en el futuro abierto de la historia. Sin embargo, Sartre, en las conversaciones con Lévi, habla de «la ética como fin último de la revolución. [...] Su solución es un medio, en ciertos casos, de obtener una verdadera relación de los hombres entre sí» [p. 77]. ¿Después de los grandes fracasos revolucionarios en Rusia y China, también en Camboya, Corea del Norte y Cuba, donde no es de esperar que fuera posible establecer una «verdadera relación de los hombres entre sí», se puede seguir diciendo que una revolución cruenta conduce a un desarrollo ético y a una verdadera relación humana? Una profecía muy peligrosa, pero dejémoslo aquí.

Las ideas mandan mucho y con gran frecuencia ordenan lo

que va a dictar la conciencia. Si se aceptara este punto de vista parecería que tenemos el asunto resuelto: la razón viene en nuestro auxilio y nos guía. No es así, los humanos dotados de razón producimos ideas y concepciones acertadas, pero la sinrazón es sobreabundante y la recuperación de la razón puede requerir muchos años. Los seres humanos producimos ideas racionales y, a su vez, con toda tranquilidad segregamos continuamente ideas del todo irracionales. No se piense que solo los brutos y obtusos destilan estas ideas.

Las ideas irracionales se instalan o se apoderan de la mente en parte por la fuerza de la costumbre, nos acostumbramos y de la costumbre nace la creencia y la sensación de certidumbre. Tendemos a amar lo acostumbrado. Conjuntamente con la costumbre la credulidad favorece la implantación de todo tipo de ideas o concepciones. A las ideas fijadas en la mente solo la reflexión puede desplazarlas o substituirlas, pero la reflexión en ocasiones debe ser pertinaz, persistente porque de no ser así no se altera lo concebido o adoptado.

Puede parecer asombroso que grandes pensadores propongan ideas del todo irracionales y se quedan tan contentos, debemos contar con ello, el humano convive muy bien con la irracionalidad. Más todavía, parece que obtiene sumo gozo en dedicar tiempo y esfuerzo al elaborar y convivir con ideas irracionales. Así somos. Veamos algunos ejemplos de grandes pensadores que conviven bien y con sumo gusto con ideas irracionales.

Ideas irracionales.
Lo irracional y su lugar en la conciencia moral

No es infrecuente que quienes tienen un título universitario menosprecien a las personas poco ilustradas cuando sostienen ideas o creencias irracionales. Subestiman a aquellos cuyas ideas no concuerdan con las propias también irracionales. Quizá los sacerdotes, los médicos y los filósofos sean quienes lo hacen con mayor frecuencia.

Los sacerdotes suelen mirar con suficiencia y conmiseración a los que creen en ideas irracionales que no concuerdan con la propia dogmática religiosa. Los médicos suelen tratar a los enfermos y familiares con altanería y son poco atentos a su miedo y angustia; no es raro que se transformen en guerreros altivos contra las concepciones irracionales de los pacientes que no son coincidentes con las propias y, además, en no pocas ocasiones son maleducados. Los filósofos están muy convencidos de que ellos son los maestros del pensamiento, expertos en cómo hay que pensar y propenden a dar lecciones a los demás, también a los científicos cuando éstos se refieren a temas o ideas de carácter general que los filósofos siguen considerando como algo de su propiedad: amor, estética, sentido o sinsentido de la vida, felicidad, muerte y otros más.

Es bien cierto, por otra parte, que en los antedichos colectivos universitarios el mantenimiento de ideas irracionales va disminuyendo en la medida en que el conocimiento científico aumenta. Sin embargo, muchos universitarios siguen sonriendo con cierto desdén ante la irracionalidad de la gente común y no observan que ellos pueden estar llenos de ideas irracionales.

Es propio de la razón alumbrar la racionalidad y la irracionalidad. Lo irracional es un fruto de la razón o un producto de los seres racionales. Entiendo por irracional no solo a lo que es ajeno o contrario a la razón sino, por encima de todo, a lo que no podrá probarse como existente. No se puede probar lo que no se corresponde con la realidad.

Quizá, para ser más preciso debería decir: entiendo por irracional aquello que no es posible que pueda ser probado o que no es verosímil que lo sea. No sería posible probarlo porque entraría en contradicción inadmisible con lo que sabemos cierto. De este modo puede decirse que es irracional la idea de que existan seres racionales en las cavernas de algún planeta del sistema solar o de que hay espíritus o ánimas sin cuerpo habitando en la Tierra.

Quizá no sea necesario extenderse acerca de la importancia de la prueba en la realidad que habitamos, será suficiente recordar que la prueba y lo probado es lo único que nos mantiene vivos. Si nos comportáramos sin tener en cuenta lo probado estaríamos muertos, podríamos suponer que podemos volar o juguetear con una víbora.

Los entes o universos improbados nos pueden satisfacer o gustar, nos pueden ayudar a vivir y a vivir bien, pero no nos permiten vivir; para seguir vivos hay que atender a lo conocido, andar despiertos y, entre otros muchos hechos probados, evitar comer una seta llamada *amanita faloide*. En nuestro quehacer cotidiano lo probado es lo que vale, no nos movemos en un universo cuántico donde los gatos, como se le ocurrió decir al físico Schrödinger, pueden estar, al mismo tiempo, vivos y muertos.

Al creer en la existencia de alguna idea irracional o entidad tenida por irracional, si dicha idea se hace evidente para todos, la idea o entidad deja de ser irracional. Así, puede entenderse que la idea sobre la existencia real del diablo es irracional, pero si todo el mundo o una mayoría de humanos le vieran, el demonio pasaría a ser una entidad racional.

Hegel en el prefacio de sus *Principios de la filosofía del derecho* escribió: «Lo que es racional es real, y lo que es real es racional» [p. 59]. Se puede afirmar que todo lo real es racional, pero no se puede afirmar que «lo que es racional es real», a no ser que se acepte que lo propuesto como racional, para serlo, debe probarse y esto último Hegel no lo aceptaba. Según explica en *Intro-*

242 | Roger Armengol Millans

ducciones a la Filosofía de la historia universal[9]: «Por medio del conocimiento especulativo está demostrado que la *razón* [...] es la *substancia*. Como la potencia infinita, ella misma es la *materia infinita* de toda vida natural y espiritual» [§ 2, pp. 47-49]. El filósofo idealista estaba convencido de que su propuesta era enteramente racional aunque no pudiera probarla.

Acerca de la especulación en la misma introducción podemos leer: «A la filosofía, sin embargo, se le atribuyen pensamientos *propios*, que la especulación engendra por sí misma, sin atender a lo que es, con los que aborda la historia; y tratándola como un material, no dejándola como es, sino disponiéndola según los pensamientos, construye una historia a priori» [p. 45]. Así, pues, sin atender a lo que es, Hegel construye una filosofía especulativa de la historia *a priori*, más allá de lo real. Si se procede como él propone algunos podrán decir que la existencia del diablo es racional y, por consiguiente, real, pero nosotros decimos que al no estar probado que sea un ente real deja de ser racional y se puede afirmar que es una idea o creencia irracional.

No todo lo imaginado o creído es irracional, pero mucho de lo imaginado por la humanidad lo es. Lo hipotético no sería irracional mientras sea congruente con lo anteriormente probado, una hipótesis sería un pensamiento que es instrumento para alcanzar un conocimiento ulterior, pero las hipótesis deben quedar sujetas al conocimiento previamente adquirido. Se quiere decir que no se podría calificar como hipotético aquello

---

9   El título de este libro puede confundir. Se refiere a las introducciones de 1822-1828 y a la definitiva de 1830-1831. Esta última es la que se publica en el libro *Lecciones sobre la filosofía de la historia universal*. Las citas que estoy usando en este momento las tomo de este libro bilingüe dedicado a las introducciones y a tres breves manuscritos de Hegel sobre la historia porque la traducción me parece especialmente clara.

que entra en clara contradicción con lo sabido y probado. Si solo se acepta el conocimiento aportado por la ciencia sería incorrecto decir: establezco la hipótesis de que este humano tiene un alma que procede de un difunto, o, establezco la hipótesis de que cada niño tiene asignado un ángel que le guarda y protege.

En la actualidad aunque las ideas irracionales abundan tienen mucha menor importancia que en épocas pasadas. Hoy en día las ideas y las ideologías irracionales afectan poco la aplicación de las normas y reglas por las que nos regimos si dichas normas se basan en la aceptación de la igualdad civil y en el mutuo respeto. El comportamiento de la gente civilizada, mientras lo sea, no se diferencia en nada entre quienes cosechan y mantienen ideas racionales y quienes sostienen alguna idea irracional que no sea perjudicial para los congéneres.

Sucede de este modo porque en nuestra época a diferencia de lo que ocurría en la Edad Media las doctrinas no socavan la libertad y los derechos sino que los derechos impiden que las doctrinas gobiernen. Ahora procuramos que las razones se prueben, no admitimos que se diga «las mujeres y los negros tendrán menos derechos porque son seres inferiores» porque no puede probarse que sean inferiores, se puede probar que son iguales.

Mientras las ideas irracionales no sean dañinas no hay nada que oponer. Solo las ideas dañinas o nocivas son ideas irracionales que merecen discusión firme y enérgico o decidido freno. Un fanático terrorista puede matar en nombre de Dios y, seguramente, él sostiene que hacerlo es racional, pero en la actualidad el común de la gente piensa que matar en nombre de Dios es irracional. A su vez, hay terroristas sin Dios que no dudan en calificar de irracional la creencia en Dios, pero creen que matar en nombre de la patria es racional.

En seguida volveremos a tratar este difícil asunto cuando discutamos con el filósofo Gianni Vattimo. La cuestión que se planteará será: de acuerdo a la propuesta de que es irracional lo que no puede probarse, ¿se puede probar que matar en nombre del bien es racional? Probarlo para que pueda ser considerado racional.

De ser cierto como parece que lo irracional es un producto de los seres racionales no sería adecuado condenar o menospreciar a las personas que mantienen ideas irracionales mientras tales ideas no comporten daño. Es más, todos los seres humanos albergamos alguna idea irracional aunque algunos pueden llegar a ser esclavos de ellas. Lo que sucede, al menos en nuestros días, es que aunque podamos ser irracionales en algún momento somos racionales en la mayoría de momentos y las ideas irracionales no influyen o influyen muy poco en nuestro quehacer habitual. ¡Que nadie acuse con soberbia a los demás de irracionalidad por mantener ideas o creencias diferentes de las propias! De hacerlo se le podría recordar el pasaje evangélico de la brizna en ojo ajeno y la viga en el propio.

Entiendo que solo el conocimiento científico o el método de la ciencia puede distinguir a una idea o concepto racional de uno irracional. Solo el método científico puede estimar como irracional lo que no permite probarse. La filosofía metafísica y los pensadores especulativos tanto si son filósofos como Th. Adorno, médicos como S. Freud o sociólogos como Z. Bauman no son capaces de hacerlo o no están interesados en hacerlo. Cuando se ama la elucubración improbada nos apartemos del conocimiento científico, en tal caso nos podemos encontrar a gusto en compañía de ideas irracionales y no tenemos necesidad de desecharlas o de denominarlas de este modo.

Los filósofos partidarios del irracionalismo como Schopenhauer o Nietzsche, a pesar de muchos aciertos y lúcidas conjeturas, también conviven bien con concepciones del todo irracionales, ¿para qué deberían estar interesados en desecharlas? Ellos las creen verdaderas y al igual que otros pensadores especulativos no necesitan probarlas, se conforman con presentar razones y argumentos. Argumentan como Platón argumentaba a favor de las Ideas o Formas preexistentes y eternas.

Se suele decir que los filósofos irracionalistas lo son al anteponer o poner en un alto lugar la valoración de la vida, de la voluntad o de los sentimientos, en fin, que «el corazón tiene razones que la razón no conoce» [423] como decía Pascal. No lo veo así. Cuando se admite lo irracional en el pensamiento la admisión no se debe al empuje y valoración de los sentimientos sino a un error de la razón.

Como se verá enseguida los sentimientos y su valoración no fue lo que indujo a Descartes a formular su irracional propuesta de que el alma tenía su asiento en una pequeña parte del cerebro. Lo irracional penetra en el pensamiento cuando la razón se aleja de la realidad, cuando emprende un vuelo metafísico, el vuelo más allá de lo físico.

Puede decirse con toda razón que la ciencia, también las teorías de la medicina, sobre todo con anterioridad al Renacimiento, estaba impregnada de irracionalidad, pero a diferencia de la filosofía, a partir del siglo xv, va acostumbrándose, es cierto que muy lentamente, a quedar sujeta a la prueba o al experimento y, actualmente, no suele mantener ideas irracionales. Cosa distinta será si este o aquel médico o científico mantiene ideas irracionales en materias que no son las propias de su actividad.

Las ideas y creencias se modifican en el curso de la historia por la acción de la ciencia, de la filosofía y de las costumbres. La ideología filosófica y la religiosa modifican las costumbres, pero, a su vez, son modificadas por ellas. Cuando Descartes contribuye a destronar el poder de la escolástica lo hace amparado por las costumbres de su tiempo, al menos en parte.

Mediante el empuje del Renacimiento las doctrinas hegemónicas durante el medioevo se iban disolviendo y daban paso a otras no necesariamente opuestas a la religión, pero que se abrían a una religiosidad diferente. Dice Descartes en el *Discurso del método* que los humanos podemos «convertirnos en dueños y señores de la naturaleza» [§ 62] de modo parecido a lo que sostenía Montaigne, pero esto quizá no lo hubiera podido decir Tomás de Aquino en el mismo sentido en que lo decía Descartes.

Se puede afirmar que antes de Montaigne y de Descartes otros pensaron lo mismo que ellos. Es cierto, pero la diferencia es que con anterioridad no podían hacerse públicas estas ideas. Debe recordarse que Descartes publicó su *Discurso del método* de forma anónima para evitar una eventual persecución de la Inquisición. En el siglo XVII las costumbres estaban cambiando, pero no tanto como para poder hacer público cualquier cosa. En aquel siglo Galileo Galilei murió confinado en su casa vigilado y condenado por la Inquisición y Descartes quedó muy afectado al saber de la condena de Galileo.

En lo relativo al tema que discutimos es oportuno decir que algunas de las cosas propuestas por el racionalista Descartes fueron irracionales. Como muestra de irracionalidad puede recordarse su idea de que el alma tiene su asiento en la glándula pineal[10], situada en la base del cerebro. «La razón que me convence de que el alma no puede localizarse en ningún otro lugar del cuerpo que en esta glándula, donde ejerce inmediatamente sus funciones, es que considero que las otras partes de nuestro cerebro son dobles...» [352-353] escribe en su libro *Las pasiones del alma*.

Las ideas irracionales han sido y siguen siendo muy creídas y extendidas, veamos algunos ejemplos de concepciones irracio-

---

10   También llamada *epífisis*, está situada en la base del cerebro, detrás del tronco cerebral, cerca del cerebelo. Es una pequeña glándula en forma de cono o de piña, de ahí su nombre, de 5 a 9 mm. de diámetro y de 100 a 200 mg. de peso que produce, entre otras sustancias, la melatonina.

nales, imposibles de probar, algunas de ellas propuestas y creídas por personas que tienen por hábito o profesión el uso de la razón.

Platón creyó en la metempsicosis, la reminiscencia de conocimientos adquiridos por el ánima en otro lugar o situación previa a la encarnación en el cuerpo mortal. En el *Timeo* platónico se expone un espectacular trasiego de las almas paseando arriba y abajo por el cosmos creado. No parece que Platón escribiera un mito sin más sino que creía realmente que el cosmos, con una vistosa y grandiosas circulación de almas, fue creado de un modo muy complicado por un Demiurgo o Artífice. Guthrie al hablar del *Timeo* explica que Aristóteles pensaba que Platón se tomaba muy en serio lo allí expuesto. El informado discípulo de Platón, escribe Guthrie, «consideró el *Timeo* como una exposición seria de la propia filosofía y ciencia platónicas» [V, p. 256]. Ya se ha dicho antes que Aristóteles creyó según se lee en su *Política* que «está claro que unos son libres y otros esclavos por naturaleza, y que para éstos el ser esclavos es conveniente y justo» [1255a]. San Agustín siguiendo la teología del Apóstol Pablo creyó en la predestinación de las almas.

Santo Tomás de Aquino, tenido por gran teólogo y filósofo, pudo escribir sin pestañear en su *Suma Teológica* que los herejes merecen «la exclusión del mundo con la muerte. En realidad, es mucho más grave corromper la fe, vida del alma, que falsificar moneda con que se sustenta la vida temporal. Por eso, si quienes falsifican moneda, u otro tipo de malhechores, justamente son entregados, sin más, a la muerte por los príncipes seculares, con mayor razón los herejes convictos de herejía podrían no solamente ser excomulgados, sino también entregados con toda justicia a la pena de muerte» [Parte II-II, Cuestión 11, Artículo 3].

Tomás creía que hablaba en nombre de la Iglesia verdadera de Dios, para eso fue santificado y nombrado *Doctor Angélicus*, pero ¿se puede probar que de existir Dios aprueba que los herejes sean eliminados? ¿Quiénes serían los herejes para Dios? ¿Algunos de los cristianos, algunos de los judíos, quizá algunos mahometanos o quizá ninguno de ellos? ¿Siendo cristiano de Jesús se puede probar que los herejes merezcan la muerte? No parece. Sin embargo, Santo Tomás adoptaba complacido tales ideas irracionales, imposible de probarlas, creía en ellas. No pienso que se hubiera atrevido a contradecir los designios de Dios o el mensaje de Jesús —Dios para él—, por consiguiente, creía que Dios y Jesús autorizaban matar a los herejes.

En relación a lo anterior, como si pudiera oírme, desearía decirle algo al santo: «Tomás, permíteme que te diga, es mejor que no hables de lo que no puedes probar, no seas irracional, no lo seas cuando estás hablando de matar a un congénere. ¿Cómo sabes que "si son extirpados por la muerte los herejes, eso no va contra los mandamientos del Señor" [Parte II-II, Cuestión 11, Artículo 3]? No puedes probar lo que pones en boca del Señor, esta es una idea tuya completamente irracional».

Leibniz creyó, según escribe en su *Teodicea*, que «hay una infinidad de mundos posibles, de los que es necesario que Dios haya escogido el mejor, porque nada hace sin actuar conforme a la suprema razón» [§ 8]. Se supone que debía creer que el mundo de la horrenda esclavitud que él no padeció era también el mejor, el mejor para el niño o la niña esclavos que padecieron todo tipo de abusos cuando eran víctimas de un amo malvado sin escrúpulos. Lo que sucede al decir del filósofo es que «Dios tiene cuidado de los hombres, ama al género humano […]. Sin embargo, deja caer a los hombres; muchas veces los deja perecer; les da bienes, que se convierten en su perdición, y, cuando hace a alguno dichoso, es después de muchos sufrimientos. […] Dios tiene cuidado del universo, no descuida nada, escoge lo mejor absolutamente. Si alguno es malo y desgraciado por esto, es lo que le correspondía ser» [§ 122]; «el mal sirve muchas veces para gozar más del bien, y algunas veces contribuye, además, a la consecución de una mayor perfección de quien lo sufre» [§ 23]. ¡Asunto resuelto![11]

¡Ese tipo de cosas escribió Leibniz de quien Bertrand Russell dijo que: «ha sido uno de los intelectos supremos de todos los tiempos»! [p. 199]. Tal vez nuestro genio, como escribió el también filósofo Javier Echevarría, «pretendía constituirse en filósofo de la cristiandad reunificada y universal» [p. 13] al intentar explicar la Teodicea, como él denominó, a «la doctrina de la justicia de Dios».

La dogmática católica actual no está de acuerdo con Leibniz. En el *Catecismo de la Iglesia católica* se lee: «La creación tiene su bondad y su perfección propias, pero no salió plenamente acabada de las manos del Creador. Fue creada "en estado de vía" hacia una perfección última todavía por alcanzar, a la que Dios la destinó. Llamamos divina providencia a las disposiciones por las que Dios conduce la obra de su creación hacia esta perfección. [...] [La divina providencia] tiene cuidado de todo,

---

11 El filósofo Gottfried Leibniz (1646-1716) con su *Teodicea* pretendió dar una respuesta convincente a lo que, en una forma u otra, se venía diciendo desde la antigüedad: «si Dios es omnipotente y bueno debió de haber hecho un mundo sin el mal. Dado que hay tanto mal en el mundo Dios no puede existir». El filósofo escribió casi cuatrocientas páginas alrededor de dos ideas principales: «puesto que Dios es sumamente bueno y omnipotente ha elegido el mejor de todos los mundos posibles. No pudo ser de otro modo» y dos: «la existencia es mejor que la inexistencia dado que en la existencia se observa una mayor perfección». Leibniz a pesar de tantos esfuerzos no convenció más que a los ya convencidos. Otro filósofo creyente, Immanuel Kant (1724-1804), desaprobó los intentos racionales de explicar la existencia conjunta del mal y de Dios. Como otros creyentes Kant aceptó que la teodicea no era una cuestión que pudiera resolverse mediante la razón, según él, solo la fe en Dios podía resolver este endiablado problema.

de las cosas más pequeñas hasta los grandes acontecimientos del mundo y de la historia» [pp. 75-76]. Dejando de lado por un momento a Leibniz, por lo que opina de este asunto la jerarquía de la Iglesia, ¿no será también excesivo creer que la divina providencia «tiene cuidado» de la historia de los humanos, una historia que ha sido horrenda en múltiples ocasiones?

Seguramente Kant fue más cauto al escribir *Sobre el fracaso de todo ensayo filosófico en la Teodicea*. Acerca de esta delicada cuestión admite la derrota de su potente razón. Hay que dejar de lado el tema debido a «la incapacidad de nuestra razón», «la Teodicea no es tanto una asunto de ciencia cuanto, mucho más, de fe» [p. 25]. Kant opina que «los caminos de lo Supremo no son nuestros caminos» [p. 12]. Ante el gran sufrimiento del bíblico Job, el Dios en el que él cree, le «revela al Creador sabio del mundo, aunque, al mismo tiempo, sus caminos —que son inescrutables— deban permanecer ocultos» [p. 23]. Como se acaba de ver, Kant, a diferencia de lo que defienden algunos teólogos, entiende que la fe y sus creencias no pueden fundamentarse en la razón.

Parece evidente que Leibniz lo tenía difícil para llegar a ser el «filósofo de la cristiandad reunificada y universal» a juzgar por lo que escribió sobre el alma. Según expone en su *Monadología* creía que «en la más pequeña porción de materia hay un Mundo de criaturas, de vivientes, de Animales, de Entelequias[12], de Almas» [§ 66].

---

12   Entelequia es un concepto derivado de tres palabras: completo [*enteles*], fin [*telos*] y tener [*echein*], tener el fin en si mismo, el fin, dispuesto por la naturaleza o por Dios, completado o perfecto. Como se ve la entelequia forma parte de la ideología que supone que el universo está dispuesto o creado de acuerdo a un fin predeterminado. El término fue muy utilizado por Aristóteles, del que se dice que fue su creador. Para

«Se podría dar el nombre de Entelequias a todas las sustancias simples o Mónadas creadas, pues tienen en sí una cierta perfección, y hay en ellas una suficiencia que las convierte en origen de sus acciones internas y, por así decir, en autómatas incorpóreos» [§ 18].

La cosa se puede complicar mucho más: las almas actúan de acuerdo a unas leyes diferentes de las de los cuerpos [§ 79], «los cuerpos actúan como si no hubiese en absoluto Almas, y las Almas actúan como si no hubiese en absoluto cuerpos; y ambos actúan como si el uno influyese en el otro» [§ 81]. Pero no es así, según el filósofo no se influyen, solo lo parece dado que Dios dispuso un Sistema de Armonía preestablecida, como un relojero que pone en marcha a la vez infinitos relojes.

Leibniz creía que dada la inmensa bondad de Dios creó un universo tan pleno como fuera posible, pero tal cosa aunque se puede suponer de un modo consistente no se puede probar. De acuerdo con su particular ideología es natural que Leibniz —al igual que muchos que aman la vida por encima de todo— considerara que la existencia es mejor que el no existir, pero otros pensarán lo contrario. Bertrand Russell en su *Historia de la filosofía occidental* escribió al respecto de esta opinión de Leibniz: «Hay una creencia general (que no he comprendido nunca) de que es mejor existir que no existir» [p. 212]. Kant también está muy convencido, según explica en su opúsculo sobre la teodicea, que «cualquiera, por mal que la vaya, prefiere vivir a estar muerto» [p. 13]. Por el contrario, Schopenhauer en el segundo volumen, los *Complementos*, de *El mundo como voluntad y representación* con cierto desenfado expuso su opinión: «Si golpeára-

---

este filósofo el alma es la entelequia primera de un cuerpo natural que tiene vida en potencia. Desde hace unos siglos también se entiende que la palabra entelequia designa lo irreal o inexistente.

mos a la puerta de los sepulcros y preguntáramos a los muertos si querían resucitar, menearían la cabeza negativamente» [§ 531]. Unos estarán de acuerdo con Leibniz y Kant, otros lo estarán con Russell y Schopenhauer. Quizá Schopenhauer no hubiera estado en desacuerdo con este epitafio: «No estuve mal mientras vivía, también estoy bien ahora durmiendo sin sueños».

Hegel creyó en el Espíritu absoluto como ser en y para sí mismo. Este Espíritu se desplegaría en la intuición de sí mismo, en el absoluto conocimiento de sí mismo como filosofía. En *Introducciones a la Filosofía de la historia universal* escribió: «El espíritu del mundo es el espíritu sin más, la substancia de la historia, el espíritu uno, cuya naturaleza es siempre una y la misma, y que explicita esa su naturaleza una en la existencia mundana» [§ 5, p. 51].

Este filósofo creía que «la *razón* [...] es la *substancia*. Como la potencia infinita, ella misma es la *materia infinita* de toda vida natural y espiritual, y como la *forma infinita* es la actividad de ese su contenido» [§ 2, pp. 47-49]. Parece, entonces, que razón, espíritu y substancia serían lo mismo y que no existiría el Universo como lo entendemos quienes no somos filósofos, a saber, un universo que no puede identificarse con la razón. Quienes no somos filósofos al estilo de Hegel observamos que la razón se origina en el universo, al menos así sucedió en nuestro pequeño planeta, pero pensamos que, al no poder probarse, no es racional identificar universo y razón.

El mito en tanto que relato o cuento contiene muchos elementos completamente irracionales, pero se oye o se lee con sumo gusto y se lo aprecia. *Mithos* significaba palabras o discurso por oposición a los hechos. Como se hace evidente, una cosa es estimar, valorar y contar mitos y otra creérselos. La *Monadología* de Leibniz es muy agradable de leer y, además, está muy bien escrita, es muy breve lo cual es de agradecer, pero a pesar de que este filósofo y otros después se la toman muy en serio y dedican horas y esfuerzos en entenderla es un mito. Su autor es considerado un filósofo racionalista, pero lo contenido en este libro es altamente irracional.

Gianni Vattimo, un filósofo actual y gran escritor, suele argumentar inútilmente contra la existencia de la verdad. Es un fiel seguidor de la propuesta de Nietzsche recogida en sus *Fragmentos póstumos* de 1887: «no hay hechos, solo interpretaciones» [7, 60]. El sociólogo y filósofo René Girard, amigo de Vattimo, escribió en *¿Verdad o fe débil?* que esta afirmación de Nietzsche era una *boutade*, esto es, una humorada o un juego de palabras [p. 135]. Sin embargo, al observar la acogida que tuvo y sigue teniendo el dicho de Nietzsche hay que pensar que muchos filósofos lo dan por válido y lo consideran una propuesta atinada y profunda. En *Adiós a la verdad* Vattimo escribe muy resuelto en relación a los hechos y las interpretaciones: «¡Que los científicos no vengan luego a contarnos que lo que hacen es describir el mundo de forma objetiva!» [p. 80].

Como de costumbre Vattimo en este libro cita mucho a su apreciado filósofo Heidegger y nos dice que «nosotros preferiríamos» que se hubiera retractado de su nazismo, pero comprende que no lo hiciera. El filósofo italiano explica: «aunque no tengamos dudas sobre las condenas de Nuremberg que, como es obvio, compartimos no en nombre de la Verdad, sino por fidelidad a nuestra situación histórica determinada» [pp. 124-125]. Entonces, quien no estuviera en «nuestra situación histórica determinada», puesto que no se puede hablar en nombre de la verdad, podría tener dudas sobre la conveniencia de condenar el nazismo.

Pero, para contradecir a Vattimo fue verdad, se puede probar que «el carácter monstruoso e inhumano del nazismo» existió, es verdad que los humanos civilizados podemos y debemos condenar aquella monstruosidad, aunque es evidente que hubo y sigue habiendo quienes la defienden.

Es verdad que los niños, jóvenes y mujeres esclavos que fueron violados por sus amos no querían ser violados, pero se les forzó. Es verdad que los herejes muertos en la hoguera no quisieron padecer ni morir, pero se les torturó y mató en nombre de Dios como argumentó Tomás de Aquino.

Sin embargo, según Vattimo no podríamos condenar estas inhumanidades en nombre de la verdad sino en nombre de nuestra situación histórica comunitaria. Si se esgrime y se usa el concepto de verdad se hace metafísica al decir del filósofo de *Adiós a la verdad* siguiendo a Nietzsche. Parecería que habría muchas verdades, tantas como comunidades dice Vattimo, pero no habría una sola verdad, no se puede ser objetivo aunque los científicos lo digan.

«Es verdadero aquello que "funciona", pero cada vez menos en el sentido de la confirmación experimental […]. Cada vez más, la verdad de un enunciado funciona no tanto en relación con las cosas mismas, si es que alguna vez fue así, sino como un enunciado que "va bien" para nuestra comunidad, por pequeña o grande que sea: la comunidad local, la comunidad de los científicos, nuestro partido político, la clase… [p. 146]. No, Vattimo, no parece que sea así. Si "la comunidad de los científicos" te diagnostica una apendicitis, esta verdad, si el diagnóstico es correcto, está "en relación con las cosas mismas", tanto si funciona como si no y, hoy por hoy, será una verdad para toda comunidad humana que quiera seguir viva que el tratamiento quirúrgico evita casi siempre la muerte.

No cabe duda que la verdad en lo relativo a la sociedad o comunidad puede ser más difícil de lograr. Algunas proposiciones tenidas por verdaderas no lo serán, como tampoco es racional todo lo que se propone como tal. Una cosa es proponer o aceptar y otra enjuiciar si puede ser o no verdadero lo que se propone o acepta. Es una gran verdad que el Holocausto fue monstruoso, pero según Vattimo si en nuestra comunidad grande o pequeña no "funciona" esta verdad, el holocausto no es monstruoso. ¿No será irracional esta filosofía?

Entiendo, y no sé qué diría Vattimo, que la mutilación genital de las niñas es una iniquidad, una vileza, pienso que en nombre de una vida menos dolorosa para las víctimas de este atropello puede decirse que es racional sostener que es verdad que es una práctica que ocasiona dolor y daño y que, en consecuencia, debería estar prohibida en todas las comunidades de la Tierra. Otra cosa será qué se puede hacer para evitar y liberar a las niñas de este mal causado por la irracionalidad. Es imposible probar que la mutilación reporte un beneficio a las niñas, al contrario, produce serios perjuicios, por lo tanto, es una costumbre irracional y dañina y algún día desaparecerá si se la combate.

En el terreno de las ideologías, las religiosas y las filosóficas, no puede aplicarse el criterio de verdad, dado que estamos ante especulaciones que no pueden ni quieren adaptarse a su conformación con la realidad. En este punto lleva razón Vattimo, pero en el conocimiento científico puede y debe aplicarse el criterio de verdad, es verdad que la Tierra gira alrededor del Sol. Se impone como verdadero que las especies vivas evolucionan por selección natural de las más aptas, pero aunque no guste a ciertas mentes especulativas, el diseño inteligente no es verdadero.

Pero ¿qué ocurre con la ideología política? ¿Es verdad que la democracia es la mejor forma de gobernarse? ¿Es verdad que todos somos iguales en dignidad y derechos? ¿Es verdad que la mujer es un igual y no puede ser sometida y abusar de ella? Pienso que puede decirse que las anteriores propuestas son verdaderas, pero antes de 1789 muchos decían que la verdad era lo contrario y todavía hoy algunos lo siguen diciendo. En el articulo primero de la Declaración de los Derechos del Hombre y del Ciudadano se lee: «Los hombres nacen y permanecen libres e iguales en derechos», ¿se puede decir que tal cosa es verdadera dada la naturaleza común de todos los humanos o debe decirse que la igualdad civil es un producto de la cultura?

Si se dice que la igualdad civil es un producto de la cultura, ¿qué criterio podemos utilizar para fundamentar que lo anterior es verdadero? ¿Lo es solo porque funciona como dice Vattimo? La mayoría de pensadores y filósofos explican que estamos ante una realidad, la realidad cultural que se opone a la realidad natural y a la realidad cultural no se la pueden aplicar criterios de verdad como lo hace la ciencia, pero ¿es así realmente? No, no del todo. Pienso que en la actualidad empezamos a proceder correctamente al examinar los valores aplicando criterios y nociones de carácter científico —aportados por la experiencia de la realidad—, pero muchos siguen negando que lo debamos hacer o que sea correcto hacerlo. Me parece que es sumamente importante reflexionar sobre ello.

¿A qué me refiero? Me refiero en primer lugar a lo siguiente: es verdad que todos somos iguales, pero es también verdad que esta verdad no fue aceptada por la mayoría antes de 1789. En segundo lugar me refiero a la sensibilidad, al sentir de los humanos. Me refiero a la realidad del sentir aunque de un modo diferente a como lo hicieron los empiristas ingleses y los utilitaristas. Me refiero al dolor. El placer y su consecución como propuse en mi libro sobre la felicidad no tendría la misma relevancia que el dolor en la fundamentación de la ética.

Pienso que es verdad que hay un criterio principal sobre el que gira la humanidad: el dolor. Pero ¿por qué el dolor? Pues porque el dolor nadie lo quiere si se puede prescindir de él. Aunque no siempre se diga, ¿no es el dolor lo que intentan mitigar o suprimir la mayoría de las propuestas políticas en democracia?

Puedo opinar de este modo, como propuse en *La felicidad, la moralidad y dolor*, porque el bienestar o felicidad se fundamenta en la relativa ausencia de dolor. Entonces, en base al dato, fruto de la experiencia, —nadie quiere el dolor si se puede prescindir de él—, no se puede probar que matar en nombre de un bien superior, la patria o Dios, sea verdadero. Sería irracional hacerlo.

«Los hombres nacen y permanecen libres e iguales en derechos». Resulta evidente que está promulgación es un producto de la cultura, es histórica, pero ¿solo es eso? Según mi parecer, el reconocimiento de la igualdad civil reposa sobre un criterio objetivo: la naturaleza del humano. Esta verdad original se reconoció en 1789, pero no antes como se sabe bien.

Sin embargo, antes, los humanos a quienes no se les reconocía su igualdad podían estar en desacuerdo. El esclavo en Roma podía mirarse a sí mismo y mirar al Emperador y pensar: «¿No pertenezco al mismo grupo natural que el Emperador? ¿Por qué no me consideran igual si soy naturalmente igual: como, duermo, tengo dolor y placer, a diferencia de los animales tengo raciocinio, el mismo o quizá más potente que el del Emperador?» Entiendo que la ideología moral y política aplastó durante milenios un hecho, un dato, una verdad objetiva: todos los humanos somos seres o animales semejantes y, por consiguiente, iguales en dignidad y derechos.

Los hechos son verdaderos, el reconocimiento de los hechos es cultural. La ideología moral y la política pueden contener y los contienen nociones de carácter científico, a saber: productos de la observación y de la experiencia. Los juicios de valor pueden adaptarse o no a los hechos. Pero, los juicios de valor se fundamentan en la naturalidad más de lo que parece, no todo es inventado. Siempre ha sido bueno el respeto, nunca ha sido mala la vergüenza, siempre ha sido buena la virtud, la justicia y la ecuanimidad, nunca han sido malas. Siempre ha sido malo robar o matar para beneficiarse de ello, siempre ha sido malo levantar falsos testimonios.

Lo dado por la Naturaleza o por Dios tiene mucho valor, sobre ello Hume tenía razón al proponer que en cierta proporción los valores o virtudes estaban dados. Sócrates pensaba que la virtud era conocimiento, pero, a su vez, como se dice al final del *Menón* también pensaba que es un don de la divinidad. En parte la virtud o la disposición para la virtud viene dada por la divinidad como pensaba Sócrates, por la naturaleza como pensaba Hume o por la evolución de las especies animales como pensaba Darwin.

En democracia la política siempre mira de evitar el dolor de los humanos empezando por la Constitución y el Código penal. Los caminos que siguen la actividad política democrática siempre se quieren dirigir a un punto: evitar el dolor o el perjuicio de los ciudadanos. Es bien cierto, por otra parte, que la ideología de derecha propone unos caminos y la de la izquierda otros, pero todos los grupos políticos persiguen o dicen perseguir el bienestar de los electores y el bienestar se consigue al disminuir los dolores de la vida.

En oposición a Vattimo se puede decir que es objetivo que nadie quiere el dolor, —algo subjetivo—; que es objetivo y verdadero que los nazis y los comunistas causaron un horrible dolor y daño a la humanidad, a millones de humanos; se puede probar, es verdad que en nombre del dolor humano se debe condenar todo comportamiento que comporte opresión, abuso, violencia porque todo ello causa dolor, un dolor no consentido; no es bueno, es malo causar dolor a las personas que no quieren ser tratadas de esta forma.

También podría añadirse que es metafísico e irracional negar el valor de la verdad. Es verdad que el dolor existe y que todos queremos librarnos de él. Asimismo sería verdad que los filósofos racionalistas y los irracionalistas, al igual que los que no se dedican a la filosofía, todos, convivimos bien con ciertas dosis de irracionalidad.

También los médicos hemos convivido muy bien con la irracionalidad. Hasta bien entrado el siglo xix hemos practicado sangrías en todo tipo de enfermedades empapados de teorías del todo irracionales cuando podía prescindirse de ellas. Vattimo en *Adiós a la verdad* se refiere a «la inutilidad de cierto tipo de filosofía» [p. 51]. Tomo sus palabras para referirlas a «cierto tipo de medicina» que todavía hoy defienden no pocos médicos aprisionados en consideraciones irracionales. ¿Se fundamenta la homeopatía, la reflexología y otras prácticas en principios racionales? La obtención de títulos universitarios no garantiza que los filósofos, los médicos y otros se libren de la irracionalidad.

La mayoría de sacerdotes cristianos, sensatos y cuerdos, creen que cuando pronuncian determinadas palabras el pan se transubstancia y se convierte en carne de Jesús. ¿No será suficiente pensar que la Misa es un memorial en recuerdo del Maestro o que la eucaristía es el símbolo de la Última cena? La gran mayoría de buenos cristianos creen que Jesús fue Dios encarnado y preexistente, pero algunos buenos cristianos no creen que pudiera serlo.

Muchos budistas insignes piensan que es irracional creer en la Encarnación de Dios, pero creen en la trasmigración de las ánimas. Hay eminentes pensadores judíos que nunca comerán calamares o mejillones; que en Shabat no accionarán el interruptor de la luz y no se desplazarán en automóvil o en metro dado que la revelación bíblica y la teología rabínica lo prohíben. Hay filósofos judíos, grandes pensadores, que creen que en el éxodo de Egipto Dios abrió realmente las aguas del mar Rojo. Tal vez muchos cristianos ilustrados piensan que esta creencia es irracional o mítica.

Sería racional creer en Jesús y su mensaje como concluyen la gran mayoría de los estudiosos del Nuevo Testamento, pero que no es histórico que Jesús andara sobre las aguas del mar de Galilea o resucitara muertos. Otros expertos afirman que son históricos la mayoría, la mayoría, pero no todos los dichos de Jesús tal como son expuestos en los evangelios, pero sostienen que no hay constancia histórica para ningún milagro.

Muchos creyentes ruegan a Dios para que les cure un cáncer terminal, pero ¿cómo es posible que Dios se ocupe de sanar el cáncer de una criatura que de todos modos debe morir algún día? Si alguno de estos creyentes sufriera la amputación de una pierna no rogaría a Dios para que se la hiciera crecer de nuevo. Seguramente le parecería que tal cosa sería irracional, sin embargo supone que es racional que la divinidad le cure una enfermedad incurable o que la Virgen intervino para modificar la trayectoria de una bala homicida en un atentado en la Plaza de San Pedro.

El humano es muy crédulo y algunos que no dejan de ser cuerdos creen en la adivinación, telepatía, espiritismo, astrología… Conozco a un destacado intelectual que cree en la astrología, otro muy responsable cree que la levitación puede darse en determinadas circunstancias. Algunos que tienen profesiones que requieren del uso de la razón creen que el diablo es un ser que tiene existencia como tal y que se puede hacer presente en forma de posesión. Recuérdese que todavía hoy hay obispos que nombran a sacerdotes para realizar exorcismos.

No hay duda de que algunas de las antedichas concepciones irracionales ejercerán algún poder o mucho poder en los dictámenes de la conciencia de quienes mantienen estas creencias. Puede darse el nombre de creencias a las ideas irracionales que son tales al no poder probarse, pero lo que ahora nos ocupa es argumentar que tanto las ideas racionales como las irracionales conformarán los veredictos de la conciencia moral. Parece que la oposición en conciencia a la esclavitud tendrá que ser necesariamente diferente si se piensa, contradiciendo a Leibniz, que este no es el mejor de los mundos posibles e igual sucede si se piensa que el dolor purifica.

De todos modos se hace necesario decir de inmediato, puesto que se observa abundantemente, que las ideas irracionales quedan separadas, se hacen inoperativas, en el uso o ejercicio de la conciencia en su quehacer habitual. Mejor dicho, en no pocas situaciones las concepciones irracionales no alteran el subsuelo de la conciencia. Entre la gente sencilla suele ocurrir de este modo y a la inversa entre los fanáticos que tienen una conciencia moral del todo maltrecha por ideales que comportan la falta de respeto por las personas.

Es frecuente que ideales benignos se desprendan de concepciones religiosas diferentes y estos ideales son compartidos por otros creyentes de distinta confesión o por quienes no creen en nada al margen de lo natural. El judío, el budista, el cristiano, el mahometano, quien crea en el diablo o quien no crea en él, suelen defender algunos principios éticos comunes entre los creyentes en estas doctrinas o filosofías o entre los incrédulos o increyentes.

Pero también es cierto que muy frecuentemente las ideas irracionales son la guía de la acción humana entendida y justificada como correcta y moral por quienes están embargados por estas ideas. El comunista, el nazi, el inquisidor han cometido y amparado atropellos y desmanes de todo tipo siguiendo los dictados de sus respectivas creencias y su conciencia moral estaba bien tranquila. Recuérdese una vez más el caso Heidegger, gran filósofo, poniendo en las nubes en alguno de sus discursos públicos al necio y nocivo Hitler. De ahí que nuestras concepciones morales puedan activarse o desactivarse por otras concepciones o ideologías a las que se someten las primeras.

El poder de las concepciones se activa o se desactiva según sean el poder de otras ideas o concepciones consideradas de mayor valor o relieve. Aparentemente nuestra conciencia es la misma, pero se comporta de modo diverso en las situaciones ordinarias o excepcionales en las que está condicionada u obligada por ideas consideradas más importantes o principales. Me parece que la anterior proposición es sumamente importante para poder entender el funcionamiento de la conciencia moral.

De ser así, de que las ideas activan o desactivan determinados juicios de la conciencia, podría pensarse que ésta no opera de manera uniforme sino multiforme, no siempre se comporta de la misma manera en todas las situaciones; según sean las ideas que se hayan adoptado la conciencia opera de una forma o de la contraria. El cardenal que dirigía la Inquisición se podría comportar como un santo, como un ser compasivo, misericordioso con aquellos que no fueran herejes. Entonces, la conciencia funciona según esté activa una idea que se entienda como principal: ante el común de la gente la conciencia es benigna y comprensiva, pero ante el adversario es feroz en su enjuiciamiento moral. Así sucede, en más o en menos, con todos los humanos sean o no inquisidores.

Si tenemos la idea de que la mujer es un ser inferior al hombre necesariamente trataremos de manera desigual a la mujer. Aunque seamos algo respetuosos con los demás nuestro respeto quedará adormecido o arruinado si la ideología nos permite maltratar a la mujer. Si pensamos que los esclavos lo son por naturaleza tendremos, podría decirse, una conciencia para los esclavos y otra para los libres.

De acuerdo con lo dicho anteriormente, lo que pudo ser considerado racional pasa a ser tenido por irracional cuando progresan las costumbres. En un mundo de iguales se considera irracional mantener argumentos que defiendan la esclavitud, la Inquisición o la desigualdad de la mujer. Aunque nos sentimos bien acomodados manteniendo y defendiendo ideas del todo irracionales parecería que en nuestra época, la racionalidad va ganando terreno gracias a las adquisiciones de la ciencia y al progreso de las costumbres. En la actualidad pueden haber lectores entusiastas de Tomás de Aquino o de Leibniz, pero será algo raro que éstos sostengan que se pueden matar a los herejes o que habitamos en el mejor de los mundos.

Somos más libres y más valientes al considerar que en nuestra cabeza la irracionalidad de muchas ideas debe quedar controlada y no debe interferir en nuestras concepciones sobre el universo y sobre la vida cotidiana. Ahora la mayoría de personas con sentido común, con buen sentido [*bon sans*], como decía Descartes en el inicio de su *Discurso*, pensaría que la especulación monodológica de Leibniz es mítica, pero en el siglo XVIII algunos filósofos la consideraban muy racional y se la tomaban en serio. Pero algo queda, todavía hoy buenos pensadores dedican horas y días a discutir sus pormenores.

Si grandes pensadores han dado por bueno lo que aparece como irracional, ¿debe asombrarnos que este a aquel humano sencillo crea en determinados principios religiosos o políticos que dirigen en más o en menos su quehacer moral y político? Parecería que el humano es un animal racional, pero irracional a ratos, quizá cada vez más racional. Debemos acostumbrarnos a pensar que solemos ser irracionales y no esperar imposibles.

No habitamos en el jardín del Edén, nunca tendremos el Paraíso en la Tierra. Como decía Montaigne habitamos en un «jardín imperfecto» [I, 20; p. 133], pero no tenemos otro y con esfuerzo nuestra razón ira derrotando y destronando los productos de la sinrazón, los productos de la propia razón.

Nuestra razón no ha acabado su labor, al contrario, parece que la está empezando y desde hace unos quinientos años seguimos en este camino. Hay jardín para nosotros, pero no es perfecto del mismo modo que no hay felicidad perfecta o plena. La felicidad va y viene, se puede perder, pero puede ganarse de nuevo aunque algunos o muchos podemos morir infelices en nuestro jardín imperfecto.

La ideología enciende o apaga los sentimientos morales

He propuesto con reiteración que las ideas que adoptamos son las que acaban gobernando la conciencia moral. Los pensamientos o ideas, tanto las que consideramos racionales como las que denominamos irracionales, condicionan y determinan los juicios y veredictos que emite la conciencia.

Los seres humanos somos codiciosos aunque no todos en idéntico grado. Si podemos en muchas ocasiones nos aprovechamos de los demás. Nuestras pasiones y apetitos nos gobiernan con frecuencia. Ocasionamos daños guiados por el propio egoísmo, pero los mayores bienes y males provienen de las ideas y creencias que adoptamos y nuestra conciencia moral se adapta bastante bien a los males que ocasionamos. Se adapta bien a lo que dicta la ideología o creencia que hacemos propias. Para poder aclarar esta afirmación que considero de la mayor importancia repetiré lo dicho en una página anterior: El atracador de bancos puede matar a diez en sucesivos atracos, pero los esclavistas en Grecia y Roma; la Inquisición; el Terror durante la Revolución Francesa; Napoleón, sus generales y los bonapartistas; los colonialistas europeos en África durante el siglo xix o los fascistas, nazis y comunistas han atracado, torturado y matado o llevado a la muerte a millones.

Entiendo que lo siguiente muestra bastante bien el alcance y el poder de las ideas en relación a las de los apetitos o pasiones. Las pasiones, las venganzas, los egoísmos, las acciones delictivas de los habitantes de Hiroshima y Nagasaki ocasionaron muchos dolores y muertes en la historia de estas ciudades, pero un mal día, guiados por unas ideas muy discutibles, se lanzaron unas bombas que comportaron gran dolor y muerte. Se calcula que unos cinco meses después del bombardeo habían muerto a consecuencia de las bombas unas 220 000 personas.

Si se observa con alguna atención la mayoría de nuestros actos, los que tendrán poca relevancia moral y los que tendrán grandes consecuencias, son obra de lo que pensamos de acuerdo a las ideas que sobre el bien y el mal hemos abrazado y con frecuencia las pasiones y los deseos ceden o se manifiestan obedeciendo al gobierno de la propia ideología.

Como es sabido por todos la venganza comporta daños y males en ocasiones muy graves. No está de más recordar que la tragedia, en la vida y en el teatro, especialmente la tragedia griega, es un ejemplo de la gran importancia que la venganza tiene en la vida y el comportamiento de los humanos. Pero también es sabido que no siempre satisfacemos nuestro deseo vengativo. Podemos sentirnos más o menos inclinados a responder apasionadamente ante un daño o agravio, pero esta venganza se llevará o no a la realidad según sean las ideas o creencias que tengamos establecidas en nuestra mente.

Una determinada ideología alentará y justificará la venganza, otra ideología la detendrá. Quien adopte la ideología moral de Jesús que recomienda no dañar al enemigo y no devolver mal por mal no podrá vengarse si no quiere desobedecer la recomendación del Maestro del evangelio. En nuestra cultura todos conocemos que el perdón que se opone a la venganza fue un de los ejes principales del mensaje de Jesús. Por el contrario, una arraigada creencia en el honor, el propio o el de la familia, nos empujará a tomar venganza.

Se dice a menudo que Shakespeare trata sobre las pasiones humanas de un modo inigualable, pero no se habla tanto de que en este escritor las ideas gobiernan más de lo que parece como sucede en la extraordinaria tragedia *Romeo y Julieta*. En esta inmortal pieza teatral el desenlace trágico se inicia cuando Romeo queda apresado por su ideal sobre el honor y piensa que debe vengar la muerte de su amigo Mercutio a manos de Tybalt. En este momento Romeo exclama: «Mi honra está manchada por el ultraje de Tybalt. […] Váyase al cielo mi clemente blandura, y sírvame ahora de auxilio la furia de los ojos ardientes». Este suceso labra de un modo irreparable su desgracia y la de Julieta. Quiere decirse que una idea seguramente sobrevalorada acerca del honor alienta y justifica la venganza que en este caso conduce al desastre.

Es una gran tragedia que todavía hoy en algunas aldeas de países como Pakistán, Turquía, Gaza, Jordania y otros, se dé muerte a mujeres acusadas de haber deshonrado a la familia donde es generalmente el padre quien da la orden o autoriza el sacrificio. ¿Quién duda que en algún caso pudo haber compasión por una hija a la que ahora se ordena matar? Lo que antes fue piedad por la niña se transforma ahora en ira y odio hacia la mujer por la acción de ideas y creencias. Si en estas aldeas se tuviera la idea bien asentada de que la mujer es un semejante igual y, por serlo, es libre, esto no podría suceder.

Con independencia del amor o del propio carácter, más o menos colérico, pegamos o no a los niños para castigarles de acuerdo a las ideas o ideales que mantenemos sobre su educación. Tratamos bien o no tan bien a la pareja, familia, amigos o compañeros según sea la noción que tengamos del bien y del mal. En este mundo todavía hoy muchos hombres están convencidos de que es bueno que la mujer les esté sometida y algunos las maltratan sin que su conciencia proteste.

En lo relativo al embarazo y a la adopción de medidas anti-conceptivas nuestro comportamiento sexual está condicionado o determinado por ideas acerca de lo que es bueno o malo en el ejercicio de la sexualidad humana. Quienes se adhieren firme-mente a los mandamientos y creencias episcopales no se senti-rían bien consigo mismos si usaran procedimientos contracep-tivos. La conciencia de estas personas protestaría con energía si su conducta sexual no estuviera destinada a la concepción.

Victor Hugo, como de costumbre, sagaz y lúcido en su ex-traordinaria novela *Noventa y tres* situada en el horrendo año del Terror de la Revolución Francesa expone el conflicto moral de uno de sus personajes. El comandante en jefe Guavain, de-fensor de la República, morirá en la guillotina porque valora el heroísmo y la humanidad del contrarrevolucionario marqués de Lantenac y le libera. A propósito de la importancia de lo pen-sado Hugo escribió sobre el debate interior del militar antes de liberar a su prisionero: «La conciencia de Gauvain. ¡Qué cam-po de batalla es el hombre! Estamos entregados a esos dioses, a esos monstruos, a esos gigantes: nuestros pensamientos. Esos beligerantes terribles suelen pisotearnos el alma. Gauvain esta-ba meditando» [p. 427]. El comandante es ajusticiado por or-den del que fue su maestro y tutor, el inflexible Cimourdain, delegado de la Convención, que quería a Gauvain más que a un hijo [pp. 174-175 y p. 300].

Las ideas, las benignas y las alocadas, encienden o apagan los sentimientos morales y cuando son nocivas adormecen a los me-jores valores, siempre ha sido así. Las mejores ideas o ideologías, mejores por ser benignas, encienden y mantienen vivos los senti-mientos morales y apagan el odio y el deseo de venganza. Como se recuerda, Hume pensaba que «la razón es esclava de la pasio-nes [los sentimientos]». Aquí se propone lo contrario: primero, la razón es esclava de sus propios productos, racionales o no; segundo, con frecuencia los sentimientos son esclavos de la razón. Esclavizados por el poder de las razones, racionales o irracionales.

A continuación para seguir mostrando que en lo relativo a la conciencia los sentimientos son a menudo esclavos de las razones, de entre los muchos argumentos u observaciones posibles, algunos los acabo de exponer, me serviré de unos hechos históricos muy ilustrativos. Me refiero a una novela de Miguel Delibes, *El hereje*, que se articula alrededor de unos sucesos muy lamentables.

Veamos pues con algún detalle el funcionamiento de la conciencia apresada por las ideas de todo tipo a través del histórico ejemplo que nos aporta Delibes. En *El hereje* el novelista cuenta la historia del bárbaro sacrifico de un grupo de luteranos en Valladolid en el siglo XVI. Delibes se documentó bien y nos explica y recuerda que aquellos luteranos eran gente bondadosa, piadosos, honrados al igual que muchos católicos.

Después de la detención algunos luteranos tuvieron que hacer un largo camino pernoctando en las cárceles secretas de la Inquisición. Atravesaron algunos pueblos y mucha gente les insultaba, les apedreaban sin compasión y les arrojaban agua hirviendo desde las casas. Los soldados temían un linchamiento y en algún lugar del trayecto viajaron de noche. Los presos oían al vecindario que les increpaba: «cabrones, herejes hijos de puta. ¡Quemarlos aquí! ¡Quemarlos aquí!».

El auto de fe recordado por Delibes se celebró en la Plaza Mayor de Valladolid abarrotada de gente y el rey Felipe II presidió el acto. Le acompañaban los Príncipes, la Corte con sus damas «ricamente ataviadas aunque de riguroso luto», el fiscal del Reino, los arzobispos de Sevilla y Santiago y el obispo de Ciudad Rodrigo. El arzobispo de Sevilla, Fernando de Valdés Salas era el Inquisidor general de España. Allí, con gran ceremonial, se leyeron las sentencias. El auto concluyó a las cuatro de la tarde[13]. Acto seguido los condenados fueron conducidos al quemadero tras la Puerta del Campo en las afueras de la ciudad, en el actual parque el Campo Grande.

En el auto de fe de octubre de 1559 fueron quemadas vivas cinco personas, seis muertas mediante garrote vil y luego arrojadas a la hoguera, tres fueron condenados a cárcel perpetua. Felipe II y las autoridades ya se habían retirado, pero en el quemadero se reunió una multitud, gente de todo tipo, «damas y mujeres del pueblo, hombres con niños de pocos años al hombro, cabalgaduras y hasta carruajes». Había algunos tenderetes, «el humo de freír churros y buñuelos se difundía» y empezaron las ejecuciones. Algunos insultaban y reían al ver las contorsiones y oír los gritos de los reos en la hoguera y les llamaban leprosos, mal nacidos, herejes. Otros rezaban por el alma de los condenados.

¿Cómo es posible tanta iniquidad y falta de compasión? ¿Qué ideas o ideales habían en la cabeza de Felipe II, rey de España? Quienes apedrearon o insultaban a los que gritaban en la hoguera, ¿en nombre de qué ideales lo hacían? Para todos ellos los piadosos y honrados luteranos eran mal nacidos mientras

13   En Valladolid hubieron aquel año dos autos de fe en mayo y en octubre. El auto de fe que presidió el Rey y que recuerda Delibes tuvo lugar el 8 de octubre.

Henry Kamen explica que los autos de fe a partir de esta fecha estuvieron organizados con gran ceremonial. Ello fue debido a la «voluntad de la corona de asistir al escarmiento» que «incitaron a Valdés a redactar una serie de regulaciones para la representación de una deslumbrante ceremonia pública que sirviera para reafirmar el poder de la Inquisición e hiciera notar su presencia» [p. 199]. Kamen es un prestigioso hispanista británico que contradijo la llamada leyenda negra sobre España en particular la atribuida a Felipe II. Puso de relieve que la crueldad inquisitorial no fue algo propio de este país ni de este rey sino que se dio por igual en otros países europeos. Bien está recordarlo a pesar de que el tal Felipe fue un ser terrorífico.

que los piadosos y honrados católicos bien nacidos. Unos leprosos, otros no. Unos merecían la hoguera, los otros las bendiciones episcopales. Mártires para los protestantes, mala gente para los católicos.

No todos los que querían hacer un bien a la patria y a la Iglesia de Roma mediante la tortura y la muerte eran incultos labriegos, en aquellos fatídicos días alguno de los obispos o señores fueron personas muy cultas y hacían uso de la razón. Pero la razón o sus productos barrieron su compasión y su sentimiento de culpa. Seguramente, alguien se compadeció de las víctimas y se sintió algo culpable, pero el Rey y alguno de los obispos no parece. Creo que Pascal estuvo acertado al escribir: «Nunca se hace el mal tan plenamente y tan alegremente como cuando se hace con conciencia» [813], pero yo añadiría: con conciencia de que se está haciendo el bien exigido por lo establecido y los establecidos.

Lo que me interesa destacar a propósito de estos hechos y del gran poder de las ideas, ideales o creencias es lo siguiente: algunos luteranos de España o de Alemania sintieron piedad y horror ante las víctimas de Valladolid, pensaban que era sumamente injusto que se torturara y matara a sus honrados y piadosos correligionarios; algunos católicos de España o de Alemania, príncipes, obispos y labriegos, no sintieron compasión ni culpa, sino, al contrario, alborozo y entusiasmo.

Si en aquel tiempo se hubiera condenado a garrote vil a algún noble y notorio católico acusado de enfrentarse al Rey, quienes insultaban o sentían exaltación gozosa por la muerte de los luteranos hubieran sentido compasión, más piedad cuanto más piadoso hubiera sido el culpable, pero los luteranos honrados y piadosos, para algunos o muchos católicos eran unos mal nacidos que merecían la hoguera.

En 1535 algunos de los católicos que luego se hicieron protestantes anglicanos, sintieron compasión por la muerte en el patíbulo del honrado Tomás Moro, devenido después santo católico, mientras que otros, partidarios de Enrique VIII y antipapistas, sintieron regocijo por la ejecución.

Si quien muere en la hoguera o en el patíbulo es de los nuestros por participar de las mismas creencias e ideales despierta sentimientos bondadosos; si el que muere no es de los nuestros, puede despertar sentimientos adversos. Cuando Stalin mandaba torturar y fusilar a los supuestos renegados, los buenos comunistas no se conmovían ni sentían piedad. Muchos lloraron la muerte del denominado Padrecito como se llamaba a Stalin. Algunos o muchos alemanes, gente honrada aunque equivocada, lloraron la muerte de Hitler.

Las ideas y las doctrinas encienden unos sentimientos o pasiones y apagan otros. Según qué ideas haya en la cabeza la piedad o compasión, al igual que los otros tres sentimientos morales, se despierta, según qué ideas se apaga o adormece. Ante unas víctimas las ideas y los ideales pueden provocar amor o piedad o, en idéntica situación, ante las mismas víctimas, otros ideales levantarán el odio e incluso el júbilo por el padecimiento del adversario. Así, pues, con gran frecuencia la razón no es la esclava de los sentimientos, los sentimientos son los esclavos de la razón y de sus productos.

Es bastante evidente que nuestra conciencia moral se adapta a lo que suponemos o creemos que es bueno y malo, se adapta a los valores y antivalores a los que nos acostumbramos y hacemos propios. En lo relativo a los valores y a la ideología que los fundamenta, a continuación se intentará mostrar que en la actualidad nos gobernamos por una serie de valores que son mucho más valiosos y benéficos que en el pasado a pesar de que no cesan las posmodernas voces que propagan lo contrario y publican sin parar que nuestro tiempo es un horror.

¿En nuestra época hay pérdida de valores y más corrupción que en el pasado?

Estamos en el inicio del siglo XXI y debido a la gran crisis económica es una mala época para gran cantidad de personas. Muy mala época en la que seguramente la calidad de la vida retrocederá treinta o cuarenta años y no será nada fácil recuperar aquella calidad perdida.

En estos días muchos dicen que se están disipando los valores de siempre, que el individualismo es una especie de calamidad que se opone a la solidaridad, que estamos dominados por el consumismo, el egoísmo y el relativismo, el lucro, el deseo inmoderado de bienes materiales y de placeres corporales, lo que antes era llamado concupiscencia, en fin, que la conciencia moral actual está enferma o medio corrompida.

No niego que esto en parte sea cierto, pero afirmo que en siglos anteriores era mucho peor. Sin embargo, muchos piensan que en la actualidad a diferencia de lo que ocurría antes nuestra alma o conciencia moral está degenerando y se corrompe, que nuestra sociedad está exenta de valores o que los estamos perdiendo. Los eclesiásticos suelen hablar en estos o parecidos términos aunque en el pasado durante el ascenso de la gran burguesía y la consolidación de la gran banca no hablaban de ello con tanto ímpetu como ahora. En lo relativo a la crisis económica quienes son o no son eclesiásticos a menudo piensan que ahora los adinerados, banqueros o no, son una especie de desalmados, especuladores que solo les interesa enriquecerse todavía más.

Es del todo verdadero que los acaudalados adoran al becerro de oro y son los mayores responsables de la grave situación económica, pero ¿es solo el apetito desordenado de riqueza lo que origina los males de nuestro tiempo? ¿No será la idea errónea de que el bienestar o la felicidad solo se consigue con la riqueza lo que impulsa la conducta de muchos? En gran medida siempre ha sido así y aunque no hay ninguna duda de que el dinero contribuye mucho al bienestar, es un error hacer depender la felicidad del dinero. Pero, como ha sucedido siempre, muchos, conducidos por el error, siguen, si pueden, afanándose en enriquecerse.

Los animales humanos somos los únicos que atesoramos con codicia. La pobre ardilla atesora unas pocas nueces para pasar el invierno, pero los humanos somos capaces de acumular, en ocasiones de un modo desenfrenado, todo tipo de recursos empezando por el dinero. Esta acumulación codiciosa que suele ser perjudicial para los demás no responde simplemente a un apetito instintivo sino a un cálculo erróneo de lo que pueda ser el bienestar. Es la razón o la sinrazón con la ideología que construye la que empuja a hacerlo de este modo.

Quienes dicen que en la actualidad los valores no cuentan, que nuestra conciencia está corrompiéndose no quieren saber que la humanidad ha padecido grandes abusos, atropellos y maldades de todo tipo, muchos más en el pasado que en la actualidad. Quienes afirman este tipo de cosas parece que no tienen en cuenta que los seres humanos, en más o en menos, siempre hemos sido igual en lo que hace a la codicia y otros intereses desmesurados alentados por ideas inadecuadas o nocivas.

¿No había ricos en la Palestina romana? ¿No fue Jesús quien hace muchos años dijo que los ricos no lo tenían muy bien para ser salvos? En aquellos tiempos la pobreza y miseria de Judea, Samaría o Galilea eran muy superiores a la de nuestros días, pero los acaudalados vivían con un lujo insultante, los sacerdotes que formaban parte del alto clero eran mucho más adinerados que los actuales; además, habían esclavos como se encargó de recodar San Pablo aunque él nunca dijo que los amos de esclavos debían liberarlos para salvarse.

Jesús cuando un joven rico le preguntó qué debía hacer para

alcanzar la vida eterna, según Mateo, le dijo: «Si quieres entrar en la vida, guarda los mandamientos». Jesús se quedó en este punto, pero el rico añadió: «Todo esto lo he guardado; ¿qué más me falta?». La respuesta de Jesús da que pensar, momentos antes fue poco exigente como de costumbre, a pesar de lo que diga en ocasiones el propio Mateo, pero ahora agrega: «Si quieres ser perfecto, anda, vende lo que tienes y dáselo a los pobres, y tendrás un tesoro en los cielos; luego ven y sígueme» [19, 16-21]. No somos peores en nuestra época, no somos más interesados, concupiscentes e incontinentes que en tiempos de Jesús.

En mi libro sobre la felicidad y el dolor proponía que el humano es aprovechado, acomodaticio, crédulo, codicioso, miedoso y en la actualidad no puede dejar de serlo como por encanto. El humano se apropia de lo que puede, con daño o sin él, mientras los otros humanos sean débiles, estén debilitados o lo consientan, pero con todo, las costumbres y los comportamientos progresan.

Los europeos no somos más salvajes que durante el Renacimiento. Ya no hacemos como Felipe II, rey de España, que en pleno siglo XVI pensaba que se debía matar a los herejes. Parece que es histórico lo que le dijo a Carlos de Seso, luterano, que había sido corregidor o alcalde de Toro y que iba a ser muerto en la hoguera poco después en el Auto de fe de Valladolid en 1559: «¡Si mi hijo cayese en el mismo error que vos, yo mismo llevaría la leña para quemarle!». A pesar de que se diga que nuestra alma está supuestamente enferma, en la actualidad, no está intoxicada por aquellas ideas nocivas, dañinas. Nuestra alma se ha librado de tener que convivir con aquellos horrores.

Se habla mal del alma de los banqueros actuales, y, por supuesto que es del todo necesario poner coto a su comportamiento, pero se supone que son peores que los de antes. ¡Como si los banqueros del siglo XVI hubieran sido unos benditos! En aquel siglo los Medicis en Florencia y los Flugger en Baviera no eran menos codiciosos que los banqueros de hoy. Pero su conciencia al parecer estaba tranquila, hacían lo mejor para sus ciudades, decían, y donaban algún dinero para los asilos.

Los Flugger en 1515 fueron autorizados por el Papa León X a vender indulgencias a fin de construir la actual Basílica de San Pedro. Anton Flugger fue el prestamista del feroz Felipe II y financió la Contrarreforma que luchó a sangre y fuego contra los reformistas seguidores de Lutero y Calvino.

El que en épocas pasadas los acaudalados tuvieran mayor poder e influencia no significa que en la actualidad no se deba actuar con decisión para frenar el empobrecimiento de tantos. Debe perseguirse la negligencia y el enriquecimiento abusivo y escandaloso, debe controlarse el capital financiero e imponerle nuevos impuestos. No podemos consentir tanto desorden y tanto desmán.

Que en muchos lugares de la Tierra uno de cada cien individuos tenga la mitad de la riqueza y que los 99 restantes deban repartirse la otra mitad no tiene justificación ni sentido. Es algo tan absurdo como la esclavitud, que también se mantuvo por codicia. Algún día el humano aprenderá a abolir este sistema de propiedad como aprendió a abolir la esclavitud.

Como los de antes no parece que la mayoría de los banqueros actuales sean humanos honrados. Pocos años antes de la actual crisis no decían toda la verdad a sus clientes que necesitaban de un crédito hipotecario. Les ocultaban que si no podían hacer frente a los pagos el banco se apropiaba la casa y si ésta se hubiera desvalorizado el hipotecado debía seguir pagando hasta liquidar el precio inicial. Es un engaño y un imperdonable atropello callar en beneficio propio algo que puede llegar a ser muy perjudicial.

Hay muchos banqueros sinvergüenzas que han saqueado el dinero de gente mayor, ignorante y confiada, con artimañas o falsedades para que compraran las nefastas participaciones preferentes. Algún día la ley deberá poner remedio a tales perjuicios y abusos, la ley exigirá como un deber inexcusable que no se engañe a los débiles de espíritu, a los ingenuos o a los poco informados y castigará duramente a quienes se aprovechan con daño de los demás.

¡Ay el ser humano! ¿Como ser aprovechado no se aprovechó de la esclavitud? ¿Fueron menos codiciosos que ahora los acaudalados del siglo xix que en Europa poseían gran cantidad de acciones de las minas de carbón en las que eran explotados hombres, mujeres y niños hasta la extenuación? Basta leer la extraordinaria y dura novela de Zola, *Germinal*, para observar las consecuencias de la voracidad de los ricos. ¿Tenían más y mejores valores que nosotros los colonos y los accionistas de Bélgica y otras naciones de Europa durante todo el siglo xix cuando desvalijaban todo lo que podían en África mediante la opresión, la tortura y la muerte de centenares de miles de africanos?

Leopoldo II ocupó al trono de Bélgica desde 1865 hasta 1909. A pesar de sus iniciales y cínicas manifestaciones a favor de los africanos del Congo durante su reinado se cometieron todo tipo de barbaridades y él acumuló una riqueza incalculable. Las compañías belgas en aquella época se dedicaban a la recolección de marfil y de látex para la fabricación de neumáticos de caucho. La explotación de los africanos fue feroz hasta mediados del siglo xx, se enriqueció el rey y se enriquecieron los accionistas de las antedichas compañías, pero se habla poco de lo que significó semejante explotación. Fueron centeneras de miles, se ha dicho que millones, los africanos machacados, torturados y muertos durante más cien años. Cientos de ellos, seguramente miles, fueron mutilados; de un hachazo o un sablazo se cortaba la mano derecha de los trabajadores que incumplían lo ordenado o se rebelaban.

Los accionistas europeos no querían saber lo que sucedía en África, no oían el chasquido del hacha al cortar la mano. El buen rendimiento de las acciones empresariales es un anestésico poderosísimo de la conciencia moral. Los grandes accionistas y los acaudalados, ahora y en todos los tiempos, suelen ser personas honestas según las reglas aceptadas, pero sumamente aprovechadas. Hoy como ayer algunos se creen ejemplares cristianos por seguir los mandamientos episcopales, y, a su vez, se embolsan el dinero sin reflexionar de dónde proviene.

Por si lo anterior fuera poco algunos expertos en economía nos dicen que la teoría sobre la apropiación de la plusvalía del trabajo analizada por Marx fue un desvarío, como si el dinero creciera en los árboles al igual que las manzanas, pero solo hay manzanas de oro en el mítico jardín de las Hespérides. Lo que fue un desvarío era pensar que el mundo se arreglaba con la violencia revolucionaria y la subsiguiente tiranía del partido comunista. Entiendo que Marx fue un buen filósofo de la economía política y un pésimo y peligroso filósofo de la política.

Un empresario y político de Roma, católico confeso, hizo de su capa un sayo y no siguió del todo los dictados morales del episcopado, se excedió en sus costumbres carnales y dado que es muy rico se decía en algún periódico que no era de su propiedad que también usaba su dinero para intentar eludir la acción de la justicia. Parece que los obispos empezaron a enfadarse por sus pecados carnales y no se sabe bien si también por lo otro. Puesto que hablamos de Roma, nuestro personaje, aunque merezca ser reprobado o castigado, es un niño de teta, un buen chico, si se lo compara con algunos emperadores de la antigüedad o con algunos Papas, reyes, príncipes, burgueses y aprovechados de los siglos del Renacimiento. Estos humanos del Renacimiento, algunos muy codiciosos, estaban convencidos que hacían lo mejor, su ideología o doctrina aprobaban su comportamiento, su conciencia estaba en paz, pero no eran capaces de reconocer su error.

En nuestra época, además, se habla con frecuencia de la corrupción de las costumbres y de la corrupción de los políticos. Se habla mucho del cobro de comisiones ilegales, de cohecho o de los maletines con dinero negro que reciben parlamentarios, alcaldes o cargos de los partidos políticos. Hay temporadas, aquí y en otros países, en las que las radios, las televisiones y los periódicos no paran de referirse a la corrupción como algo que pudre todo el ordenamiento social. Pero ¿todo este panorama inmoral y delictivo, que hay que combatir y castigar con suma decisión y firmeza, es nuevo? Algunos así lo dicen, pero no dicen o no saben que en el siglo XIX y en siglos anteriores hubo más corrupción y latrocinio que en nuestro tiempo.

Lo que sucedía en los siglos anteriores es que no se hablaba de la rapiña y de los abusos, no existía la radio y la televisión, la mayoría de personas eran analfabetas y no leían, no leían los pocos periódicos que en el siglo XIX estaban controlados por empresarios acaudalados y reaccionarios, periódicos y periodistas mucho más corrompidos que en nuestro siglo, periódicos que nunca publicaban nada acerca de los sobornos de magistrados y políticos, de los escándalos de carácter financiero, de los negocios sucios o de los abusos y la explotación de los trabajadores del campo o de los obreros de la industria.

No creo que ahora el alma humana esté corrompida, apresada por el consumismo, enferma de codicia, de individualismo insolidario, de relativismo y este tipo de cosas. El alma siempre ha estado inclinada al aprovechamiento y a la codicia. Si se pudiera hablar de enfermedad no diría que hoy en día el alma está contaminada por el relativismo o la codicia. Esta contaminación fue superior en épocas pasadas.

Si hay enfermedad del alma, la más grave es el error, la ignorancia o la irreflexión que lo mantiene vivo. Los príncipes, reyes y papas del XVI estaban intoxicados por ideas nada benignas y convivían bien con el error y la irreflexión, vivían bien. En el siglo XIX los accionistas de las empresas del Congo belga sabían que se enriquecían, pero no sabían ni querían saber del sufrimiento de los africanos.

Siempre las ideas, las erróneas y las acertadas. Aquellos aprovechados empresarios belgas mantenían la idea de que su comportamiento era beneficioso para el desarrollo de la metrópoli y de la colonia. ¿Acaso, decían, no se beneficiaban también del desarrollo del país nuestros modestos trabajadores? Las ideas, la ideología puede alentar y desarrollar la codicia y lo que es más importante puede legitimarla y justificarla. La ideología puede darla por buena o puede permitir que no se la tome en consideración, permite dejar de observarla en nombre de un bien tenido por superior o mejor.

La codicia y la insolidaridad, son sobreabundantes, como siempre han sido y, por consiguiente, no pienso que al alma humana sea mejor o peor ahora que en tiempos de Platón o de César Augusto. Puedo decirlo porque, como se verá, propongo que no existe el progreso moral, si tal progreso se refiere a la intimidad de la conciencia moral, sino que lo que hay y puede seguir habiendo es el progreso de las costumbres debido a la reflexión y al aprendizaje, progreso que queda confirmado y sancionado por la ley.

En la actualidad y en el pasado muchas personas están acostumbradas a pensar que el enriquecimiento es bueno y que algunos, los más afortunados o los más trabajadores y emprendedores lo consiguen mientras que otros, por vagos o poco espabilados, se empobrecen, pero el enriquecimiento sin medida no es bueno, no es bueno para la *polis*, y la política algún día tendrá que poner freno a este disparate, algún día las costumbres cambiarán o seguirán cambiando.

El crecimiento desmesurado y el enriquecimiento a consecuencia de él es un gran error que la humanidad sigue manteniendo o tolerando. ¿Aprenderemos a tiempo? El ser humano, al igual que sucedió con la abolición de la esclavitud y el reconocimiento de que la mujer es igual en dignidad y derechos al hombre, seguramente acabará aprendiendo y aceptando que se puede vivir bien con menos sin necesidad de esquilmar o explotar al prójimo.

¿Seremos capaces de destronar el error de suponer que podemos crecer sin medida y esquilmar el planeta? Puede que sí. Tal vez la sensatez y la reflexión permitirán que el humano pueda vivir bien, más tranquilo, con mayor respeto por su semejante y deje de adorar al oro y arruinar la tierra.

La variabilidad de la conciencia moral. La debilidad de la ética de Epicuro. El castigo

Contra lo que parece no mucha gente adquiere una conciencia moral que repudie las faltas menores. El postulado sobre el carácter aprovechado del ser humano se observa muy claramente cuando las personas, una por una, se explican acerca de sí mismos cuando pueden quitarse la máscara.

El freno o contención para impedir la comisión de las faltas suele ser el sentimiento de vergüenza que es muy operativo y mucho más importante de lo que se dice. No son mayoría, aunque los haya en un buen número, los que se abstienen de la comisión de algunas faltas guiados por principios de la razón, del respeto, la compasión y del sentimiento de culpa.

Muchas personas ocultan que han hecho algo o han dejado de hacer algo con el propósito de perjudicar a un adversario, a un rival o a un contrario y estas personas se comportan así confiados en que no serán descubiertos, tienen sentimiento de vergüenza, pero si tuvieran el sentimiento de culpa más desarrollado se habrían comportado de otra forma. ¿No hay personas muy cultas, bastante honradas, con una conciencia que les detiene ante la comisión de faltas graves y delitos, pero que mienten o levantan falsos testimonios contra sus adversarios?

Las pequeñas maldades son muy frecuentes cuando éstas pueden quedar ocultas y si dejan de cometerse es debido a que la mayoría de los humanos tienen miedo de ser reprobados al ser vistos, quieren evitar ser avergonzados. Como se verá a continuación Epicuro acertó sobre este particular, pero erró al extender demasiado esta explicación. Para contradecir a Epicuro no son pocos los que mantendrán un comportamiento honrado aunque tengan la plena seguridad de no ser descubiertos.

Hay bastantes personas aprovechadas y desvergonzadas que solo miran para sí y no tienen miramiento para con los demás. Estas personas aunque se abstienen de cometer infracciones graves pueden con total descaro aprovecharse si pueden de la situación: se cuelan en las colas, aparcan sus coches aunque sepan que pueden ocasionar algún prejuicio incluso serio a los demás, molestan con el ruido de sus motos o ponen la radio a un volumen que molestará a los viandantes o vecinos, se colaran sin pagar en los servicios públicos, cometerán pequeñas o no tan pequeñas injusticias con sus familias, amigos o compañeros de trabajo. Todos sabemos que hay muchos que sin apenas vergüenza pisotean a los intereses de los demás para conseguir sus propósitos.

Muchos si pueden mentirán y es frecuente que la gente levante falsos testimonios para perjudicar a aquellos de los que se quieren vengar. Otros tantos se abstienen de hablar bien de los demás y bastantes hablan mal. Son pocos los que hablan bien de los demás. Muy pocos son lo suficiente amables y generosos para agasajar o hacer justicia con el amigo que ha hecho algo de provecho. Muchos se abstienen de hablar mal de sus compañeros, pero nunca se alegran de sus éxitos. Incluso entre amigos este comportamiento es muy abundante. Más todavía, con frecuencia no somos ni agradecidos ni amables con la propia pareja.

¿Quién sale a defender a un contrario cuando éste es tratado algo injustamente? ¿Quién sale a defender a un amigo o a un compañero cuando hacerlo puede significar quedar mal ante un tercero algo poderoso? ¿Quién defiende al que ha sido tratado injustamente ante un público del que se puede recibir un beneficio?

Algunos podrán cometer pequeños hurtos en unos grandes almacenes y contra lo que se suele pensar esta última infracción es más frecuente de lo que se dice y si la señalo en este momento es porque conozco algunos casos de este tipo entre personas cultivadas como puedan serlo universitarios de cualquier tipo.

Es evidente que quien roba en unos almacenes no cometerá ningún atraco con daño, pero también es evidente que algunas personas que roban en los comercios, aunque no todas, cometerán hurtos de mayor importancia si tienen la seguridad o piensan que no van a ser descubiertos. Es bastante corriente que los aprovechados se lucren al beneficiarse de un cargo o empleo de carácter político o dependiente de él. ¿Todos restituyen el dinero de otro cuando en un comercio, sobre todo si se trata de un negocio grande, nos devuelven por error más dinero del adecuado?

El adulterio podría formar parte de una lista de trasgresiones porque así como muchas personas se abstienen por respeto y sentimiento de culpa otras muchas cuando creen que su infracción no será descubierta no sienten ningún respeto por su pareja. Éstos mantienen la ideología moral errónea de que no hay víctima si ésta no se entera de la infracción.

Platón en *República* expone lo que se conoce como el mito de Giges [359c-360c]. El pastor Giges que servia al rey de Lidia en la actual Turquía estaba con su ganado cuando sobrevino una gran tormenta seguida de un terremoto que abrió un abismo. Giges descendió y halló entre otras maravillas que narran los mitos un cadáver que tenía un anillo en la mano. Lo tomó y se reunió con los otros pastores. Al poco tiempo observó que al mover el anillo en su dedo él se hacía invisible. De poseer este maravilloso anillo «no habría nadie tan íntegro que persevera firmemente en la justicia y soportara el abstenerse de los bienes ajenos [...] matar a unos —explica Glaucón— como librar de las cadenas a otros»[14].

En efecto, algunos o muchos harían lo que se explica en el mito, pero no todos, contradiciendo a Platón los habría íntegros. Quien tuviera bien enclavada en su mente una ideología moral acerca de lo justo y debido no usaría el anillo, quien dispusiera de sentimientos morales vigorosos tampoco lo haría. Quizá muchos robarían, pero poquísimos matarían para vengarse o para hacerse con la fortuna de la víctima.

Una insuficiencia de la ética de Epicuro se debe a que no tiene en cuenta lo antedicho, no toma en consideración la varia-

---

14 Balzac en su gran novela *Le pére Goriot* formula la célebre cuestión relativa a matar a un mandarín. Rastignac pregunta a Bianchon: «¿Has leído a Rousseau? ¿Te acuerdas de aquel pasaje, en el que pregunta a su lector, lo que haría, en el caso en que él pudiera enriquecerse, matando en la China a un viejo mandarían, solo con su voluntad, sin moverse de París?» [p. 185]. El novelista se equivocó al atribuir a Rousseau lo que provenía de Chateaubriand quien en la primera parte de su *Genio del cristianismo* al tratar de los remordimientos y de la conciencia escribió: «Yo me pregunto: si te fuese posible, en virtud de un solo deseo, dar muerte a un hombre en la China y heredar su fortuna en Europa, con la convicción sobrenatural de que nunca se averiguaría la verdad, ¿transigirías con tal deseo?» [p. 154].

bilidad de la conciencia moral. En sus *Máximas capitales* escribió: «La injusticia no es en sí misma un mal, sino por el temor ante la sospecha de que no pasará inadvertida a los establecidos como castigadores de tales actos» [34]. «No le es posible a quien furtivamente viola algunos de los acuerdos sobre el no dañar ni ser dañado, confiar en que pasará inadvertido, aunque así haya sucedido diez mil veces hasta el presente» [35]. Pero al filósofo de Samos le podríamos decir: «Querido Epicuro, debemos contradecirte, la injusticia cuando se perjudica o daña a otro es un mal, tanto si hay temor como si no lo hay. Epicuro, vamos a ver, ¿qué quieres decir al hablar de la injusticia en sí misma? La injusticia siempre está relacionada con la vida de los congéneres no hay justicia en sí misma».

Epicuro con razón no cree que se pueda ser invisible para siempre, pero sin razón opina que solo el temor de ser descubierto impide la comisión de acciones inmorales. Se refiere solamente al temor al castigo, pero menosprecia la potencia de la razón, de los ideales morales y la fuerza del respeto y del sentimiento de culpa en conjunción con los otros sentimientos morales. Serán sensibles al castigo aquellos que no han podido desarrollar una conciencia moral más compleja, pero cuando la conciencia moral está altamente desarrollada se hace lo debido como exigía Kant.

Epicuro no observa que Sócrates y otros humanos, pocos o muchos, disponen de una conciencia moral valiosamente conformada que se comportan de acuerdo a ideales benignos. Epicuro no atiende como sí hizo Hume a la operatividad de los sentimientos morales, no atiende al poderío de la razón moral como hizo Kant. Epicuro conocía la opinión de Sócrates acerca de su *daimónion* que le impedía cometer faltas o inmoralidades de todo tipo, pero quizá no estaba de acuerdo con el de Atenas sobre esta importante cuestión.

La filosofía moral de Epicuro entiende que el cultivo de la virtud, y la justicia con ella, depende o deriva del placer o satisfacción que se obtiene al ser justo o virtuoso. Así dice en el fragmento 70 recogido por Usener: «debemos apreciar lo bello, las virtudes y las cosas por el estilo si es que producen placer; y si no, mandarlas a paseo». En la *Carta a Meneceo* que nos transmitió Diógenes Laercio se dice: «Las virtudes están unidas naturalmente al vivir placentero, y la vida placentera es inseparable de ellas» [132].

Así pues, Epicuro opinaba que al ser virtuosos nos sentimos satisfechos y la dejación de la virtud nos comporta malestar, pero si bien es verdad que así sucede en muchas ocasiones no siempre es de este modo como se acaba de recordar que sucede con aquellos que tienen poca vergüenza, escaso sentimiento de culpa o adoptan una ideología moral basada en el propio interés y provecho. No son pocos los que viven de este modo y algunos no viven mal.

La debilidad de la ética de Epicuro, como la de Hume, Kant y otros, se debe a que no realizan un examen completo del ser humano. Sus éticas son parciales. Epicuro no acierta al decir que somos morales porque si dejamos de serlo nos sentimos mal. Como se acaba de decir no siempre es así, en ocasiones nos comportamos de manera inmoral y no nos sentimos mal, así sucedió con su colega Aristóteles que vivía bien mientras que alguno de sus esclavos no vivía tan bien. En segundo lugar, opina que obramos bien por el temor de ser castigados, pero tampoco es de este modo, en muchas ocasiones hacemos lo justo y debido aunque nos puedan reprobar o castigar injustamente como le sucedió a Antígona. Finalmente, Epicuro, al igual que Hume y Kant, no observa el poder de las diversas doctrinas al establecer lo que sea el bien y el mal y del poder de las ideas como motor de los dictámenes de la propia conciencia moral.

En mi trato con la intimidad de los seres humanos he observado que la conciencia moral admite muchos grados. Algunas personas honradas son muy exigentes consigo mismas y otras, igualmente honradas, lo son menos. Unas se gobiernan exclusivamente a través de la voz de su conciencia muy potente, como recomendaron Kant, Sócrates y Demócrito. Otras viven y se comportan vigilando de hacer lo debido para no ser reprobados y avergonzados si fueran descubiertos, están pendientes de la opinión de los demás, y algunos se comportan bien por temor a la sanción importándoles menos la opinión y, en este caso, les importa poco la vergüenza y mucho las consecuencias de orden material, la sanción pecuniaria o la sanción penal. Si la sanción es menor se exponen.

Quienes se comportan guiados con exclusividad por la conciencia moral bien desarrollada en un sentido estricto no son todos y pienso que es bueno aceptarlo así porque de otro modo se habla de la moralidad de acuerdo a lo que deseamos como bueno olvidando lo que existe realmente.

El dolor de conciencia impide la comisión de según que actos como pensaba Hume, pero no siempre. Cuando decimos que se tiene un remordimiento, queriendo señalar que algo nos muerde desde el interior hablamos sobre el dolor e igual sucede cuando se habla del sentimiento de culpa. La evitación del dolor de la propia conciencia y el respeto para con la evitación del dolor de los demás nos detendrán de obrar con inmoralidad, así sucede con frecuencia, pero no todos se comportan de esta forma.

Si la variabilidad de la conciencia fuera aceptada, ¿qué se puede decir o qué se puede hacer para poder evitar el daño de los enanos morales, la de aquellos que no tienen su conciencia muy desarrollada y la de las personas atrapadas por ideologías perjudiciales para los demás? No hay duda que la educación y el cultivo expreso de la urbanidad son muy importantes, pero a pesar de todos los esfuerzos educativos la humanidad no ha encontrado y seguramente no encontrará otro remedio que el castigo o el control de los aprovechados, incontinentes, ideólogos nocivos o los delincuentes y psicópatas.

En relación a estos casos sí que llevaba razón Epicuro cuando suponía que el mal no se haría por temor al castigo, pero no tenía toda la razón. No tuvo en cuenta lo que acerca de este punto había explicado Demócrito sobre el deber en conciencia. Parece del todo evidente que la conciencia moral no es suficiente para garantizar una vida ordenada de la comunidad y se hace necesario el castigo o sanción que son operativos cuando falta la suficiente conciencia o ésta opera haciendo el mal en nombre de un bien tenido por superior. El temor o la evidencia de ser descubiertos si acometemos algo indebido es uno de los ingredientes principales de la rectitud moral como opinaba Epicuro. No queremos ser repudiados por nuestro grupo de pertenencia y el repudio o la reprobación lo evitamos para no ser o sentirnos avergonzados, pero otros más desvergonzados o deshonestos solo se frenarán para evitarse un castigo mayor.

Cuando nuestra conciencia moral es algo más compleja que la de los deshonestos queremos evitar la reprobación para no sentir vergüenza ante los demás y cuando está más elaborada no solo queremos evitar la reprobación sino que lo que toma la delantera es evitar nuestra propia reprobación aunque no la hubiera de parte de los demás. Este último sería el caso de los humanos que, por tomar algunos ilustres ejemplos, serían como Sócrates y Kant, que disponían de una elevada conciencia moral.

Pero de modo general todo queda muy dependiente del tipo de infracción que se pueda acometer, de manera que una misma persona puede sentirse diferente según sean las acciones reprobables que pueda realizar: en ocasiones no sentirá ni vergüenza ni culpa, podrá no ser respetuoso ni compasivo y solo se detendrá si hay castigo; en otra situación el freno que detiene a la misma persona será la vergüenza de ser descubierto; en relación a otra posible infracción no la cometerá para evitar el sentimiento de culpa. El ladrón quizá no siente ni vergüenza ni culpa cuando roba una cartera, pero no robará las pocas monedas de un mendigo porque se sentiría con culpa. La incipiente y parcial ideología moral del ladrón de bolsos le puede impedir robar al desgraciado o al mendigo.

Dejando de lado las pequeñas faltas o inmoralidades que la conciencia tolera guiada por ideas erróneas como pueda serlo la de aquellos que sin decirlo creen que el egoísmo es el Dios de este mundo y que todos estamos en guerra contra todos también los hay que no evitan el mal aunque su conciencia proteste.

Me he extendido algo en estos sencillos y frecuentes ejemplos para mostrar, en primer lugar la variabilidad de la conciencia moral y, además, para señalar que la conciencia moral suele ser algo flácida y amoldable. De nuevo me estoy refiriendo al asunto del carácter aprovechado del humano quizá el pecado de origen, pero este pecado no es siempre mortal ni universal como suponía el Apóstol. Todos somos algo aprovechados, pero no todos somos unos lobos carniceros.

También he hablado de los detalles para poner de relieve que el castigo es fundamental para la consecución de una vida ordenada y satisfactoria en la comunidad. Sin castigo, sea éste reprobación, repudio, sanción económica y penas mayores habrían muchos más faltas y delitos y esto es así porque el grado de conciencia no se da por igual. Seguramente Aristóteles tiene parte de razón cuando en *Ética Nicomáquea* escribe: «la mayor parte de los hombres obedecen más a la necesidad que a la razón, y a los castigos más que a la bondad» [1180a].

¿Ante un inmoral qué se puede decir, qué se le puede decir? ¿Por qué hay que ser moral? No es mucho lo que se puede decir, pero lo poco puede ser suficiente y se me ocurre que lo más sencillo es lo siguiente: «yo no puedo hacerte daño ni causarte perjuicio, pero tu tampoco me lo puedes hacer. Si me perjudicas o me dañas podrás ser castigado», esta es la respuesta ante cualquier que propenda a ser inmoral.

Los inmoralistas han venido a decir: «¿por qué ser moral como vosotros? ¿Por qué no podría haber una moral de los fuertes, de los que quieren actuar según la naturaleza?» A esto último se puede oponer sencillamente: pues porque hay naturalezas que no son fuertes y pueden ser mejores que la de los fuertes y, además, con la supuesta superioridad de la fortaleza natural se puede dañar muy gravemente a los demás.

Hay no pocos inmorales, sádicos, pederastas, ladrones, algunos de ellos bien descritos en algunas novelas de Sade, que aluden a su naturaleza para excusarse de sus acciones reprobables. Si no son unos psicópatas incapaces de oír la queja de los demás se les puede oponer: «Te confundes al considerar lo que es la naturaleza, la tuya tan egoísta y la de los demás. La naturaleza del animal humano es también cultura humana, no es naturaleza sin más o naturaleza prehumana. Ante los semejantes estás obligado a hacer lo debido, no puedes perjudicar. Tu conciencia moral no contiene, al parecer, la idea de considerar a los demás como iguales y dignos, pero si pretendes aprovecharte de ellos te atendrás a las consecuencias».

Podría proseguirse: «Tus iguales no son instrumentos o cosas de las que servirse. No puedes perjudicar a los demás guiado por tu egoísmo sin freno. Tal vez sea algo difícil argumentar que no debes orinar, aunque lo hagas con discreción, en una callejuela desierta de la ciudad como hacen los perros tan abundantes, pero lo que está claro es que no puedes mearte encima de mis pies. Hay que ser moral, no solo porque puedas tener compasión, ser altruista, o virtuoso sino por deber. No se te puede obligar a que hagas el bien y sancionarte por no hacerlo, pero se te obliga a que no hagas el mal. Este es el deber fundamental». Hay que ser moral para no vivir mal, todos. Calicles en el *Gorgias* de Platón intenta convencer a Sócrates de que hay que seguir la ley del más fuerte. Pero si hay muchos ladrones en la comunidad de Calicles, Calicles no vivirá bien. Y, si éste dijera, que no parece, que él puede ser ladrón y vivir bien, entonces, habría que decirle que se le perseguirá por ladrón del mismo modo que en la aldea se ahuyenta y se aparta a la víbora o al oso. Pienso que poco más hay que decir a quienes se muestran reacios a la moralidad, a la educación y a la urbanidad.

La ideología moral de Thomas Hobbes y la ideología de los acomodaticios, los aprovechados y los sinvergüenzas

En este momento algún lector puede interpelarme con toda razón: «Usted se pone pesado diciendo que las razones o la ideología a menudo mandan sobre los sentimientos y ahora nos cuenta que mucha gente que dispone de escasa cantidad o potencia de los sentimientos morales se comporta con moralidad por temor al castigo, ¿dónde está la ideología que supuestamente tiene tanto poder? Parece que no la hay o no es operativa».

La respuesta sería la siguiente: estas personas, aunque no lo digan, mantienen la siguiente ideología moral que entronca con la de Thomas Hobbes: todos los humanos estamos en una guerra de todos contra todos, el egoísmo y el interés por lo propio domina el mundo, solo la espada impide que se sea manifiestamente inmoral. Sin Estado ni policía todos seríamos ladrones o incluso nos mataríamos entre sí. Hay muchas personas que sin haber leído a Hobbes mantienen ideas parecidas a las del filósofo del siglo XVII.

La ideología moral basada en una antropología aciaga del humano está mucho más extendida de lo que parece. Por supuesto que quienes la mantienen, muchas veces en secreto, no han leído a Hobbes ni a Platón, ni a Pablo de Tarso. Acaso lo que sucedió fue lo contrario: Pablo, Platón y Hobbes leyeron a los seres humanos, pero realizaron una lectura parcial, unilateral. No todos los humanos son esclavos de la concupiscencia o del interés sin medida por lo propio, lo que Hobbes describió como competencia.

Veamos entonces alguna de las opiniones del filósofo inglés del siglo XVII. Ha llegado el momento de examinar la ideología de los acomodaticios en extremo, de los muy aprovechados, de los codiciosos, los mundanos y, sobretodo, la de los desvergonzados y sinvergüenzas que en apariencia no tienen ideología sino solo interés por lo propio y escaso miramiento o respeto para con los otros.

Estas ideas también gobiernan a una gran parte de los seres humanos que se comportan con suficiente corrección, pero que sin protestar se acomodan con facilidad ante la injusticia y el perjuicio. Me refiero a aquellos que piensan y dicen: «el mundo siempre ha sido así, ¡Qué le vamos a hacer!». Éstos no siempre se arrodillan ante el mundo, ante la mundanidad, pero aceptan sin más que otros lo hagan.

Es importante observar que la ideología mundana, aquella que acepta y se adapta con provecho a lo que es o sucede, también a lo que está de moda y a lo vano entronca o se identifica con la ideología que describo. El mundano, al igual que el desvergonzado, se refugia bajo las ideas de que las supuestas maravillas del mundo, el dinero en gran cantidad, la fama, la vanidad son lo único que procura el bienestar.

Me serviré de Hobbes, pero debo decir de inmediato que este filósofo no fue un inmoralista: él creyó observar que el humano es una criatura que si no es atemorizada por la espada se conduce de modo natural como los demonios. Hobbes proponía que el propio ser humano guiado por su razón observó que necesitaba de un pacto o contrato para evitar la guerra de todos contra todos. El humano aprende pronto que sin este acuerdo no hay paz, la mejor situación, según Hobbes, para la humanidad.

En *Tratado sobre el ciudadano* [*De cive*] Hobbes expone que no es razonable decir que «los malos lo sean por naturaleza» [p. 8] sino que son malas las acciones que provienen de nuestra naturaleza animal cuando no son reprimidas por la sociedad civil. «La condición humana fuera de la sociedad civil (condición que puede llamarse estado de naturaleza), no es otra que la guerra de todos contra todos y que en esta guerra todos tienen derecho a todo» [p. 9]. Hobbes venía a proponer que fuera de la sociedad civil el hombre es un lobo para el hombre, pero en la sociedad civil el hombre puede ser un Dios para el hombre. La sociedad civil, el Estado, mantendría dóciles a los lobos. En parte tenía razón, pero solo en parte.

Veamos con algún detalle ciertas opiniones de Hobbes acerca del ser humano escritas en su *Leviatán*. Se observará que claramente se pueden aplicar a aquellos que se aprovechan de la situación guiados por el egoísmo y muchas veces por la desvergüenza. Los sinvergüenzas en ocasiones también se presentan o se describen a sí mismos como lo hizo Hobbes. El filósofo inglés acertó plenamente, sin espada, sin Estado, sin Leviatán, los desvergonzados, los aprovechados y los sinvergüenzas dañarían a los demás y a sus intereses legítimos. Tenía razón, pero solo en parte, dado que no todos, no todos los humanos son como él describe.

Hobbes no habla del respeto ni del sentimiento de culpa, ni de ideales, se refiere a la lástima o compasión y a la vergüenza, también habla del perdón, pero estos sentimientos morales, a su juicio, no pueden detener el afán de poder y la competencia o egoísmo de la humanidad, solo la ley, ley impulsada por la razón, lo logrará. Solo la espada, el Estado, surgido del pacto o acuerdo mutuos, puede hacer valer la ley para propiciar y mantener la paz de la comunidad, el valor más estimado por él.

«De manera que doy como primera inclinación natural de toda la humanidad [*sic*, así dice: toda la humanidad] un perpetuo e incansable deseo de conseguir poder tras poder, que solo cesa con la muerte» [p. 93]. Y, ¿qué es el poder para Hobbes?: «Tomado universalmente, el PODER [así, en mayúsculas, lo escribe Hobbes] *de un hombre* lo constituyen los medios que tiene a mano para obtener un bien futuro que se le presenta como bueno. [...] El *valor* o VALÍA de un hombre es, como ocurre con todo lo demás, es su precio, es decir, lo que daríamos para hacer uso de su poder» [pp. 83-84]. «El dominio y la victoria son honorables porque se consiguen mediante el poder; la servidumbre motivada por la necesidad o el miedo es deshonorable» [p. 87].

«De modo que, en la naturaleza del hombre, encontramos tres causas principales de disensión. La primera es la competencia; en segundo lugar, la desconfianza; y en tercer lugar, la gloria. [...] La primera hace uso de la violencia, para que así los hombres se hagan dueños de otros hombres, de sus esposas, de sus hijos y de su ganado. [...] Mientras los hombres viven sin ser controlados por un poder común que los mantenga atemorizados a todos, están en esa condición llamada guerra, guerra de cada hombre contra cada hombre [...] cada hombre es enemigo de cada hombre» [p. 115].

«Pero el hombre, que goza comparándose a sí mismo con otros hombres, solo puede saborear lo que puede destacarlo sobre los demás» [p. 155]. En su *Tratado sobre el ciudadano* Hobbes escribió: «hay que afirmar que el origen de las sociedades grandes y duraderas no se ha debido a la mutua benevolencia de los hombres sino al miedo mutuo» [p. 17].

Como es evidente Hobbes pensaba que así somos los humanos, pero esta ideología no es la que se adopta en este libro. Entiendo que, en efecto, así son algunos o muchos, pero no todos. La ideología moral de Hobbes, sin haberlo leído, es la que sostienen los aprovechados, los inmorales, los desvergonzados y los sinvergüenzas. Para algunos de estos vale todo si se puede eludir el castigo: el interés por lo propio aunque ocasione perjuicios o daños, la codicia que se convierte en expolio, la venganza, el juego sucio, la mentira, incluso la malicia. También pueden adoptar este tipo de ideas muchas personas honestas que piensan que los demás no son honrados como ellos.

Quienes disponen de escasos sentimientos morales o no están conformados por ideologías morales benignas pueden pensar y sostener, como decía Hobbes de todos, que el humano está en guerra con los demás, que «cada hombre es enemigo de cada hombre».

Sobre la intención y la buena voluntad

Es del todo evidente que la intención es un elemento determinante en la consideración de las acciones y de las omisiones. Kant en *Metafísica de las costumbres* escribió de un modo categórico del que no cabe interpretación: «moralidad, es decir, la intención» [392]. Pero no parece que la sola intención baste para establecer lo que sea la moralidad. Muchas personas dicen comportarse con buena intención, pero ocasionan molestias y perjuicios a veces muy graves.

Kant era muy riguroso, para él no valía cualquier intención calificada como buena. Inicia su *Fundamentación para la meta-*

física de las costumbres con estas palabras: «No es posible pensar nada dentro del mundo, ni después de todo tampoco fuera del mismo, que pueda ser tenido por bueno sin restricción alguna, salvo una *buena voluntad*».

Parecería, entonces, que cualquiera puede establecer lo que sería una buena intención, una buena voluntad, pero no es así. Al cabo de unas páginas nos da el único criterio posible para poder calificar una voluntad como buena: el deber. «El concepto del *deber*, el cual entraña la noción de una buena voluntad» [A 8]. A su vez el deber se desprende de la ley moral. Así, pues, para Kant no vale cualquier enunciado caprichoso sobre la buena voluntad que no se desprenda del deber y éste de la ley moral.

Pienso que la intención en el obrar de los humanos guiada por una buena voluntad es fundamental. La buena voluntad contribuye poderosamente al bienestar y a una convivencia saludable. La mala voluntad o el juego sucio en las relaciones humanas siempre daña la relación y las personas.

Pero, con todo, ¿estamos obligados a definir la voluntad buena como hace Kant? ¿Podemos basar la moralidad en la sola intención? ¿Podemos adoptar otro criterio? ¿Qué pensar cuando con buena voluntad se perjudica o daña? Mi respuesta sería que si nuestra buena voluntad hiere o daña pudiéndolo evitar esta voluntad no es buena o no es del todo buena aunque concuerde con el deber tal como Kant lo propone. Siempre que he actuado guiado con el solo criterio de mi buena voluntad o por unos principios conformes al deber sin atender las consecuencias de mi obrar me he equivocado y he ocasionado un daño que hubiera podido evitar. Pero Kant no aprobaría mi propuesta. Veamos.

Coherente con su sistema aclara en *Fundamentación*: «La buena voluntad no es tal por lo que produzca o logre, ni por su idoneidad para conseguir un fin propuesto» [A 3]. Como se ve Kant separa tajantemente la voluntad buena, la intención buena de los logros, de la consecuencia de la acción u omisión pretendidamente moral. Si se hace lo que reclama el deber la intención, según él, será buena con independencia de lo que suceda a continuación. La consecuencia de las obras no cuenta ante la buena intención.

El filósofo alemán de acuerdo con su pretensión de dejar de lado a las consecuencias de la acción, en la *Metafísica de las costumbres* y a propósito de la mentira explica: «la mentira (en el sentido ético de la palabra), como falsedad deliberada, no precisa perjudicar a otros para que se la considere reprobable; porque en este caso sería violación de los derechos de otros. Su causa puede ser la ligereza o la bondad, incluso puede perseguirse con ella un fin realmente bueno, pero el modo de perseguirlo es, por la mera forma, un delito del hombre contra su propia persona y una bajeza que tiene que hacerle despreciable a sus propios ojos» [430].

En este pasaje como en otros muchos se establece la diferencia entre moralidad y derecho; si una mentira perjudica a alguien cae en el ámbito del derecho, si no perjudica manifiestamente o, incluso, beneficia, el derecho nada puede decir, pero la moralidad debe y puede decir mucho. No se podría mentir nunca, en ningún caso, no valen ni excusas ni circunstancias.

Pero, entonces, el problema que se presenta es el siguiente: según el filósofo no se puede mentir nunca aunque se diga que la intención es buena porque no lo es; la intención, entonces, queda para siempre desligada de las consecuencias y atada con una cadena de hierro a una ley moral que se quiere presentar como existente al margen de la experiencia. Todas las intenciones para ser buenas y aceptables deben corresponderse con la ley moral, no se deben corresponder con los frutos o consecuencias de la acción.

A mi entender Kant no resuelve el problema sino que crea uno nuevo: empeñarse en promulgar una ley moral al margen de la experiencia lo complica todo porque una ley formal no siempre puede atajar y proscribir el daño. ¿Puede una ley formal autorizar o prohibir la tortura? o, en un supuesto menos maligno, ¿puede autorizar o prohibir pegar a un niño para su reconvención o a un delincuente para castigarle? Es evidente que no puede, pero según Kant sí puede saberse si hay que castigar o torturar, él con su ley moral lo sabe. Como escribe en *Metafísica de las costumbres*, el delincuente será castigado incluso a «trabajos forzados o trabajos en la prisión», en algunos delitos para siempre; quizá sea esto una forma de tortura. Y, si el delincuente «ha cometido un asesinato, tiene que *morir*» [333] escribe Kant. Él supone que su ley moral siempre, en cualquier circunstancia, lo debe prescribir de este modo.

Kant todavía lo complica más en numerosas ocasiones. La ley de Kant no permite el goce de la sexualidad fuera del matrimonio, establece «que si el varón y la mujer quieren gozar mutuamente uno de otro gracias a sus capacidades sexuales, *han de casarse necesariamente* y esto es necesario según leyes jurídicas de la razón pura» [278].

«El contrato conyugal no es un contrato arbitrario, sino un contrato necesario por la ley de la humanidad» [278]. Aquí la ley de la humanidad es la ley moral, pero aunque fueran distintas, que no parece, ¿cómo sabe Kant lo que es la ley de la humanidad? Si tal ley existe solo la experiencia puede extraerla y si se dijera que la sola razón lo puede hacer mal asunto para la ley moral kantiana.

Platón mantenía una opinión contraria, su ley era otra y partía como la de Kant de fundamentos filosóficos y religiosos, aunque diferentes. En su *República* escribió como ley para los guardianes: «se sigue esta ley [...] todas estas mujeres deben ser comunes a todos estos hombres [...] no creo que se discuta que al tener las mujeres en común y en común los hijos es el bien supremo» [457c-d]. Uno y otro, Platón y Kant, como todos, ¿no hablamos sobre la sexualidad guiados por la ideología o creencia que adoptamos?

El autor alemán cree saber que la ley moral dicta que la homosexualidad es un vicio contra la naturaleza [277] y le permite legislar acerca de lo que es contra o a favor de la naturaleza. En oposición a Kant se puede opinar que la homosexualidad es tan natural como la heterosexualidad. Hoy sabemos por experiencia que la homosexualidad es una variante sexual natural. También la pederastia es natural, pero, en este caso, debe ser claramente proscrita y castigada al ocasionar dolor, en tales casos, grave turbación y daño al niño o a la niña. Mala suerte para el pederasta, debe contenerse, no podrá satisfacer su sexualidad. También tiene mala suerte el joven que debido a un cáncer de hueso se le amputa la pierna o muere prematuramente.

¿Cómo sabe la ley moral de Kant lo que es natural? Kant cree que lo sabe mediante el uso de la razón pura, él sabe *a priori* de la experiencia que la homosexualidad es un vicio y el matrimonio debe ser para siempre y «si uno de los cónyuges se ha separado o se ha entregado en posesión a otro, el otro está legitimado siempre e incontestablemente a restituirlo en su poder, igual que una cosa» [278]. A propósito de si Kant dijo o no que nunca se tratará a nadie como cosa acabamos de leer que es legítimo tratar a otro como cosa si, a su vez, se le trata como fin.

Aunque el filósofo argumentaba que la ley moral formal no dependía de la experiencia y, por consiguiente, de la ideología, por lo expuesto acerca de su opinión sobre la homosexualidad y el matrimonio parece obvio que la ideología o creencia que asumió determinó lo que él le hacía decir a su ley formal supuestamente pura.

Por lo que hace a la intención parece más acertado aceptar que a ella debe acompañarla el análisis de las consecuencias o efectos, de los frutos de la acción o de la omisión porque con la sola intención aunque sea buenísima de acuerdo a una supuesta ley moral se pueden cometer muchos errores como se acaba de ver. Los errores pueden acabar en atropellos y la moralidad debe evitarlos. La moralidad debe basarse en los hechos porque siempre son los otros quienes van a padecer las consecuencias de la acción supuestamente moral. «Por los frutos los conoceréis», «creed por las obras».

Que la intención debe ser valorada nadie lo duda y en base a ella se reprueba y se castiga la preparación de algo todavía no consumado cuando es evidente el daño que se va a producir como ocurre con la preparación de un acto terrorista que tiene la intención de perjudicar seriamente o matar. No obstante, decir como hace Kant en *Metafísica de las costumbres* [392] y en otros tratados que la moralidad es la intención es unilateral e insuficiente. Pero ¿por qué lo dijo? Lo propone de este modo porque se empeñó en construir una ética formal, una ética que quería expresamente alejarse de lo material, del sentir de los humanos, del dolor, del daño y, en consecuencia, tuvo que prescindir de las obras, de las consecuencias.

En oposición a Kant aquí se acepta una ética material y se dice: hay que contar con la intención, pero no solo con la intención. La acción moral para serlo depende de tres factores: la intención, el deber y los efectos o consecuencias y en cada caso o situación uno de estos componentes adquirirán mayor o menor importancia relativa a los otros dos.

En la reflexión moral el examen de la consecuencia o efecto de los actos debe determinar y hacerse presente con mayor poderío que la voluntad o intención. No entiendo ni acepto una ética formal basada en la sola intención dado que una buena intención puede comportar dolor y daño. Una moralidad que se fundamenta en una ley abstracta y en una intención o voluntad que se basa en ella no atiende a los otros, es una ética que parece solipsista, una forma de subjetivismo extremo que no mira con miramiento a los congéneres.

La intención vale para lo malo y para la bueno, pero solamente cuando se ha cumplido, desplegado o vaya a cumplirse la acción prevista en la intención. Se puede tener la intención de favorecer a alguien de acuerdo a una ley, pero si se le perjudica y este perjuicio podía preverse la acción moral no puede ser buena.

En ocasiones se ha hablado y reprobado que algún juez se habría conducido guiado por su ambición, ansia de notoriedad o incluso guiado por intenciones vengativas, pero si tal juez hace bien su labor no se le puede reprobar aunque su intención al realizar su trabajo no fuera ejemplar. Será un buen juez si juzga bien aunque fuera verdad que hubiera tenido la intención de vengarse. Otra cosa será el juicio valorativo de cómo es tal persona. Kant pensaría que este supuesto sería tan o más grave que el del comerciante que no estafa a sus clientes con la intención de no desprestigiase, pero en estos casos y en tantos otros lo decisivo es lo que sucede no la buena o mala voluntad acorde con la ley moral. En muchas ocasiones lo que se hace y cómo se hace tiene más importancia que las intenciones virtuosas o acordes a una ley formal.

El realismo y sentido común de Stuart Mill se impone cuando al referirse a la conciencia de las personas virtuosas escribe en *El utilitarismo*: «estas consideraciones no son relevantes para la estimación de las acciones sino de las personas» [p. 70]. Quizá alguien pudiera decir que Kant podría estar de acuerdo con esta afirmación, pero no sería de este modo porque Mill estima las acciones de acuerdo a los frutos de las mismas, no está preso de una doctrina sobre la buena intención.

Al respecto de lo anterior Kant se situó en un terreno doctrinal en el que el juicio de las acciones o consecuencias corresponde al derecho y el de la intenciones a la moralidad y a algunos esto les parece claro y suficiente, pero no dice mucho o, según se mire, dice demasiado porque con esta doctrina se puede exculpar moralmente al torturador bien intencionado que cumple con un derecho reprobable, un derecho positivo que aprobara la tortura y una ley moral como la de Kant permite esclavizar al delincuente, una forma de tortura. La tortura, el fruto cosechado de esta acción, siempre será o debería ser moralmente reprobable aunque la intención fuera buena. También la amputación genital de las niñas se hace con buena intención y no hay ley moral *a priori* de la experiencia que la pueda condenar, si lo hiciera se basaría en la experiencia sobre el dolor y el daño.

Ya se dijo que en el caso de Kant, aunque él pretenda lo contrario, hay una idea del bien y del mal previa a su ley, esta noción previa del bien y del mal humilla al imperativo: el asesino «tiene que morir» se desprende de una idea, de una ideología buena o mala. Una ley moral pura no puede decir si el asesino debe morir o no y si Kant pretende que lo puede decir se hace evidente que dicha ley y su imperativo quedan dependientes de una determinada idea sobre el bien.

No vale decir como algunos hacen: Kant es hijo de su tiempo. Esta es la cantinela habitual de los adherentes a determinado pensador, filósofo o a su pensamiento para evitar contradecirle, pero es una argumentación falaz, impropia. En el caso de Kant sería una argumentación inadecuada, primero porque él no la aceptaría y, en segundo lugar, porque él como Sócrates y otros filósofos examinaban y proponían una filosofía moral que pudiera servir para todos los humanos y para todo tiempo. Kant intentó edificar una ética que pudiera valer en todo tiempo y lugar aunque no lo consiguió y cayó en el relativismo al aceptar la ideología que veía bien que la mujer o el trabajador manual no tuvieran el derecho de ser ciudadanos elegibles y elegidos.

Algunos que no son kantianos, pero que dicen tener buenas intenciones pueden explicar: soy adúltero, pero no tengo intención de hacer daño porque mi pareja no se va a enterar. Esta suele ser la explicación de muchos que se comportan así. Se salvan a través de su buena intención de la que no cabe dudar, aunque es evidente que no entienden la intención como Kant. He conocido a más de uno y a más de una, bienintencionados, escrupulosos en otras áreas de la vida, buena gente, que eran adúlteros sin intención de dañar. Naturalmente que los kantianos dirían: en estos casos no se cumple con la ley moral y la intención solo es buena si es acorde con la ley que se pueda universalizar.

Pero en el caso del adulterio yo no me apoyaría en una ley abstracta y formal sino en una concreta y material que propone o dice: a pesar de que no se tenga la intención de perjudicar se daña a la pareja aunque no se entere del adulterio. Se manipula a la pareja, se manosea la relación con el engaño, se perjudica a quien no sabe, pero ¿cómo puede ser que se dañe a alguien que no se entera del mal? Pues sencillamente porque con el engaño la persona que no sabe qué está pasando tampoco sabe que se está relacionando con una persona que no existe. El engañado piensa que mantiene una relación con una persona honesta que ha prometido fidelidad y lealtad, pero esta persona honesta no existe. El que engaña manosea la relación y manipula a las personas, las trata como cosas a su servicio.

La evidencia de perjuicio siempre se construye *a posteriori* y lleva a concluir que solo se puede reprobar una acción si nos dotamos de una ley material, la que observa el dolor y el daño. Entiendo que solo se puede desaprobar el adulterio o cualquier otra acción reprobable si se piensa en el daño causado y en el que se podría causar aunque no se sea descubierto. Si se sigue reprobando es por las consecuencias no por lo que pueda decir una ley formal.

La intención buena, la buena voluntad que no se sujeta al criterio de evitar el dolor y el daño suele servir para imponer los propios valores y se acaba por hacerlo. La buena intención puede incluso justificar la muerte del hereje porque la buena voluntad, a pesar de lo que dijera Kant de ella, muchas veces está al servicio de las ideas en lugar de estar al servicio de las personas. ¿Acaso la ley moral de Kant no es una idea? ¿No fue Kant quien argumentó que el respeto se debe a la ley y a las personas de modo secundario? Para algunos o para muchos, al contrario, lo primario es el respeto a las personas, la ley es secundaria y se establece para evitar el daño, no a la propia ley, sino a los demás humanos.

Se puede albergar la mala intención de que alguien muera, incluso puede pensarse cómo podría suceder la muerte, pero si no se emprende ninguna acción y nadie muere no se será moralmente culpable. Quizá Kant nunca deseó la muerte de alguien, pero muchos seres morales desean o esperan la muerte de otros. A primera vista puede parecer incorrecto que se espere la muerte de un semejante, pero si nos quitamos las máscaras se puede observar que innumerables personas decentes lo piensan y se sienten satisfechas cuando esto sucede aunque algunos, pero no todos tendrán algún remordimiento que pronto va a disolverse. Así lo he visto en no pocas ocasiones.

Uno puede soñar con fruición que perjudica a alguien o lo envenena, el otro sueña que la ayuda en todo, pero lo que cuenta de verdad es lo que ambos hagan o dejen de hacer cuando despiertan. Lo que cuenta son los frutos. No digo que no se deban reprobar las males intenciones, lo que digo es que estoy completamente seguro de que la sola intención no basta para enjuiciar la moralidad. Aristóteles, como Kant, pensaba que la intención tenía mayor valor que las obras, pero, a su vez, pudo escribir en *Ética Nicomáquea*: «el bueno y el malo no se distinguen mientras duermen» [1102b].

El deseo de muerte para un adversario es relativamente frecuente y la espera de una defunción es muy frecuente aunque siempre se oculte. Lo que hay en la cabeza si no traspasa a la realidad tiene poco o ningún contenido moral. Por consiguiente, tampoco estoy de acuerdo con el evangelista Mateo cuando pone en boca de Jesús que desear el adulterio o desear la muerte de alguien es tan grave como haberlo realizado.

Muchos expertos en el Nuevo Testamento, católicos, cristianos, ateos o agnósticos explican que algunos dichos de Jesús recogidos en los evangelios no son históricos sino construidos por los teólogos que los escribieron, seguramente líderes, presbíteros u obispos de las iniciales iglesias cristianas. En mi caso opino que Mateo fue un teólogo muy estricto y exigente. De los cuatro teólogos evangelistas solo Mateo y Marcos identifican un deseo con la obra consumada, pero esto parece excesivo y no se corresponde bien con el conjunto del mensaje de Jesús.

Como escribí en otro pasaje de este libro entiendo que el Maestro del evangelio fue un ser tolerante y sin rigideces u obsesiones morales, precisamente, algunos fariseos estrictos le acusaban de que comía con pecadores y publicanos [recaudadores de impuestos, algo o muy odiados por los judíos]. En lo relativo a la tolerancia de Jesús, parece que fue histórico lo que ahora dice el mismo Mateo de Jesús: «aprended de mí, que soy manso y humilde de corazón; y hallaréis descanso para vuestras almas. Porque mi yugo es suave y mi carga ligera» [11, 28-29].[15]

---

15   Hay dos Mateos principales en el Nuevo Testamento: Mateo el apóstol y Mateo el evangelista, el apóstol era publicano. Mateo, el teólogo evangelista, escribió sobre Mateo el apóstol: «vio Jesús a un hombre llamado Mateo, sentado en el despacho de impuestos, y le dice: «Sígueme». Él se levantó y le siguió. Y sucedió que estando él a la mesa en casa de Mateo, vinieron muchos publicanos y pecadores, y estaban a la mesa con Jesús y sus discípulos. Al verlo los fariseos decían a los discípulos: «¿Por qué come vuestro maestro con los publicanos y pecadores?». Jesús que lo oyó dijo: «No necesitan médico los que están fuertes sino los que están mal. Id, pues, a aprender qué significa aquello

Lo que ocasiona mayor mal a la humanidad, más sufrimiento y mala vida es la falta de atención o de miramiento y por desgracia en muchos casos esta situación va unida a las personas que dicen tener buenas intenciones. En estos casos la gente mira con mayor sigilo su intención pero no mira si lo que haga o deje de hacer va a significar un mal, un dolor, un perjuicio.

La filosofía moral que se decanta a favor de la intención en demérito para la consecuencia suelen fundamentarse en el bien. Necesita hacerlo de este modo para justificar la entrada del mal en su sistema. Debe articular las cosas de manera que al mal se lo pueda transformar en bien. Así proceden Aristóteles y Kant, dos máximos representantes de la intención en su sistema y pueden aportarse numerosos ejemplos explicados por ellos mismos donde se ve con claridad lo que se esta discutiendo.

Para oponerse a lo que acabo de exponer que no se me diga que en ocasiones causamos dolor e incluso daño con buena intención y se me ponga como ilustración el caso del médico que ocasiona sin quererlo un mal, daño o perjuicio a un paciente. No me sirve el ejemplo puesto que estoy hablando de un mal que la víctima no aprueba, no lo acepta, no lo consiente. Un paciente sabe que es posible que de una actuación médica correcta aparezca un daño o menoscabo, pero el paciente después de ser plenamente informado por su médico acepta, consiente, aprueba que pueda advenirle algún perjuicio. Sin embargo, una víctima nunca acepta o consiente el mal que se le ocasiona. Si un paciente no acepta lo que el médico propone éste debe de-

de: *Misericordia quiero, que no sacrificio.* Porque no he venido a llamar a justos, sino a pecadores» [9, 9-13]. Jesús no llama a los justos aunque no crean en él, éstos ya cumplen siendo justos, ha venido a llamar a los pecadores. Esta es otra diferencia notable con Pablo: el apóstol de los gentiles llamaba también a los justos para que pudieran salvarse si tenían fe en el Resucitado.

tenerse, no puede ni debe seguir adelante, faltaría a su deber y si hiciera lo que el paciente rechaza sería castigado.

Está claro, entonces, que estoy hablando de las víctimas, de aquellas personas que no aceptan el mal que se les hace y si tenemos en la cabeza la idea de que lo primordial de la moral es no hacer daño entenderemos mejor estas cosas. Tal vez cuando en una filosofía moral se acepta con desmesura la voluntad de lo bueno y, por consiguiente, se hace del mandamiento de no hacer el mal algo secundario, ello es debido a que se acepta que la vida en sociedad necesita cerrar los ojos ante diferentes males.

Si invertimos los principios y se dice: el bien que persigues y tu buena voluntad son algo muy apreciable, pero antes que en esto piensa en mal o en dolor de tu acción, la situación moral cambia por completo. Que la guía de la acción o de la omisión sea el mal que se pueda ocasionar obliga de manera directa a entrar en el mundo de la igualdad y de la dignidad para todos, lo cual no sucede necesariamente con la ética del bien. Si se tiene en cuanta el dolor y el daño ya no se puede dominar a la mujer, ni golpear a nadie, ni tomarse la justicia por su cuenta al apalear al pendenciero y complacerse por ello amparándose en una intención buena.

El caso de Aristóteles, si cabe, todavía es más transparente que el de Kant, él tenía que justificar moralmente cuestiones de hecho que podían ser muy discutibles y tuvo que optar por la intención en detrimento de las obras y, fue muy claro como de costumbre. En *Ética Eudemia* escribió: «alabamos y censuramos a todos los hombres considerando su intención más que sus obras» [1228a13-14]. En su *Retórica* dice: «es en la intención [*proaíresis*, decisión, elección meditada] donde está la maldad y el delito, y nombres como el de "injuria" o "robo" implican en su sentido la intención. En absoluto hay malos tratos por haber golpeado, a menos que haya un propósito, como deshonrar al otro o disfrutar de ello» [1374a].

Sería bueno, entonces, golpear al esclavo o a la mujer si la intención, si la elección meditada, es buena. Si la intención o voluntad es buena, matar a un asesino será moral pueden decir las ética del bien como la de Aristóteles o Kant. Para ellos si la intención o voluntad es buena, dominar a la mujer o negarle los derechos civiles estará justificado. Un sistema moral que prohíba de modo imperativo no causar dolor y daño, no puede ser formal como el kantiano o prudencial como el de Aristóteles pues ambos acaban siendo relativistas y disponen de resquicios que permiten determinadas acciones que causarán daño y así acaba ocurriendo con las éticas del bien.

Es de justicia aclarar que Aristóteles en *Ética Nicomáquea* ha modificado algo su pensamiento. Ahora se presta más atención a las obras que a las intenciones y dice: «en la intención [*proaíresis*] radica lo principal de la virtud y del carácter» [1163a23]. Dicho así no hay nada que objetar si se atiende también a las consecuencias. Al referir la intención al carácter y a la virtud nada hay que decir, seguramente Kant y Stuart Mill estarían de acuerdo. Ser veraz es virtuoso aunque tomar la veracidad como único criterio es falaz, se puede ser veraz y ocasionar el mal, por consiguiente deben preverse, en cada caso, las consecuencias de decir la verdad.

Con todo, la consideración de las consecuencias o efectos para enjuiciar la moralidad de una acción u omisión no es suficiente, debe considerarse también el contenido de la intención. En algunos casos la intención deberá tomar la delantera mientras que en otros la tomará el análisis de los efectos. Pienso que esto pueda ser así en una ética de la igualdad que toma como elemento primordial el respeto a la persona por encima de las doctrinas.

Una ética de la igualdad que se centra en la evitación del daño respeta el sagrado mandamiento de evitar el dolor porque nadie lo quiere, no puede dejar de ser una ética casuística que examina cada caso de un modo singular. La intención y solo ella no es suficiente para una ética que examina los casos de un modo singularizado, personalizado. El personalismo, la consideración de la singularidad personal de quien es objeto de una acción debe estar en la base del casuismo si pretendemos una moralidad para todos. Pero el casuismo requiere inexcusablemente mirar y obedecer al principio general de evitar el mal.

Tomemos el caso aludido por Aristóteles: es bueno golpear a un esclavo si merece ser castigado o es bueno que la mujer esté sometida al varón, puede decir una ética del bien, pero por encima de la ideología del victimario, ¿qué dice la víctima singular? Creo que se hace evidente que la intención nunca obra en el vacío sino que siempre está sujeta a la concepción de la moralidad en la que la intención se cría y crece.

¿Cómo resolver la cuestión, cómo se sabe que la intención es buena o mala? No hay modo de escapar a la consideración de los efectos, al análisis de cada caso o situación, pero hay que tener claro que tanto la intención como el efecto de una acción moral se enjuician de acuerdo a la ideología que subyace y que siempre existe aunque se la niegue.

La intención no puede analizarse tomando en consideración solamente la subjetividad del agente moral sino que debe, según mi ideología moral, referirse a los efectos de esta intención, se hace imprescindible objetivar los efectos de la intención. Un verdugo puede estar convencido de que la tortura que aplica es buena porque su intención es buena y es buena la intención de quienes le mandan torturar, así sucedió con la Inquisición, pero si la ideología moral subyacente dice que no se puede dañar a un semejante la bondad de la intención desaparece y así en otros supuestos.

La acción moral para serlo depende de tres factores: la intención, el deber y los efectos o consecuencias y en cada caso uno de estos componentes tendrán mayor o menor importancia relativa a los otros dos porque no se pueden establecer juicios incondicionados con respecto a uno solo de los componentes señalados, hay que observar los tres factores. Si la intención no comporta ninguna acción deja de tener importancia. Como ya dije: yo puedo soñar que mato a alguien que me perjudica, pero lo decisivo es lo que voy a hacer cuando despierte.

Hay que actuar conforme al deber, pero no necesariamente con una conformidad exclusiva con el deber derivado de la buena intención, puesto que si se hace lo debido ya es suficiente. Pero según Kant no actúa moralmente el comerciante que procede guiado por «una intención egoísta» para no engañar al público. Contradiciendo a Kant puede decirse que esta pretensión moral rigorista es ilusoria a no ser que estemos dispuestos a considerar inmorales a la mayoría de negociantes. En este supuesto, la intención pasa a un segundo plano y el deber y sus efectos toman la delantera. Lo realmente importante es que el comerciante no engañe aunque obre por motivos egoístas puesto que lo decisivo es la consecuencia, no es obligatorio, como señala muy oportunamente Stuart Mill, considerar si el comerciante es virtuoso o no. Lo que importa es que el comerciante cumpla con su deber y no engañe al cliente.

Mientras se haga lo que se debe de acuerdo con los buenos efectos previstos, la intención puede resultar superflua. Cuando el conocido filósofo moral Ernst Tugendhat critica a los partidarios del contrato social como fundamento de la moralidad no es del todo justo con ellos. En sus *Lecciones de ética* dice que «el contractualista quiere parecer honrado porque le resulta ventajoso» [p. 108], pero aquí se confunde, como ocurre frecuentemente con las éticas del bien, las de la voluntad buena o de la virtud. Tugendhat y otros son innecesariamente rigoristas con las personas, pero no otorgan la importancia que merece a las obras, a las consecuencias que es en definitiva lo realmente decisivo.

Se debe precisar algo más sobre el valor respectivo de la intención porque parece indudable que no se pueden tratar todas las acciones morales con parcialidad tomando como criterio a solo uno de los componentes que intervienen en la acción moral: intención, deber, consecuencias. Claro que yo puedo matar a alguien sin intención, pero en muchas ocasiones cuando se mata o se daña se hace con intención de matar o de dañar como sucede con el caso del terrorista, del verdugo o de quien golpea a quien está sometido.

Si yo no como setas y las cocino ignorando que en el cesto había varias *amanitas faloides* que matan a mi amigo invitado amante de las setas, no soy culpable de esta muerte y en este caso, como es evidente, la intención debe pasar por delante de los efectos y toma la delantera con respecto a los demás componentes. Yo tenía la intención de agasajar a mi invitado, pero aunque mi acción haya sido imprudente y negligente no soy culpable de una muerte. Pero también es evidente que no siempre las intenciones buenas lo son para la víctima y, por consiguiente, es ineludible examinar la acción moral según el caso y las circunstancias. Así procede el sistema judicial y la moralidad debería hacerlo también, no hay que desechar los principios, como el de no matar, pero según los casos ni la justicia ni la moralidad podrán imputar la culpa de una muerte.

En las éticas del bien que suelen ser muy interesadas se dice de un modo u otro: debo hacer el bien, quiero hacer lo que el deber reclama, necesito que la voluntad sea buena y para serlo obraré conforme al deber; aunque haga daño mi voluntad es buena porque obro de acuerdo al bien o al deber. Pero si hay daño esta ética no es buena.

Al dejar de tener miramiento para con las personas, la moralidades del solo bien, de la sola intención y del solo deber fracasan, hay que poder mirar siempre lo que produce nuestra buena intención o la acción conforme al deber porque de otro modo nos seguiremos encontrando con demonios que se pueden creer santos. Cuando con buena intención se pretende «plantar» en la tierra o en el corazón de los hombres o de las mujeres algo que se supone bueno hay que mirar de no perjudicar la tierra o no hacer daño a los congéneres.

Las éticas del bien corren el riesgo de convertirse en eticidad, como hacían Aristóteles, Hegel y Marx, al aceptar lo que hay, la tradición o lo que mandan unas supuestas leyes de la historia de la comunidad, según sean las ideas de los diferentes filósofos que las propugnan, aunque comporte dolor y daño.

Las éticas del bien o las que otorgan todo el valor a la buena intención pueden hacer el mal y para evitar este peligroso escollo, la pregunta moral en una comunidad de iguales sería, ¿qué se esta haciendo en nombre del bien? ¿Qué se va a hacer en nombre de la buena voluntad o de la buena intención? ¿Qué produce o qué se desprende de lo que manda el deber? Cuando se aceptan estos interrogantes las éticas del bien y de la virtud se convierten en una ética diferente, en una ética que mira hacia el dolor y el daño y los proscribe. Los proscribe puesto que quien sufre el dolor no consiente en ello, se le impone el dolor aunque no lo quiera, se le trata como cosa, medio o instrumento.

El progreso de las costumbres y la conciencia. El amor y el odio no pueden crecer, pueden activarse o desactivarse

Si se observa la historia de la humanidad parece que puede afirmarse que hay un progreso de las costumbres. Pero cuando esta observación se refiere a unos pocos años o a unas pocas décadas podemos llegar a la conclusión de que más que progreso hay regreso. Cuando miramos la historia de los últimos mil años o de los últimos tres mil, aunque haya mucho camino que recorrer, se hace evidente que los humanos vivimos mejor que en el pasado.

Entre otros avances importantes se pueden citar: la esclavitud se ha abolido; en gran parte del planeta se reconoce que la mujer tiene la misma dignidad y los mismos derechos que el hombre; la organización democrática de la sociedad sigue avanzando; la tortura fue legal en Europa hasta el siglo xix, hoy está perseguida y penada; la mutilación genital femenina hace pocos años se declaró ilegal e ilícita en Egipto donde la sufrían miles y miles de niñas; a pesar de la actual crisis la vida de los trabajadores, en Europa y en los países avanzados, es mucho mejor ahora que cuando se estaba obligado a trabajar catorce horas al día y niños de diez año trabajaban en la mina o en la fábrica; en estos países todos accedemos a una instrucción pública y gratuita; ante un problema grave de salud no nos endeudamos para toda la vida con el fin de conseguir una buena asistencia sanitaria como sucedía hace cien años o menos.

Las costumbres progresan, pero quizá no pueda decirse lo mismo de los sentimientos morales y del amor del conjunto de la humanidad que se mantendrían invariables. El «corazón» de la conciencia, la parte sentimental de la misma, seguramente se mantiene constante. Tal vez la proporción de personas poco dotadas de estos sentimientos o con poca capacidad de amar sea la misma hoy en día que en épocas lejanas.

Como se propuso al hablar del amor al prójimo y del amor al enemigo el amor es un compuesto: un sentimiento y un comportamiento, comportamiento en parte derivado del sentimiento de afecto. Afecto y beneficencia. La parte sentimental o afectuosa está dada, cada persona tiene la que tiene. La parte beneficiente, el evitar el mal y hacer el bien, es variable y sujeta a la ideología, se trata del amor que he denominado amor de beneficencia en el que la estima o afecto puede estar ausente. La ideología de Jesús, y parece que la de Sócrates, mandaba beneficiar al enemigo en apuros aunque no hubiera ningún afecto para con él. Puede hacerse el bien sin sentir afecto o demasiado afecto. Aunque sea menos frecuente puede hacerse, es posible hacer el bien aunque odiemos. Por otra parte, es evidente que quien siente afecto será proclive a hacer el bien a quien quiere.

Al respecto del odio podría decirse, al igual que de otro sentimiento, que puede encenderse o apagarse. Quien propenda a odiar según sea la ideología que asuma odiará con mayor o menor frecuencia e intensidad. Esto sería muy importante dado que de ser así la humanidad podrá en lo sucesivo ahorrarse mucha cantidad de odio. El odio, esto es, la aversión, el rechazo que mueve a desear el mal de unos humanos para con otros puede disminuir, mejor sería decir que puede silenciarse y quedar inoperativo si adoptamos una ideología que no encienda el odio. Es posible evitar la extensión del odio.

Entonces, ¿si el odio puede hacerse menos extenso, el amor entre los humanos podría crecer? No, no podría, pero sí podría hacerse más extenso, hacerse presente en diversas circunstancias. La persona que ama a los demás no siempre ama a todos por igual, no suele amar a los adversarios como ama a los propios familiares o a los amigos. Podría decirse que se abstiene de amar a los contrarios, a los adversarios o a los alejados. Pero si esta misma persona adopta unas ideas que le hacen ver que aquellos supuestos adversarios no lo son o lo son mucho menos de lo que suponía podrá extender su amor a aquellos a quienes antes no amaba. Extenderlo, pero no aumentarlo, activarlo, pero no acrecentarlo. Así, pues, el amor no puede aumentar o crecer, pero se puede extender y hacerse operativo aunque haya poco.

De modo natural, unos sentirán amor en abundancia, otros poco; unos serán muy compasivos y otros menos y, así, con los tres sentimientos morales restantes. Pero, vuelvo a lo anterior, la compasión, como los demás sentimientos morales, puede quedar adormecida, tanto si hay poca como si hay mucha. Sin embargo repito que resulta muy importante observar lo que ya se dijo: si hay mucha compasión o amor será más difícil que las ideas los adormezcan, viceversa, si hay poco de ellos, las ideas adoptadas por benéficas que sean apenas podrán incrementarlos. Y, lo mismo puede decirse de los otros sentimientos morales.

De lo anterior se desprende que si no puede esperarse un progreso del «corazón» de la conciencia moral la adopción de ideas benignas será lo decisivo. No es de esperar que un humano con potentes sentimientos morales, con buen corazón, cometa grandes inmoralidades, no adoptará fácilmente ideologías adversas o perjudiciales. Por el contrario, quienes tienen escaso sentimiento humanitario serán mucho más proclives a que creencias adversas o desfavorables aniden y colonicen en sus cabezas.

Si en lo referente a los sentimientos morales y al amor dividimos a la humanidad en cuatro grandes grupos observamos que el primero es poco numeroso, está formado por aquellos que sienten o tienen amor en abundancia y poseen potentes sentimientos morales; el segundo grupo lo componen quienes sienten poco amor por el prójimo, pero tienen sentimientos morales, este grupo y el siguiente son los grupos más numerosos; el tercer grupo lo forman los humanos que apenas tienen amor por el prójimo y no andan sobrados de sentimientos; finalmente, el cuarto grupo es el compuesto por humanos que apenas sienten amor y sentimientos morales. Debe decirse que también los que componen este grupo pueden comportarse de manera correcta, pero será el más sensible al influjo de las ideas y doctrinas.

La conciencia moral y la moralidad de los humanos puede mirarse de modo parecido a como se hace con la estatura. El genero humano tiene una estatura que varia entre unos márgenes que en más o en menos se sitúan entre un metro cincuenta y un metro noventa. La mayoría de seres humanos siempre hemos estado entre estos márgenes, pero hay humanos fuera de lo normal o habitual: gigantes y enanos. Con la conciencia moral y con la mayoría de atributos humanos sucedería algo parecido: hay una mayoría que se sitúa entre unos márgenes, pero hay excepciones más o menos numerosas.

La conciencia moral, no obstante, tiene una plasticidad y variabilidad muy superior que la estatura, pero lo quiere decirse es que aun siendo susceptible de cambio en el sentido de poder aumentar o decrecer, no se puede esperar grandes cambios en su basamento cordial, variará el basamento racional lo cual es más que suficiente.

La conciencia puede cultivarse y crecer o, por el contrario, disminuir o malograrse, lo que no sucede es que un humano, digamos un gigante moral se transforme en un enano moral o viceversa. Quien sea un enano moral podrá corregirse por convicción o por temor y observar una conducta debida, pero no podrá convertirse en un santo. Por el contrario, quien sea de una gran altura moral no se transformará en un asesino a sueldo o en un psicópata como los llamados asesinos en serie.

No cabe esperar la aparición de superhombres o superhumanos de más de tres metros o, por el contrario, de mucho menos de un metro porque no pueden haber hombrecillos o mujercillas de veinte centímetros o titanes de cuatro metros o más como el enorme micromegas del interesante cuento de Voltaire. Como es natural tampoco parece correcto decir que los subhombres seremos algún día humanos en plenitud como suponía y escribía Sartre. La alimentación moral puede permitir el crecimiento de la estatura moral de las personas, pero solo hasta cierto punto, el referido a los productos de la razón al adoptar ideales benignos.

Si nuestros ideales y costumbres progresan, ¿habrá que lamentarse al observar que la intimidad de los corazones humanos es ahora la misma que en tiempos pasados? Me parecería un inútil lamento. Entiendo que nos guste pensar que nuestros corazones son mejores y siguen mejorando, pero si no fuera así dado que vivimos ahora mejor que en la Edad Media nos podríamos conformar.

Se prohibió la tortura en los países civilizados, pero si volviera a legalizarse que nadie tenga ninguna duda de que aparecieran de nuevo los verdugos o ejecutores[16] con conciencia de

---

16 Es muy interesante lo que explica un ejecutor que guillotinó a más de doscientos condenados. Fernand Meyssonnier fue un verdugo en Argel en los tiempos en que Argelia era una colonia francesa. Con razón Meyssonnier repudiaba el nombre de verdugo y decía que él era ejecutor. Escribió que no tenía compasión por los que iba a ejecutar porque siempre pensaba en las víctimas del condenado a morir. Sostenía que el error judicial era sumamente raro y siempre se informaba muy bien de los procesos criminales para asegurarse de no guillotinar a un inocente. Explicaba que ser ejecutor era una «posición interesante» y que «la función de ejecutor procura algunos privilegios». Nunca ocultó, al igual que su padre también ejecutor, su trabajo y siempre fue respetado por sus vecinos y amigos. Era amigo de policías y de empleados de la administración de justicia y no anduvo faltado de amores. Vivía bien, «nunca pagó una multa de tráfico», se lo arreglaban. No era ejecutor por dinero, el salario era muy bajo, sino por los pequeños privilegios. Él hubiera preferido ser abogado defensor y no hubiera podido ser fiscal. «En tanto que ejecutor, yo prefiero mi ocupación a la de presidente de la República». Meyssonnier pensaba que el presidente de la República Francesa al disponer del derecho de gracia tenía mucha más responsabilidad que él y lo debería pasar peor. «Es horrible» ser fiscal y contaba que seguramente no hubiera podido ser miembro de un jurado que con su veredicto mandaba a alguien a la guillotina. En 1981 se abolió en Francia la pena de muerte y el antiguo ejecutor, en 2002 cuando escribe su libro, explica que finalmente está del todo de acuerdo con la abolición: «Las ideas han cambiado, las costumbres se suavizan. Yo sigo el cambio».

que harían un bien a la comunidad. El nacimiento de un hombre nuevo, como se pensaba en círculos marxistas que iba a suceder, no es posible ni hace falta. Kant es algo oscuro acerca de este tema aunque parece que pensaba que habría un progreso moral de la humanidad. La suposición de Nietzsche acerca de la venida o del desarrollo del ultrahombre o superhombre no parece realista.

Kant en *Replanteamiento de la cuestión sobre si el género humano se halla en continuo progreso hacia lo mejor* se pregunta si la historia moral referida al conjunto de los humanos progresa hacia lo mejor. No deja de ser interesante que el examen de un progreso de las costumbres, los logros debidos a la Revolución Francesa, le permita suponer que hay también progreso moral, referido a un progreso de la «disposición moral». El apartado en el que trata de esta cuestión lo titula: *De un hecho de nuestro tiempo que prueba esa tendencia moral del género humano.*

Al hablar del historicismo ya comenté que Kant suponía que la Providencia intervenía para que la humanidad mejorara sus costumbres y su conciencia moral; él creía que habría «un plan oculto en la Naturaleza» según escribe en el octavo principio de sus *Ideas para una historia universal en clave cosmopolita* [p. 17]. En su libro sobre la religión escribió: «Este es, pues, el trabajo —no observado por ojos humanos, pero constantemente en progreso— del principio bueno en orden a erigirse en el género humano» [Ak 124].

Parece, pues, que Kant pensaba que habría un progreso de la «disposición moral», pero ¿creía también en el progreso de la conciencia moral? Debo decir que me he formado la opinión de que Kant no se sentía cómodo al tratar este importante tema. Admite claramente que las costumbres progresan, pero no puede decir que la conciencia moral progrese dado que la supone dada por igual a todos los individuos humanos: «Todo hombre tiene conciencia moral y un juez interior le observa», escribe en *Metafísica de las costumbres* [438].

Entiendo que se puede decir que no hay progreso moral de la humanidad si se lo define como progreso del «corazón» de la conciencia, pero si referimos el progreso moral al progreso de las costumbres es evidente que existe tal progreso. Los sentimientos se dan, no se puede adquirirlos y en este sentido se dice que no puede haber progreso de la conciencia en su totalidad. Solo una parte de ella puede ser modificada, la parte que es gobernada por la ideología, lo cual ya es mucho, mucho puesto que la conciencia es adormecida o anestesiada o, viceversa, despertada o afinada por las ideologías y éstas pueden progresar y hacerse benéficas.

Pienso que es importante observar que el amor y el odio no pueden crecer en el ánimo de las personas, están dados para cada uno de nosotros, pero, como ya se propuso, pueden activarse o desactivarse, activarse o desactivarse por la acción de las ideas y creencias. De ser esto cierto, ¿no será posible esperar y construir un mundo mejor en el que el odio entre los seres humanos esté menos activo? Seguirá habiendo progreso de las costumbres, la moralidad seguirá creciendo.

La conciencia moral y el libre albedrío

Para quien prefiera no ser metafísico, ¿hay alguna duda de que la libertad moral, el libre albedrío, está sujeta a la ideología? Optamos, elegimos de acuerdo a la ideología o creencia que hemos construido y nos hacemos propia y nuestra conciencia moral depende de ésta. Creo que se puede decir que la ideología gobierna el libre arbitrio aunque, por otra parte, parecería que tenemos libertad para escoger cualquier creencia.

Una ideología nueva puede ser hija de la reflexión, pero no se puede reflexionar cuando la ideología o doctrina antigua está muy enraizada. Así, el motor del cambio posible, la reflexión, está, a su vez, muy condicionada y muchas veces completamente anestesiada.

Decimos: somos libres para elegir el bien y el mal, pero lo que éstos son para nosotros depende de las ideas que con carácter previo a la elección nos hemos forjado acerca de ellos. Por consiguiente, elegimos mediante reflexión y cálculo en base a lo que se ha establecido con anterioridad.

Como ya se dijo las personas con una conciencia moral escasa o desviada dejan de hacer lo incorrecto o perjudicial por temor al castigo. Otros con mayor conciencia, pero emborrachados de doctrinas pueden dañar y perjudicar, pueden hacer lo incorrecto si el grupo al que pertenecen les aprueba y su conciencia queda tranquila aunque sepan que ocasionan dolor y daño. ¿No está condicionado el libre albedrío? ¿No puede estar intoxicada la conciencia y puede creer que hace lo debido? Si en el siglo XVI la ideología dominante hubiera proscrito y castigado el maltrato al hereje, como hoy hacemos, al libre arbitrio del inquisidor no se le hubiera ocurrido hacer lo que hizo.

Sócrates al introducir el saber en el fundamento del obrar moral abrió una nueva dimensión de la moralidad humana. Aristóteles, como Kant, daba por supuesto que todos sabríamos siempre lo que es el bien y el mal, lo correcto y lo incorrecto, sabríamos siempre lo que debemos y no debemos hacer, el criterio sería lo acostumbrado y legal. Nuestra conciencia lo sabría y obraríamos siempre con libertad. Existiría el albedrío y nuestra voluntad sería libre para elegir. Libremente elegiríamos comprar o no comparar un esclavo para disponer de él.

Pero la cuestión que planteó Sócrates tiene mayor hondura y podría formularse de este modo: ¿la libertad para comprar o no comprar un esclavo no depende en gran parte de que se considere justa o injusta la esclavitud? Parece bastante claro que si pensamos que la esclavitud es legal y lícita o que estamos en el mejor de los mundos posibles nuestra conciencia no se inquietará si esclavizamos a alguien.

Se podría oponer: lo anterior puede suceder, pero al final eres libre de comprar o no comprar, operas con un albedrío libre. Esta bien, pero, entonces, volvemos a lo dicho, ¿tu albedrío es puramente libre, sin contaminación de posibles ideas que lo determinan? ¿No lo determinan o lo conducen?

Entiendo que Sócrates al relacionar el bien y el mal con la reflexión y la ignorancia, con el saber o creer saber permitió a Spinoza negar la existencia, en sí misma, del libre albedrío y afirmar que también el libre arbitrio está determinado. La conciencia moral está muy determinada no es algo puro e incondicionado.

¿Puede el inquisidor dejar de torturar y matar al hereje? No puede en tanto siga siendo inquisidor. Pero ¿puede dejar de serlo? Puede si cambia su ideología. ¿La puede cambiar? Puede si no está muy intoxicado y su capacidad de juicio no está muy embotada y puede reflexionar. Entonces, quizá libre arbitrio, elección y cambio de elección, sea capacidad de reflexión ideológica.

¿Cuánta gente es y ha sido capaz de estos cambios? No parece que la mayoría en la mayor parte de su propia historia individual haga gran uso de la reflexión. ¿Hay, pues, automatismo tanto o más que reflexión? Si esto es así, no siempre habría libre arbitrio en nuestras decisiones, pero ¿si no lo hay siempre, lo hay? Al respecto, parece que solo hay reflexión o carencia de ella. De ser de tal modo, el llamado libre albedrío estaría muy emparentado o sería lo mismo que la poca o mucha reflexión.

El libre arbitrio no opera en el vacío, estaría siempre condicionado y gobernado por las ideas y la reflexión sobre las mismas. No obstante, el albedrío no solo está sujeto a la propia ideación valorativa, también está condicionado por el cálculo sobre los propios intereses que, a su vez, suele estar ajustado a la norma valorativa que los otros establecen. Esto último es lo que ocurre cuando nuestra valoración no es la misma que la que ha establecido la norma de la comunidad, pero, no obstante, ajustamos nuestra conducta para evitar el castigo.

También podemos preguntarnos qué sucede entre los animales, ¿tiene albedrío el león que decide atacar o no a la gacela que está pastando a treinta metros? El perro adiestrado que no roba la salchicha de un plato en la cocina, ¿no hace uso de su libre albedrío? Se suele decir que el león y el perro no tienen libre arbitrio puesto que el albedrío libre se relaciona con la moralidad y la elección moral siempre opera de acuerdo al bien y al mal. Pero ya hemos visto y repetido que la idea sobre lo que se entiende por bien y por mal está sujeta a la ideología. Sin embargo, dejemos de lado por un momento la elección de carácter moral.

¿Cuando la elección de los humanos no contiene elementos morales no estamos haciendo uso de nuestro libre albedrío? Imaginemos algo habitual, entiendo que al margen de la moralidad: una persona decide iniciar estudios para ser periodista y otra elige los estudios de derecho, se supone que ambas proceden, como el león, en base a un cálculo, ¿usan su albedrío? ¿Son puramente libres al elegir sus estudios? ¿No está su albedrío condicionado por lo que creen que es mejor para ellas de acuerdo a su experiencia, sus gustos, creencias, suposiciones o conocimientos? ¿Su decisión actual no es secundaria a lo que en su mente se construyó en el pasado mediato o inmediato?

Se puede añadir quizá de acuerdo con la opinión de Sartre: «Bien, de acuerdo, pero lo que cuenta es que libremente puedes optar por iniciar estudios de derecho o no, en el último momento actuarás en un sentido u otro en razón de la libertad o libre albedrío». En este supuesto se podría responder: «Esto es lo que hace el león, en el último momento decide si empieza a correr o espera una ocasión más favorable para intentar atrapar a su presa».

Me parece que el libre albedrío, tanto si se refiere a la moralidad como si no se refiere a ella como sucede entre los animales, está muy condicionado por las ideas, el cálculo, —solo el cálculo entre los animales—, las reflexiones que nos hacemos sobre lo correcto, lo conveniente, lo asequible, lo oportuno. De acuerdo con Sócrates, no parece que exista un libre albedrío al margen de lo que sabemos o creemos saber, aunque creer saber suponga errar en muchos casos. La elección dicha libre está conducida por nuestros gustos e intereses, creencias, doctrinas, suposiciones o conocimientos, no puede flotar en una especie de puro vacío metafísico más allá de la experiencia.

CAPÍTULO VIII

MORAL O ÉTICA ELEMENTAL, ÉTICA DEL DEBER GUIADO POR LAS CONSECUENCIAS CIERTAS O PREVISIBLES

Una ética o moral que establece como eje el pensar en el mal que se puede evitar

Una filosofía moral que se base en la prohibición del mal entendido como daño y dolor que se pueden evitar no puede pretender ser una ética nueva. Lo que pudiera ser nuevo sería la consideración de que una tal ética no pudo proponerse con anterioridad y solo se podría cumplir plenamente a partir del siglo XVIII, después de la historia que se abre a consecuencia de la Revolución Francesa.

A partir de este momento por primera vez en la historia de la humanidad se pueden hermanar la historia y la ética que impide el mal. No pudo ocurrir con anterioridad porque cuando el ser humano no es considerado un igual, en nombre del bien se le utiliza siempre como medio aunque, a su vez, se le considere un fin en sí mismo capaz, por tanto, de desarrollar en parte su autonomía moral.

Se trata a los demás como medios, cosas o instrumentos cuando la igualdad no lo es del todo para todos, se trata a los demás como medios cuando se les impone algo aunque supuestamente sea bueno. Quien es tenido y tratado como persona siempre tiene el derecho de consentir o rechazar lo que se le propone o se le quiere imponer.

Pero, atención sobre el consentimiento o aceptación. Cuando se está en condiciones de inferioridad o de debilidad cualquiera puede verse obligado a aceptar algo injusto o inmoral. La persona desesperada por la pobreza, atormentada por el hambre de sus hijos puede dejarse esclavizar, dar su riñón o un segmento de su hígado al acaudalado que lo necesita y ofrece dinero. En este caso el consentimiento está viciado y no puede valer. El consentimiento sería válido en la situación inversa: el acaudalado, que está en sus cabales, y da su riñón al mendigo tenido por amigo.

Una ética elemental o primordial para nuestra época tendría que estar basada en el imperativo del respeto a todos para no causar dolor y daño, el mal. Tendría que ser una ética del deber determinado por las consecuencias del mismo. Por supuesto que no es una ética de la pasividad sino que observa la vida en comunidad como actividad ineluctable a la que todos estamos sujetos para seguir viviendo, pero el mandamiento principal: no causes dolor o daño, señala un límite preciso a cualquier actividad.

El criterio propuesto sería pensar en al mal antes que en el bien que muchas veces está sujeto a discusión. En otras épocas pudo decirse: la esclavitud es buena o es un mal necesario como pueda serlo la cirugía. Si a la idea del bien y del hacer el bien no se la deja contraponer u oponer el mal que se puede ocasionar sería una mala idea y, ella por sí misma ya no podría ser el mejor criterio ético. En épocas anteriores valían más las doctrinas que las personas que debían inclinarse ante todo tipo de ideologías que anidaban y se ejecutaban por quienes alcanzaban el poder.

Pudo decirse que era un bien para Roma conquistar la Galia, pero si somos romanos debemos abstenernos de conseguir nuestro bien porque los galos, ahora, son nuestros iguales y no podemos dañarlos. Puede ser bueno y necesario para nosotros tener acceso a las fuentes de petróleo, puede ser bueno para todos que el control estratégico de este producto no quede en manos de unos pocos, pero no podemos en nombre del bien de la comunidad occidental invadir Irak y causar la muerte de millares de habitantes de este país para conseguir el control del combustible.

En nuestro tiempo, puesto que podemos pensar en el dolor de todos debemos, de un modo imperativo, adoptar una ética que obligue a encontrar soluciones que no sean cruentas y dañosas para los demás. Ya no vale una idea del bien que para otros es un mal. Este tipo de ética concuerda con la explicación de Sócrates acerca del *daimónion* que hacía sentir su voz en la intimidad de su conciencia y que le prohibía hacer el mal.

Siguiendo las estelas de Sócrates y de Jesús se podría establecer que una ética elemental prescribiría que cuanto hagamos sea hecho pensando en el dolor y daño, el mal que se puede evitar. Lo que me parece evidente sería que la filosofía moral de Sócrates, la de Jesús y la de otros insignes moralistas solo se pueden realizar en el presente. En el pasado no pudieron establecerse de un modo completo, a pesar de su verdadera consistencia, porque no todos fueron iguales. No todos eran iguales y los desiguales, los poderosos y quienes les servían se aprovechaban de la desigualdad.

No se puede hacer el bien con carácter general y aún menos con carácter universal y de ahí que seamos relativamente insensibles, pero sobre todo grandemente ineficaces con los padecimientos de la humanidad cuando está alejada de nosotros algunos metros o unos kilómetros.

Nadie puede resolver de modo individual la pobreza de los mendigos de su ciudad cuando los haya. La caridad para con el menesteroso siempre será bienvenida, pero es insuficiente porque hay siempre más indigencia que amor para poder suprimirla. Así somos los humanos y sería una ingenuidad esperar lo contrario. Al no poder resolver los males de los demás olvidamos con suma rapidez la miseria y el dolor de la gente y, aunque hayamos sido conmocionados al saber del sufrimiento de muchos, regresamos a los quehaceres habituales y nos desentendemos pronto de la desgracia. No podríamos vivir de otro modo.

Así se explica que seamos relativamente insensibles a la miseria y hambre de grandes regiones del globo. Solo los moralistas hipócritas siguen predicando el ejercicio de un bien indefinido, general e ilusorio, pero la gente no suele sentirse movida por estas apelaciones abstractas al amor, los humanos muy pronto vuelven a lo propio e inmediato. Solo la política, guiada por principios éticos acordes con un buen corazón, quizá algún día podrá poner remedio al infortunio de tantos.

El humano es un ser aprovechado y acomodaticio, pero también ama el deber.
La virtud no se puede exigir, pero el deber es exigible

Hacer lo debido no significa, de modo general, estar obligado a hacer el bien a todos sin distinción. Establecer como imperativo el de hacer el bien a todo humano, puede ser un hermoso ideal, pero es algo manifiestamente irreal. Si soy médico o magistrado, no debo, aunque puedo hacerlo, dar una limosna o el abrigo al mendigo que en un día de invierno está pidiendo en la puerta del hospital o de la magistratura, pero debo operarlo y operarlo bien si lo necesita como si fuera un príncipe o un rey o, en el caso del magistrado, impartir justicia aunque el sujeto de mi acción sea un miserable que no suscite ningún tipo de consideración, respeto o afecto.

Como resulta claro, si el magistrado o el médico regalan su abrigo al mendigo se comportaran de manera virtuosa y altamente encomiable, podrán ser unos ciudadanos santos y buenos, pero éste no es su deber y nadie lo exigiría. Otra cosa diferente será examinar el deber de socorro o de ayuda, pero este deber, como todos, habrá de determinarse según sean las circunstancias, no puede definirse de manera abstracta.

Una ética elemental basada en el deber no considera de manera abstracta un deber de beneficencia sino que de acuerdo a lo debido prohíbe el mal. Una forma general del imperativo de una tal ética dice solamente: no causes el mal a tus iguales al hacer lo debido; una segunda más precisa, anuncia: obra sin causar dolor y daño de acuerdo con lo que se debe dado que nadie quiere el dolor, si puedes causar dolor necesitas imperativamente del permiso de quien vaya a sufrirlo puesto que no somos cosas sino personas.

No se puede decir: «no causo daño, pero no remedio al dolor que observo, no es cosa mía, yo me atengo al mandamiento de no hacer daño». Por el contrario, el mandamiento de no causar dolor y daño significa evitarlos y, por supuesto, ponerles remedio si se puede. De no hacerlo se está causando el mal, se lo consiente, se lo prolonga indebidamente. Socorrer al herido o al que puede quedar abrasado en un incendio, cuando está en nuestra mano, es un deber, pero no lo es socorrer y alimentar al mendigo. Sin embargo, ¿alguien sería capaz de negarse a dar un trozo de pan a un mendigo hambriento si fallan los auxilios sociales de la comunidad?

Debo socorrer a quien se este ahogando si sé nadar, pero si no sé, debo abstenerme porque de lo contrario, aunque se tenga muy buena voluntad, mueren dos. Si veo a un mendigo que se está muriendo de frío debo avisar a los servicios de urgencia de mi comunidad para que lo socorran, pero no debo darle mi manta, aunque seguramente, todos me alabarían y nadie me reprobaría si le diera una manta de sobras, pero no puedo estar obligado a hacerlo. Por supuesto que no puedo quitarle los pobres harapos del mendigo o robarle su bocadillo porque esto sería hacerle un mal.

El deber nace con el nacimiento de las personas como pensaba y expuso Hume y hacer lo debido nos permite una vida en común. El humano es aprovechado y acomodaticio, no siempre es solidario, pero de modo natural coopera con sus semejantes en la comunidad, no siempre es un depredador. Puede ser cruel con los miembros de la tribu vecina o de otro grupo diferente, pero se suele comportar bien con los de la propia tribu o grupo.

Cuando un grupo humano agrede a otro grupo humano el interés por lo propio justifica la contienda. En tal caso la razón crea ideas sobre el bien y establece el deber de conseguir este bien aunque comporte un mal para los otros. En las guerras de religión en Europa del siglo XVI y en otras muchas guerras es lo que sucedió y sigue sucediendo. Está claro entonces que el ser humano se ha equivocado mucho en el establecimiento de sus deberes. A la humanidad le ha costado milenios conquistar la democracia y con ella la asunción de deberes benignos para todos.

El deber se origina en la sociedad de los humanos de un modo natural. Se origina en el hacer, en la práctica y nace de la necesidad. Luego, si acaso, se formula de modo filosófico. En oposición a Kant proponemos que el deber no se formula como un imperativo abstracto y se cumple a continuación sino que, a la inversa, surge del concreto quehacer humano y a continuación se formula. El deber de cuidar al hijo surge cuando el hijo nace, luego se dice «debe cuidarse a los hijos« y, así, con todo.

El deber, *deón*, tomado en su sentido original, *ta deonta*, sería lo apropiado, lo conveniente en cada caso cuando las cosas andan bien y visto así no es nada heroico y difícil de cumplir como supuso Kant que era. En su *Crítica de la razón práctica* escribió con desmesura: «la ley moral humilla inevitablemente a cualquier ser humano, cuando éste compara con dicha ley la propensión sensible de su naturaleza» [A 132]. Esta afirmación proviene de una ideología, que en alguna medida también compartieron Platón, San Pablo, Hobbes o Freud que hace del ser humano común y corriente un lobo egoísta para el humano, pero esto no es así en situaciones de paz y sosiego.

En democracia la mayoría de humanos durante la mayor parte de su vida hacen lo que corresponde, lo que se debe y se adaptan bien a la ley moral. Por ello pienso que el ser humano es un constructor de valores y, en general, un ser deontológico, un animal que hace lo que debe de acuerdo a unos valores dados que crea y recrea aunque también es capaz de crear antivalores como el de la sumisión de la mujer y otras creencias muy dañinas.

El humano ama el deber. Aunque es bien cierto que no todos lo aman por igual y algunos si pueden lo dejan de lado. Si no se mantiene una idea excelsa e ideal del deber se puede decir que la mayoría de hombres y mujeres aman el deber. El humano, como Hume observó, es un ser *deóntico* en la medida en que suele hacer lo que es debido. No es frecuente que los pensadores de la moralidad tengan esto en cuenta sino que más bien mantienen una concepción del humano como un ser que odia el deber y siempre muy inclinado a satisfacerse sin miramiento.

Los antiguos empezando por Platón y el apóstol Pablo admitieron sin discusión el prejuicio acerca de un humano concupiscente, enemigo del deber e inclinado a lo peor. La ética de Kant y, entre otros también la del contemporáneo George Edward Moore, en su *Principia Ethica*, sostienen una concepción del deber muy poco común, muy idealizada y grave. Sitúan el deber muy arriba y al humano muy por debajo, inclinado y, a menudo, vencido por la concupiscencia que pretende en todo momento la consecución de placer. Este tipo de filosofías definen a los seres humanos como esclavos del placer o con potentes tentaciones que les llevan a incumplir o a omitir hacer lo debido.

Contra estas concepciones parciales y, en ocasiones, ominosas de la humanidad cabe decir: el humano estima el placer, pero también el deber. Kant pensaba que la ley moral [de la que se desprende el deber] 'humilla al hombre', Moore, por su parte, asegura que los «"deberes" son aquellas acciones que un considerable número de individuos siente la tentación de omitir» [§ 101] y unas pocas líneas más adelante asegura que en los deberes «hay un sentimiento moral que a menudo tenemos la tentación de omitir».

La opinión de Freud no deja de coincidir con la de Kant y la de Moore. Sobre la tentación de dejar de hacer lo debido en *El malestar de la cultura* escribe: «la gran mayoría de los seres humanos solo trabajan forzados a ello, y de esta natural aversión de los hombres al trabajo derivan los más difíciles problemas sociales» [p. 80, nota 5]. Mi opinión diverge mucho de lo expuesto por estos dos célebres filósofos de la moral humana y de un médico filósofo muy proclives a aceptar la aciaga antropología de Platón y de Pablo.

El ser humano suele trabajar y hacer lo debido en muchas ocasiones, estima cumplir con su deber, aunque en otras ocasiones no hace lo debido, pero, de modo general, a lo largo de un día cumple con su deber en más ocasiones que no las que lo incumple. Es claro que para hablar de este modo hay que tener una idea corriente, común de lo que se entiende por deber.

Suele decirse: el deber de estos padres es trabajar y cuidarse de sus hijos; el deber de este médico o de este carpintero es realizar bien su oficio y tratar bien a aquellos que necesitan de su trabajo. Esto lo hacen así la mayoría de los ciudadanos en la mayoría de sus actuaciones. Por otra parte, como es también muy evidente, los hay que no siempre hacen lo debido, procuran vivir sin trabajar, no cumplen bien su quehacer como padres o como médicos, pero esto que puede ser de difícil corrección no es sobreabundante.

Otra idea muy aceptada consiste en suponer que la educación debe ser exhaustiva y dura para vencer la pereza, la indolencia o la negligencia. No es del todo así. El amor al trabajo es algo espontáneo, el humano trabaja cuando lo precisa y muchas veces, cuando ama lo que hace, su producción puede ser enorme. Piénsese en lo que nos dejó Schubert que murió cuando tenía 31 años, como Monet que murió a los 86 y no paró de pintar. Si estos artistas eran seres humanos hay que pensar que el humano está muy capacitado para trabajar. Muchos hay que cumplen bien e incluso son laboriosos y aunque no compongan grandes obras como Schubert o Monet hacen lo esperado y debido mientras que los vagos y aprovechados son los menos aunque haya muchos.

Cuando se dice que la moralidad está presidida por el principio debido de no ocasionar dolor o daño desplaza una parte de su importancia desde el agente que ejecuta una acción a aquel a quien ésta beneficia o perjudica. En consecuencia, habrá que mirar siempre en dos direcciones: una, la del agente que ejecuta la acción y que puede incluir la voluntad, la intención y cuantas otras variables se quieran estudiar al respecto; la otra mirada se dirige a aquel que recibe los efectos de la acción y que podrá o no aceptar, consentir, protestar, explicar si le duele o le agrada aquello que le va a suceder. Así entendida, la moralidad siempre debe examinar de modo simultáneo, el agente y las consecuencias.

Si se examina lo que sucede a los hombres y mujeres un día cualquiera se observa que nos movemos en un reducido círculo conceptual exento de grandes palabras. Solo cuando se piensa en el deber como algo excelso e inalcanzable somos todos pecadores. Solo de un modo extraordinario y excepcional debemos hacer frente a grandes y difíciles dilemas morales o deberes, pero si no nos hemos confundido con los más sencillos y habituales no tendremos ningún problema y sabremos con relativa facilidad comportarnos como es debido.

En lo relativo al deber estaría en parte de acuerdo con Hume cuando en *Tratado de la naturaleza humana* plantea su celebre distinción entre lo que «es» y lo que «debe» ser. El deber, lo que debe ser, propone Hume, está impreso en la naturaleza de los humanos, no valen las razones para dirimir lo que se debe hacer, todos lo saben, el humano descubre el deber, se siente inclinado a él mediante el concurso de los sentimientos. «El que los animales carezcan de un grado suficiente de razón puede ser causa de que no se den cuenta de los deberes y obligaciones de la moral, pero no puede impedir que estos deberes existan, pues deben existir de antemano para ser percibidos. La razón debe encontrarlos, pero no puede nunca producirlos» [468].

Ahora bien, Hume añadiría lo siguiente: si otros nos dicen lo que es el deber, al margen de un hecho, el del sentir, deducen especulativamente el deber de algo imaginado, y pasan a decirnos, de lo que ellos presuponen que existe, lo que debe ser, y al proceder de este modo hacen algo incorrecto. Esto sería así porque ante una incorrección o inmoralidad escribió: «Mientras os dediquéis a considerar el objeto, el vicio se os escapará completamente. Nunca podréis descubrirlo hasta el momento en que dirijáis la reflexión a vuestro propio pecho y encontréis allí un sentimiento de desaprobación que en vosotros se levanta contra esta acción. He aquí una cuestión de hecho: pero es objeto del sentimiento, no de la razón» [468-469].

Veamos pues el célebre y algo confuso *is-ought passage* de Hume, el pasaje sobre el «es» y el «debe»: «En todo sistema moral de que haya tenido noticia, hasta ahora, he podido siempre observar que el autor sigue durante cierto tiempo el modo de hablar ordinario, estableciendo la existencia de Dios o realizando observaciones sobre los quehaceres humanos, y, de pronto, me encuentro con la sorpresa de que, en vez de las cópulas habituales de las proposiciones: es y no es, no veo ninguna proposición que no esté relacionada con un ha de ser o no ha de ser [*ought o ought not*: debe o no debe]. [...] En efecto, en cuanto que este debe o no debe expresa alguna nueva relación o afirmación, es necesario que ésta sea observada y explicada y que al mismo tiempo se dé razón de algo que parece absolutamente inconcebible, a saber: cómo es posible que esta nueva relación se deduzca de otras totalmente diferentes. [...] Estoy seguro de que una pequeña reflexión sobre esto subvertiría todos los sistemas corrientes de moralidad, y nos hace ver que la distinción entre vicio y virtud, ni está basada meramente en las relaciones de los objetos, ni es percibida por la razón» [469-470].

Tal como se acaba de citar unas líneas más arriba lo que pensó Hume fue: «Cómo es posible que esta nueva relación se deduzca de otras totalmente diferentes», es decir, cómo es posible que de un modo erróneo se deduzca de la razón lo que es propio del sentimiento y nace de él: la censura, la aprobación y lo que en conjunción con ellos llamamos deber. Para Hume el deber es, está dado, existe sin la mediación de la razón y no requiere ser razonado sino admitido o no de acuerdo con nuestro sentir. No es la razón la que establece el *deber* sino el sentimiento moral. El deber *es*, está establecido por el sentir, pero la razón no lo establece, lo descubre. [468-469]. «Nuestro sentido del deber sigue en todo momento el curso común y natural de nuestras pasiones» [484].

Para Hume los sistemas morales invocan a la razón para establecer lo que deba ser y olvidan lo que es, lo dado: el sentimiento que alumbra y determina el deber. Estos sistemas metafísicos establecen el deber erróneamente en base a un hecho de razón y no toman en consideración el hecho que comporta moralidad, el sentimiento moral. Según Hume este sentimiento moral determina lo que debe hacerse y lo que debe evitarse.

Hume propone que: «es imposible que la distinción entre el bien y el mal morales pueda ser efectuado por la razón» [462] dado que son los sentimientos los que conducen a dicha distinción, pero erró en parte, puesto que la simple observación de la conducta humana informa que es al final la razón con sus productos, las ideas, ideologías o creencias la que establece e impone lo que es el bien y el mal, a menudo desatendiendo o anestesiando el poder de los sentimientos.

La mayor dificultad, origen de muchos problemas es empeñarse en saber qué es el bien, el mal o el deber de un modo abstracto o metafísico, olvidando el sentir, el dolor, sobre esto Hume acertó plenamente, pero lo que no advirtió es que casi siempre ha sido así, al menos hasta hoy, y hay que contar con ello. Lo que sí puede hacerse, y se va haciendo, es adoptar razones, ideas o creencias más benignas acerca del bien, del mal y, por consiguiente, del deber.

Estamos demasiado acostumbrados a relacionar la moral con hacer el bien de un modo muy indiscriminado y entonces nos hacemos una idea tan excelsa del deber que nos convierte a todos en poco morales al no poderlo cumplir. Con la virtud ocurre algo parecido, se supone que debemos ser virtuosos, pero no es así del todo. Kant estuvo completamente acertado al observar que la virtud debía ceder la primacía ante el deber. Si somos virtuosos mucho mejor, pero lo decisivo, como observó Kant, es el cumplimiento del deber.

Las virtudes no pueden exigirse aunque puedan cultivarse y ser altamente recomendables. Deseo subrayar una vez más que no puede esperarse que los otros se comporten con nosotros con generosidad, de manera virtuosa. Se les podrá exigir que cumplan con su deber, pero no se les puede obligar a que sean virtuosos.

En la Edad Media el príncipe o señor era virtuoso si no forzaba a una mujer o un niño o no explotaba a un semejante de su feudo, pero no tenía el deber de comportarse de esta forma y el poder del rey no le perseguía con determinación cuando abusaba de sus semejantes. En la actualidad han desaparecido aquellos señores y aunque los señores de ahora no sean virtuosos tienen el deber de no maltratar a nadie y se les persigue cuando lo hacen.

En nuestros días el deber se antepone a la virtud como entendió y propuso Kant por primera vez al observar que entrábamos en el reino de la igualdad. El filósofo alemán observó la importancia de lo debido, hizo del deber el eje de su ética y puso a la virtud al servicio del deber. Ésta fue uno de los mayores aciertos del filósofo. Por fin la Tierra empezaba a girar alrededor del Sol.

En relación al deber, ¿qué sucede con la justicia? ¿Debemos ser justos? Depende del alcance que demos a este concepto. Si el justo es quien no malogra la vida de los demás, quien no roba, ni hiere, quien respeta a las personas y sus bienes estamos ante un deber, se nos puede exigir que seamos justos de este modo. Al decir que la justicia es dar a cada uno lo que le corresponde seremos injustos si le detraemos a alguien lo que le pertenece. Está claro que no actuamos con justicia si no le damos a un congénere a aquello que debe ser suyo, pero, obsérvese, que en tales casos seguimos estando en el terreno del deber que siempre es exigible.

Por otra parte, si entendemos de un modo más extenso lo que es justo entramos en el terreno de la virtud. Es de justicia reconocer el mérito de los otros cuando lo haya, pero no es debido, ¿cuántos lo hacen?; es justo y, por consiguiente, virtuoso quien sea solidario, pero no tenemos el deber de asociarnos a la causa de los demás; es justo quien pone remedio a la desgracia del necesitado, pero no podemos contraer el deber de hacerlo;

es injusto el empresario que explota a los trabajadores, pero los empresarios no tienen el deber de repartir sus beneficios a no ser que algún día la ley establezca unos límites al enriquecimiento sin fin. Si un empresario reparte una parte de sus beneficios entre los empleados será muy virtuoso, fraternal y solidario, pero no es frecuente que topemos con tanta virtud.

La justicia solo se puede exigir cuando de no hacerlo cometemos un mal, pero no estamos obligados a hacer el bien más que cuando este bien es algo obligado al ser un deber. Se puede desear que un médico o un juez sean bondadosos y amables, pero por encima de todo se les debe exigir que sean expertos, respetuosos e imparciales, quiere decirse que cumplan con su deber. Si además de ser competentes y respetuosos son amables mucho mejor, pero no se puede exigir a nadie que deba ser amable mientras no nos falte al respeto. Pero el respeto exigido incluye la urbanidad, la educación, un cierto miramiento.

El respeto se puede exigir, tenemos el deber de ser respetuosos puesto que de no serlo somos maleficientes, ocasionamos un mal. El respeto, que es una mezcla variable compuesta de sentimiento moral, virtud y comportamiento adecuado, sería el único comportamiento virtuoso que se debe y se puede demandar. Como otros valores, las virtudes solo pueden solicitarse y esperarse de los allegados, pero tampoco podemos esperar demasiado. Podemos solicitar que un allegado no sea rudo y desagradable, que sea moderado o templado, pero no siempre lograremos que lo sea.

Cuando nos acostumbramos a una idea sobrevalorada del bien y de la virtud se necesita del altruismo para explicar y fundamentar la moralidad y la convertimos en algo impropio y muy difícil de alcanzar, pero si se la entiende de modo sencillo y discreto guiada por el mandamiento de no causar dolor y daño nos conducimos con miramiento o respeto, vivimos mejor y podemos seguir progresando.

No es imposible que situados en este terreno se pueda decir con Demócrito que «arrepentirse de las malas acciones es la salvación de la vida» [B 43] y parece que los sencillos que sean honestos, los que componen la mayoría, podrán examinar su conciencia y en alguna ocasión arrepentirse de sus culpas si dan con ellas, lo cual, también hay que decirlo, no es del todo fácil. Se dice que la culpa es muy negra y nadie la quiere. En efecto, no siempre se la quiere ver dado que reconocerla obliga a la enmienda, al cambio de nuestro comportamiento tras haber corregido ideas perjudiciales o un excesivo egoísmo.

La amabilidad, la generosidad y la envidia. La bondad

Si se habla de la virtud, uno de los valores que considero más apreciables es el de la amabilidad porque en la relación humana es una virtud que promueve satisfacción y concordia. La amabilidad sería la complacencia en el trato que al suscitar afecto facilita la convivencia al promover bienestar y proximidad mientras que la desatención y el descuido originan desengaño, lejanía e incluso malhumor y hostilidad. Obsérvese que en la antedicha descripción el amor o la beneficencia está algo presente y el odio está dormido o anestesiado.

Entiendo que no cabe duda de que el amor promueve el bienestar de los otros, pero al ser escaso si no queremos fastidiarnos la vida esperando imposibles debemos contentarnos con menos. De menos a más lo que facilita una buena convivencia sería: amabilidad, generosidad, bondad y amor. Obsérvese de nuevo que el amor de beneficencia va haciéndose más presente de menos a más en la anterior escala.

La amabilidad hace la vida más agradable a todos, pero si nuestros vecinos son groseros, ariscos y huraños no se les puede reprender, pero tampoco vamos a aplaudirles; de ellos solo podemos exigir respeto, pero no generosidad, amabilidad y que sean virtuosos y beneficientes con nosotros. Como decía con acierto el filósofo Jesús Mosterín en uno de sus libros, *Racionalidad y acción humana*, al escribir sobre el amor y el respeto: de los vecinos solo podemos esperar que no pongan el televisor a todo volumen, pero no esperamos que nos regalen un televisor [p. 91].

La amabilidad siempre contiene algo o mucho de generosidad y hay en ello bastante variabilidad. Hay personas amables que no son muy generosas, pueden ser sobre todo bien educados, lo cual no está nada mal. La generosidad es muy superior a la amabilidad dado que el generoso suele ser siempre amable o muy amable. Por generosidad entiendo no dar algo de lo propio para el bien de los demás sino conducirse pensando en el bienestar del otro, quiere decirse, poder ser atento y complaciente. Tener miramiento y ser algo activos en complacer a los otros. Reconocer el mérito y los valores de las personas ya es dar y admirar. A mi juicio la generosidad sería la mejor de las virtudes.

La integridad sería un valor relacionado con la generosidad, provendría de ella y de la integridad nace la coherencia. El íntegro juega limpio y es coherente mientras que el incoherente suele mentir cuando le conviene puesto que no estima la integridad. Un día puede defender una opinión y al siguiente día la contraria según sean los intereses que persiga. No hay integridad sin coherencia y la integridad no puede aceptar o permitir el perjuicio y el daño. No obstante, con frecuencia se dice que algunos aprovechados o malvados son coherentes al obedecer a sus propios principios, pero en estos casos tales principios son inconvenientes o perjudiciales. Una persona aparentemente coherente puede adoptar el principio de que la vida comporta el engaño y en consecuencia engañar en ocasiones y creerse coherente. Sería ésta una concepción de la coherencia muy trastornada, retorcida que quizá no merecería este nombre.

En lo relativo a la generosidad considero que es muy importante observar que dar no siempre significa renunciar a algo de lo que poseemos, ser generoso no siempre requiere de renuncia o sacrificio. Ser generoso, en muchas ocasiones, implica conducirse pensando que, como a nosotros mismos, a los demás les agrada vivir bien al ser bien atendidos. La generosidad implica poder dejar de lado a la envidia y a la mezquindad.

Es sumamente frecuente que en nuestras relaciones con los demás no se haga el mal, pero en muchos casos nos comportemos, sin ser inmorales, de manera algo ruin al no mirar la necesidad o el interés que los otros tienen de ser tratados con amabilidad y contribuir a su bienestar. Podemos ser justos con los demás en lo relativo a lo que es importante y serio, pero la generosidad sería superior a la justicia dado que el generoso es difícil que sea injusto, pero el justo puede no ser generoso. No hay duda de que la justicia también supone reconocer los valores, méritos y aciertos de los otros aunque el justo no siempre puede hacerlo como hace el generoso.

Quien es generoso también sabe admirar. Admirar no significa adular, significa considerar y poner de manifiesto los valores de los demás con estima y agrado. En la relación de pareja, en la relación amistosa, en la laboral admirar lo que de bueno haya contribuye grandemente al bienestar y a la dicha. Quien es capaz de admirar mira con atención al otro. No hay porque ocultar o denegar la admiración o el reconocimiento como hace el envidioso. Se puede ser beneficiente, comportarse con amor de beneficencia si el odio o la envidia están desactivados.

Aun siendo amables la generosidad suele ser infrecuente incluso entre los amigos o con nuestra pareja. Es muy corriente que aun sintiendo afecto por el amigo y ayudándole si lo necesita no le satisfagamos pudiendo hacerlo. Nos detenemos y no le regalamos un motivo de satisfacción y gozo. Sentir un poco de envidia por aquel a quien queremos algo es muy frecuente. Sería de este modo porque no estamos contentos con nosotros mismos, no nos queremos suficientemente bien, por consiguiente, al no sentir alegría o contento para con nosotros mismos se insinúa la envidia y la generosidad queda herida.

La envidia es lo opuesto de la generosidad, aparece y crece cuando no hay liberalidad. Si la generosidad es la mejor de las virtudes la envidia es el peor de los vicios en el sentido que comporta amargura y desdicha. Por envidia se entiende el disgusto ante el bien ajeno y enciende el deseo de que el otro fracase, sea perjudicado o pierda aquello que le complace. El envidioso no sabe gozar de lo que tiene, nunca está contento, siempre apetece más, pero lo que consigue tampoco le satisface, es un ser amargado.

No es posible que el generoso sea envidioso, el generoso sabe valorar lo que tiene y lo disfruta, no tiene la apremiante necesidad de fijarse en los logros y beneficios de los otros y ponerse de malhumor o amargarse. Está contento con lo ya conseguido, mientras no sea menesteroso o desgraciado. Sabe disfrutar de lo que tiene. Cuando observa que el vecino tiene una manzana no aspira a tenerla si, a su vez, puede comer una pera mientras que el amargado, el descontento o el envidioso no puede gozar de la pera que está a su alcance si otro tiene la manzana.

En la *Odisea* el afortunado esclavo Eumeo se contenta con lo que tiene aunque sea poco y le dice al rey Ulises «come ya, singular extranjero, disfruta las cosas que tenemos» [XIV, 443]. Esta recomendación es la misma que el enunciado del sabio poeta Horacio cuando da con la célebre y profunda fórmula: «*carpe diem*» quizá siguiendo a Homero. En el fondo, el dicho de Horacio se opone a la incontinencia, el abuso y la envidia, recomienda no dejarse seducir por imposibles y contentarse con lo que está al alcance de uno.

Si la envida es lo opuesto a la generosidad, ¿por qué no se puede ser generoso? ¿Por qué crece la envidia? No dudo en proponer una respuesta. La entera falta de generosidad y su acompañante la envidia nacen de la dificultad en querernos y valorarnos. Pero, atención, saber querernos a nosotros mismos no tiene nada que ver con el egoísmo sin mesura.

El egoísta no sabe quererse, no sabe cuidarse, comete el error de suponer que su bienestar procede de atesorar bienes, beneficios y privilegios aunque ocasione molestias o perjuicios a los demás. Tiene poco respeto por los intereses y necesidades de la gente con la que se relaciona. Cuando digo que no sabe cuidarse me refiero a que ha aprendido mal lo que es una buena convivencia y acabará pagando su desmesura. El egoísta no tardará en padecer un cierto alejamiento de los otros. El egoísmo suele proceder de un mal aprendizaje acerca de lo que podemos ser y obtener.

Cuando hemos aprendido a querernos —se trata en efecto de un buen aprendizaje— estamos contentos, alegres y gozamos de esta situación, no tenemos necesidad de envidia. De nuevo debemos recordar y apreciar el lema del dios Apolo «conócete a ti mismo». Conocerse, puede decirse en este momento, también significa cuidarse, saber cuidarse, observar los propios valores y virtudes que siempre suele haberlos si entendemos que no hay que ser un héroe para poseerlos. ¿Puede haber duda de que quien es honesto, y por serlo no perjudica a los demás, realiza bien su trabajo cualquiera que sea y es algo amable posee valorares suficientes? Una persona así no necesita de algo más para respetarse, valorarse y quererse aunque no sea especialmente bondadosa.

Quien sabe amarse puede amar y le resulta difícil odiar mientras no sea manifiestamente perjudicado. Quien se odia no puede amar a los congéneres. Cuando nos queremos y valoramos solemos estar contentos y alegres con lo propio y podemos gozar con la alegría de los demás. Cuando estamos contentos, ¿por qué vamos a desear el descontento o ruina de los otros? No sentimos esta pasión, al contrario, nos molesta que los congéneres padezcan.

Mucha gente se abstiene de hacer el mal y es honesta por ello. Pero también sucede que mucha gente no repara en que se puede aprender a ser algo bondadoso. La bondad implica una cierta constancia en nuestro comportamiento algo generoso y de ahí que sea algo superior a la generosidad. El bondadoso siempre está expresamente atento para ayudar y ser complaciente si puede mientras que el generoso no siempre. Por supuesto que la bondad reposa en la generosidad.

La bondad no es obligada ni debida mientras no se haga el mal, pero es una fuente de dicha para nosotros y para los demás. Entiendo que la bondad es el desenvolvimiento práctico de la alegría o contento propio y, en este sentido, digo que es una fuente de bienestar personal. La bondad es secundaria a la generosidad y ésta, en gran medida, procede de la alegría de vivir, alegría que podemos mantener si la vida no nos golpea con grandes dolores. Es bondadoso quien puede ser expresamente generoso, por tanto la generosidad está en el origen de la bondad.

La bondad requiere una buena cantidad de generosidad. Cuando alguien es bastante generoso se le reconoce como bondadoso. La bondad se refiere a hacer el bien si se puede. La bondad va un poco más allá que la ordinaria generosidad y la amabilidad, implica ser algo o muy beneficiente con los otros aunque no se les tenga afecto o sean unos desconocidos.

Establezco una diferencia entre el amor y la bondad. Por supuesto que quien ama es bondadoso, pero el bondadoso no da tanto como el que ama. El amor significa dar algo de lo propio para bien del otro. Ser bondadoso significa no solo no fastidiar a los demás sino ser generoso y complaciente en el trato y ayudar cuando se pueda aunque no siempre. Al decir que puede esperarse ayuda cuando el otro pueda ofrecerla, pero no siempre, me alejo de una concepción heroica de la bondad. La gozosa, edificante y placentera lectura de las magníficas novelas de Jane Austen, Víctor Hugo o Charles Dickens nos regala una buena descripción de la bondad.

Debemos aceptar que no siempre que tengamos hambre nos van a ofrecer comida, no hay tanto amor en el mundo. Cuando se ama nos quitamos la comida de la boca para ofrecerla a quien tiene hambre, pero la bondad no llega a tanto. La renuncia, la abnegación o el sacrifico puede esperarse del amor, pero no puede esperarse de la bondad. Es bueno dar una manta a quien tiene frío, pero está donación no es frecuente. Entiendo que solo se puede esperar lo que se puede obtener con facilidad y se puede esperar una cierta bondad de los otros mientras no tengan que renunciar a lo que tienen. Una sonrisa puede esperarse, no siempre esperamos un gruñido, pero para sonreír no se precisa amar con ser algo amable es suficiente.

Aquellos que dan de lo suyo son algo más que bondadosos, aman. Son muy pocos, poquísimos, los que además de pagar sus impuestos dan un diezmo de sus ingresos para aliviar y socorrer a los desgraciados, pero no podemos esperar que aumente el número de personas con tanto amor por los semejantes. Lo que sí puede esperarse es la disminución o, incluso, la extinción del odio en muchas ocasiones. Como expuse en páginas anteriores la adopción de ideologías nocivas, perjudiciales o inadecuadas encienden el odio mientras que las benignas lo impiden o moderan.

Que se encienda el amor en el corazón de los humanos y se extienda es difícil debido a que el egoísmo, que no siempre es inmoderado, es necesario para vivir y va a impedir que el amor se manifieste siempre. De todos modos no hay que lamentar que no podamos esperar siempre el amor de nuestros conciudadanos, podemos contentarnos con lo que es razonable que podemos esperar: la disminución del odio, un cierto grado de amabilidad, algo de generosidad y la bondad de los afortunados aunque no sean una mayoría.

La ideología moral de la gente bondadosa. El mundo y la mundanidad

Todos conocemos a alguna persona bondadosa, solemos saber lo que piensa acerca de los principios morales o ideas que regulan su conducta y admiramos la solidez y la integridad de su carácter. La ideología de la bondad la suele adoptar la gente sencilla que, su vez, es afortunada al disponer de fuertes sentimientos morales. Hablo expresamente de la gente sencilla, aquella que no tolera la complicación innecesaria o viciosa, y no se deja seducir por ideas supuestamente grandiosas o mundanas. No es posible dejar de vivir en el mundo, pero es posible dejar de vivir por el mundo o sujeto al mundo. La mundanidad suele arruinar la bondad.

Pertenecer al mundo puede ocasionar perjuicio o daño, a sí mismo y a los demás, y para evitarlos es aconsejable pertenecerse como escribió el sabio Montaigne: «Lo más grande del mundo es saber pertenecerse» [I, 39; p. 306]. «La plus grande chose du monde, c'est de savoir être à soi». Quien sabe *être à soi* no es fácil que sucumba a las supuestas luminarias y ficticias grandezas de la mundanidad.

Pertenecerse es tener conocimiento de lo que puede esperarse. Quererse en lugar de esperar a ser querido es pertenecerse. *Être a soi* también puede traducirse por saber estar con uno mismo. Pertenecerse en lugar de pertenecer al mundo. Tenerse a uno mismo y no necesariamente tener. No engañarse ni desconocerse, sino pertenecerse, evitar que la mundanidad nos engulla.

La sencillez no excluye la grandeza puesto que la grandeza

no es siempre mundana. Se puede ser grande y sencillo, pero en tales casos no se es vano. Lo que sucede con frecuencia es que los grandes están dominados por la vanidad y no son ni sencillos ni bondadosos, al contrario, suelen ser muy egoístas. La vanidad siempre comporta agresión o molestia dado que supone falta de respeto o de miramiento. La bondad, a mi juicio, es una de las mayores grandezas y no solemos dejar de admirar y respetar a quien es bondadoso que, además, puede ser grande en otros terrenos.

Entiendo que fueron seres bondadosos y, a su vez, grandes, Sócrates, Jesús y Spinoza entre muchos otros. Karl Jaspers no olvida, además, a Buda y Confucio de los que escribe que conjuntamente con Sócrates y Jesús fueron hombres decisivos. Estos son ejemplos conocidos de bondad y grandeza, pero, expresamente, quiero manifestar que no hace falta pretender llegar a ser como ellos para acceder a un grado muy estimable de nobleza de espíritu.

Puedo intentar ofrecer una somera descripción de lo que piensan, de qué ideología sostienen y de como se comportan las personas bondadosas, pero quien quiera saber más de lo que yo consiga dar puede recurrir a la lectura de la novela, de ciertas novelas, y a la lectura de los evangelios o a la de los escritos sapienciales de otras religiones.

Para citar a algunos extraordinarios personajes de novela: ¿cuál es la ideología de Fanny Price de Jane Austen; la del obispo Myriel y Jean Valjean de Victor Hugo; la de Esther Summerson y Agnes Wickfield de Dickens; la de Pierre Bezukhov de Tolstói; la de Aliosha de Dostoiesvki o la de Pauline Quenu de Zola? Es la ideología de los que saben que causar dolor, perjuicio y daño es una estupidez y una barbaridad. Es la ideología de los más sensatos, los que no se dejan capturar por modas e ideologías enormes o mundanas y supuestamente potentes, los que no necesitan ser vanidosos. Se trata de la ideología moral que se sostiene y fundamenta en unos sencillos principios: no hacer daño y procurar que la gente esté bien. Tener miramiento, ayudar si se puede, ser amable o complaciente, algo generoso al poder pensar siempre en el bien de los demás, renunciar a la venganza, es decir, saber perdonar las infracciones.

Deseo manifestar expresamente que la bondad no es un tema exclusivamente literario sino, como es obvio, una cuestión de la mayor relevancia práctica para la consecución de una convivencia benigna y apacible de la comunidad humana. A lo largo de este libro se ha expuesto en varios lugares que, en la actualidad para bien de todos, el deber adquiere la primacía por delante la virtud. Se puede añadir ahora que la comunidad humana no puede esperar el desarrollo de la virtud, pero el deber acude para obligar a todos a obrar para evitar el daño aunque no seamos virtuosos. No obstante, no se quiere decir que la virtud haya dejado de ser aconsejable, al contrario, es, sigue siendo, una forma de ser y de comportarse sumamente recomendable como siempre ha sido.

De conformidad con lo anterior puede decirse que la bondad implica, no solo comportarse de acuerdo con el deber, sino que el comportamiento de la gente bondadosa depende de la adquisición de un cierto grado de virtud, de la generosidad relacionada con la beneficencia o amor en primer lugar. También se ha hablado de las ideas de las personas bondadosas y, debido a que la bondad está relacionada con una ideología benigna se quiere señalar que podemos aprender a conseguirla y adoptarla. De este modo se abre la posibilidad esperanzada de que la humanidad pueda progresar y mejorar. No está escrito que los seres humanos estemos encadenados para comportarnos de manera estúpida o de forma inadecuadamente egoísta enfrentándonos con daño los unos contra los otros. La bondad puede crecer aunque no crezca el amor, pero puede despertarlo y hacerlo más extenso.

La humanidad aprendió que se podía abolir la esclavitud, aprendió que la mujer podía y debía poseer la misma dignidad y los mismos derechos que el hombre, aprendió que el abuso y la explotación de los niños era una barbaridad de la que podía prescindirse. De modo parecido puede pensarse que el abuso podrá seguir disminuyendo y que la bondad puede crecer. De acuerdo con Sócrates se puede pensar que, en parte, la virtud es conocimiento y, de acuerdo con Aristóteles, también podemos pensar que la virtud depende del hábito. Si sobre esto último ambos tenían razón —así lo pensamos— cabe suponer que si desechamos las ideologías nocivas que impidan el cultivo y desarrollo de la bondad el futuro de la humanidad puede ser mejor aunque el amor no aumente.

Las costumbres han cambiado para mejor y pueden seguir progresando. El amor de los humanos no puede crecer, puede extenderse aunque no crezca, entonces la bondad puede crecer, ¿no será suficiente? Entiendo que es así puesto que el odio con gran frecuencia es un derivado de la adopción de ideas inadecuadas y puede apagarse aunque el amor no aumente. Es frecuente que cuando el odio es sofocado aparece la benevolencia y el amor de beneficencia.

Cuando hay bondad y sencillez los dos principios enunciados —mirar para no hacer daño y procurar el bienestar de los demás— no se malogran ante la embestida de otros principios tenidos por superiores o mejores, pero que pueden ocasionar daño. La ideología de la gente bondadosa le impide que quede seducida por el mundo, sus supuestos encantos, pompas y maravillas, a saber, las diversas ideologías mundanas. La genial Julieta de Shakespeare sería una buena representante de la ideología descrita y, en ocasiones, he pensado que los novelistas se han inspirado en ella al construir sus personajes bondadosos.

Quienes adoptan estas ideas y principios suelen ser gente sencilla e inteligente. Saben que su generosidad no puede ser vencida por intereses espurios que aparecen como realistas. Frente a lo que sucede de ordinario, frente a lo que es y que podría ser de otra forma sus sencillos principios o ideas sencillas, pero potentes, les permiten levantar una sólida barrera que impide el perjuicio que acompaña a lo supuestamente inevitable, la mundanidad con su cegadora maquinaria.

En una ocasión una persona algo bondadosa y bastante acomodaticia al hablar de un hombre que ambos conocíamos y que yo admiraba me soltó: «cuando alguien me dice que hay que tener principios me pongo a temblar, los que dicen moverse por principios son de carácter rígido y autoritario aunque no lo parezca». En aquel momento no supe qué responder. A mi interlocutor, debí decirle, sencillamente: «eso depende de la cualidad de los principios adoptados». Aquella persona estaba adherida a una ideología moral que sin ser manifiestamente perjudicial admitía como principios o ideas rectoras las componendas y, sobre todo, el mantenimiento de lo establecido aunque no siempre fuera justo.

Algunas precisiones sobre la bondad y la generosidad referidas a la política: entiendo que será una buena política que la comunidad, con los impuestos de todos, atienda cada vez más y mejor a los menesterosos puesto que es imposible esperar que la bondad de los individuos particulares resuelva los grandes problemas. Quiero poner de relieve que ya se es bondadoso si —sin tener que renunciar a lo que hemos conseguido sin perjudicar a los demás— nos esforzamos en aprender que podemos ser algo beneficientes con quienes nos cruzamos en la vida. Ya somos algo beneficientes si somos amables, evitamos el desdén y la ofensa a la dignidad de la gente y no nos aprovechamos de ella.

No hacer el mal y combatir el mal es suficiente, no es necesario que crezca el amor de los humanos para conseguir un mundo mejor. ¿No es verdad que el mundo sería mejor si no causáramos dolor y daño a los iguales o semejantes aunque sean nuestros enemigos? ¿No es verdad que el mundo sería mejor si aprendemos a no esquilmar a los semejantes? Como he recordado en una página anterior Montaigne dijo: «vivimos en un jardín imperfecto» [I, 20; p. 133], pero Montaigne no dijo que el jardín humano no pueda mejorarse y podamos progresar.

El humano puede aprender a destronar la ideología que sostiene que la riqueza desmesurada, cruel para los menesterosos y desfavorecidos, es la única fuente de bienestar. Quien consigue riqueza empobreciendo a sus semejantes no ha entendido que la vida de los semejantes no puede ni debe ser un infierno.

El acaudalado que abusa de los otros y los esquilma cree saber cómo es la vida en la Tierra, pero ni sabe ni es bondadoso con todos. Tal vez pueda ser educado y amable, pero desconoce la generosidad, va a lo suyo, quizá puede ser generoso y bondadoso con los suyos, pero puede dañar a muchos.

El Maestro del evangelio dijo: «Yo os aseguro que un rico difícilmente entrará en el Reino de los Cielos», pero la mayoría de creyentes muy adinerados no oyen. Entonces, la actividad política democrática guiada por la moralidad, moralidad que también puede escuchar el mensaje de Jesús, tendrá que poner remedio a tanto error y desmán.

El dolor y el daño que se ocasiona cuando nos aprovechamos de nuestros congéneres pueden ser enormes. De ahí que el mensaje de Jesús fuera tan atento y sensible para los débiles y, a su vez, duro y enérgico contra los encumbrados, los establecidos, los poderosos o amigos del poder que no miran ni respetan. No es fácil perdonarles, aunque no siempre es imposible.

Jesús ha sido de los pocos filósofos y teólogos que de manera precisa y sencilla condenara la conducta de los ricos. No me sorprende porque esta conducta no presta la menor atención al sufrimiento de los demás, no hay respeto, no hay miramiento, solo hay aprovechamiento e insensibilidad.

El perdón y Jesús de Nazaret

La ideología de la bondad está relacionada en una gran parte con los principios propuestos por los grandes líderes religiosos, en nuestra cultura por Jesús de Nazaret. Los limpios de corazón, esto es, los bondadosos son los bienaventurados que no se adhieren con fanatismo a ningún credo religioso, filosófico o político, gente bondadosa que pueden padecer injusticias, pero no admitirán ser injustos o causar daño en nombre de un supuesto bien superior o guiados por el deseo de satisfacerse sin mirar a los demás a quienes se les causa dolor y daño como en ocasiones hacen muchos y, también, algunos eclesiásticos y fieles de todas las iglesias.

Para vivir bien y morir bien suele requerirse del perdón en su doble vertiente, saber perdonarse y perdonar. Siendo el perdón un comportamiento tan importante y bastante extendido, llama la atención que los filósofos que se ocupan de la filosofía moral o no hablan de ello o lo hacen de pasada.

De todos es sabido que Jesús de Nazaret se refirió a esta benéfica conducta. No solo se ocupó de ella sino que dispuso que fuera un elemento sumamente importante de su pensamiento y mensaje. Intentaré exponer lo que entiendo que es lo fundamental del perdón. No me apartaré de lo que creo que pensaba Jesús y espero acertar.

No es infrecuente que los humanos perdonen, no siempre son vengativos. ¿No hemos conocido a gente que sabe perdonar? No es muy infrecuente hallarla. Una de las cualidades o valores de la persona bondadosa es que con cierta facilidad puede perdonar. Para ello no hace falta amar, aunque perdonar sea dar, el perdón no requiere la renuncia de lo propio sino renunciar a la venganza. Así, pues, se puede perdonar sin amar.

De modo general se suelen perdonar las ofensas y perjuicios cuando éstos no son graves, pero es mucho más difícil perdonar cuando el daño ha sido serio y son pocos los que perdonan en tales casos. De ordinario se puede perdonar cuando ha pasado cierto tiempo después del daño y ha habido arrepentimiento de la culpa por parte de quien ha dañado.

En relación a lo que acabo de decir pienso que el evangelista Lucas es de los cuatro quien se ocupa del perdón con mayor precisión y acierto. Ya he dicho que me parece que Jesús fue un pensador realista y en relación al perdón quien nos transmite una posición más realista de Jesús es él al introducir la conveniencia de la demanda de perdón y del arrepentimiento. Es el único evangelista que lo hace. Lucas escribe: «Si tu hermano peca, repréndele; y si se arrepiente, perdónale. Y si peca contra ti siete veces al día, y siete veces se vuelve a ti, diciendo: 'Me arrepiento', le perdonarás» [17, 3-4]. Obsérvese que en este pasaje aparecen unidas la petición de perdón y la exteriorización del arrepentimiento. Es claro que se puede perdonar aunque no haya demanda de perdón ni arrepentimiento, pero pienso que también es claro que es más fácil perdonar si los hay.

El arrepentimiento es casi obligado porque manifiesta que quien ha ofendido, dañado o perjudicado entiende y acepta su culpa, acepta que se duele del mal ocasionado y manifiesta que espera que la bondad, que puede vencer a la venganza, se haga presente. Quien pide perdón y se arrepiente viene a decir: «dañe y perjudiqué, no estuve atento a que causaba dolor a una persona, pero ahora veo que tu, a quien pido perdón, eres una persona a la que estimo y considero, me duele haber causado dolor y daño, a partir de ahora voy a beneficiarte y nunca más habrá perjuicio».

Voltaire en su *Diccionario filosófico* al hablar sobre la tolerancia afirmó: «Todos los hombres estamos llenos de debilidades y errores, y hemos de perdonarnos recíprocamente pues ésta es la ley primera de la naturaleza» [pp. 726-727]. Quizá la primera ley debería ser la de no causar dolor y daño, pero estoy de acuerdo con Voltaire en otorgar una gran relevancia al perdón.

La palabra perdonar está relacionada con dar o donar, significa eximir o remitir la deuda, ofensa, falta o perjuicio sin esperar nada a cambio. El perdón es una donación no exigible que no siempre comporta sacrificio o la renuncia de lo propio, pero exige poder renunciar a la venganza, al odio y a la envidia. Es una donación que contribuye grandemente a la concordia y al bienestar. El perdón se opone a la venganza, evita la contienda y promueve paz y sosiego. ¿Qué se da o se dona en el perdón? La paz.

Es importante consignar también que es poco generoso quien niega el perdón cuando es sinceramente demandado y ha pasado suficiente tiempo después del perjuicio y daño. La negación del perdón mantiene el dolor de quien se arrepiente, mantiene vivo el desasosiego, la zozobra, la aflicción de quien pide perdón. En tales casos se hace un mal que está en nuestras manos evitar.

La venganza, lo opuesto al perdón, es difícil controlarla, es difícil renunciar a ella, pero esforzarse para hacerlo es lo único que puede evitar una horrible cadena de daños. Para todos es mejor aprender a perdonar.

¿Perdonar y olvidar? No siempre se olvida, ni siempre es necesario. Hay que tener presente que una cosa es perdonar y otra olvidar. En ocasiones no es necesario olvidar, pero hay ocasiones o hay relaciones en las que hay que disminuir la intensidad del recuerdo para evitar la amargura. ¿Qué puede ser olvidar en tales casos? Tal vez esforzarse para enterrar el recuerdo del daño, para evitar que el recuerdo vivo del daño no dañe lo que también queremos conservar.

CAPÍTULO IX

LOS FRAGMENTOS DE LA ÉTICA DE JESÚS Y LOS EVANGELISTAS. SÓCRATES Y PLATÓN. ¿ÉTICA Y MORAL ES LO MISMO?

Hablo de fragmentos porque como es sabido Jesús y Sócrates no dejaron nada escrito, por consiguiente, podemos pensar que una pequeña parte o mucho de lo atribuido a ambos puede no ser histórico. Las fuentes que podemos leer sobre la ética o moral de ambos benefactores en ocasiones no coinciden y, además, en ocasiones la fuente consultada presenta contradicciones. En tal caso, no siempre se podría tener la certeza de que lo transmitido procede realmente de ellos.

Al no poder utilizar más que un material fragmentario pienso que es fundamental desestimar aquello que de aceptarse comporta la construcción de un personaje o un pensamiento incoherente o contradictorio. Sócrates y Jesús fueron personas inteligentes, sabios los dos y, por tanto, sería imposible que adoptaran pensamientos o conductas contradictorias o incoherentes. Puede servir de ejemplo de lo antedicho en relación a Jesús, como más adelante trataré con algún detalle, lo escrito por el evangelista Lucas: por una parte pone en boca de Jesús: «al que te hiera en una mejilla, preséntale también la otra» [6, 29] y, por otra parte, el Nazareno manda a un discípulo que se compre una espada para defenderse [22, 36]. Al respecto algo chirría. Ambos recomendaciones no se pueden mantener a la vez, son contradictorias, habrá de tomarse como más probable la recomendación o el detalle, la formulación que aporte mayor coherencia al personaje en razón de lo ya sabido o suficientemente probado.

Aunque no podamos conseguir certezas para todo, entiendo que del estudio de los fragmentos nos podemos forjar una idea general, pienso que en tanto que general suficientemente certera, substancial y útil acerca de lo que pensaron y propusieron. Algo parecido se hace al estudiar lo que pensaba un contemporáneo de Sócrates. Me refiero a los fragmentos sobre Demócrito escritos todos ellos por otros. Por estos fragmentos sabemos de la ética de Demócrito.

Hay que conformarse con un material de estudio limitado porque las fuentes no son siempre rigurosas y no se puede aprovechar todo lo que ofrecen. Las fuentes para Sócrates son fundamentalmente Platón y Jenofonte y para Jesús los cuatro evangelios canónicos. En el caso de Sócrates sucede que Platón nos transmite un personaje ideal, no real. Además pone en boca de Sócrates pensamientos y opiniones que no pueden aceptarse. Platón fue muy parcial y exagerado al transmitirnos un Sócrates platonizado.

En el caso de Jesús hay que andarse con cuidado con la lectura de los evangelios porque son relatos religiosos que también nos transmiten un Jesús ideal, no real. Los evangelistas fueron teólogos, hombres religiosos que construyen un personaje legendario y en muchas ocasiones seguramente exageran o radicalizan lo expuesto por Jesús. Platón hizo igual, exageró y radicalizó el pensamiento de Sócrates. Por otra parte tenemos que Jenofonte, que siendo muy interesante, nos transmite un Sócrates que en ocasiones nos suena como dudoso, demasiado simple y esquemático.

Los cuatro evangelistas están interesados en construir y

transmitir un personaje legendario, muy cercano a la divinidad o ya divinizado según Juan. Jesús según Juan es mucho más que el Mesías esperado por los judíos del siglo I, ahora es Hijo de Dios o Dios, «salí del Padre y he venido al mundo» [16, 28] y el evangelista escribe con rotundidad que el Maestro dijo: «El que me ha visto a mí, ha visto al Padre» [14, 9]. Juan narra que el Bautista dijo: «El que viene del cielo da testimonio de lo que ha visto y oído» [3, 31-32]. A diferencia de Juan para los evangelistas sinópticos, Marcos, Mateo y Lucas, Jesús fue y volvería a ser después de resucitado el Mesías, el Ungido, el Rey, el *Khristós* dicho en griego, pero no así para Juan que expone que el Reino de Jesús no es de este mundo cuando Pilatos le pregunta si es el rey de los judíos [18, 33-37]. Para Juan el Hijo unigénito de Dios ya no es el Rey davídico que representa a Dios y reinará sobre toda la Tierra en el fin de los tiempos tal como aparece en los evangelistas sinópticos, para él Jesús reinará en el cielo.

Si seguimos con lo legendario resulta que Lucas no sólo describe a Jesús curando enfermedades incurables en aquella época sino resucitando muertos como también cuentan los otros tres evangelistas. El mismo Lucas en los Hechos de los apóstoles también describe que Pedro y Pablo resucitaron un muerto cada uno de ellos. Tabitá fue resucitada por Pedro [9, 40] y Eutico por Pablo [20, 9-11]. Ante tales prodigios estamos autorizados a pensar que Lucas fue un escritor también fantasioso que describe hechos y dichos reales, pero también hechos y dichos fantásticos.

Como es conocido los otros tres evangelistas hacen como Lucas y nos transmiten un Jesús mitad real mitad legendario. Mateo nos dice que una estrella o cometa que se movía se detiene de pronto para señalar a los Magos donde está Jesús recién nacido; explica como algo histórico que cuando Jesús murió los sepulcros se abrieron y muchos cuerpos de santos difuntos resucitaron y entraron en la ciudad santa de Jerusalén. También Mateo escribe que Herodes mandó matar a todos los niños de Belén y de toda la comarca menores de dos años, pero tal cosa no sucedió. Es claro, pues, que Mateo, como Marcos, Lucas y Juan escribieron cosas fabulosas y, a su vez, hechos históricos.

Tomando en consideración lo anterior, ¿cabe aceptar como cierto sin más que Jesús dijera que «al que te abofetee en la mejilla derecha ofrécele también la otra» como escriben Mateo y Lucas, dos de los cuatro evangelistas [5, 39; 6, 29]? ¿Es posible que Mateo y Lucas tomaran lo dicho de una fuente anterior a ellos y que dicha fuente hubiera exagerado y extremado lo dicho por Jesús? Pienso que es posible porque no es coherente con otros dichos evangélicos. Quizá lo que dijo Jesús fue que no se debía estar muy pendiente de las ofensas y ofender cuando se es ofendido y que era preferible evitar que alguien te abofeteara. Me parece más coherente esto último. Pienso que Jesús fue un hombre inteligente, sabio y, por consiguiente, supongo que quizá recomendó no acercarse demasiado a los raros o escasos violentos, pendencieros o paranoicos dispuestos a soltarle a cualquiera una bofetada o un puñetazo.

Sobre este asunto un destacado experto en los evangelios sinópticos, John S. Kloppenborg, escribe: «Q 6, 29a ("a quien te golpee en la mejilla derecha, preséntale la otra") no habla de un caso de violencia esporádica y ocasional, sino de un insulto deliberado donde se ve amenazado el honor de uno. [...] Lo que estos dichos tienen en común no es el consejo de sufrir en silencio, sino más bien el de evitar los tribunales a toda costa» [pp. 248-249].

Pero, además, tenemos lo dicho por Juan. A diferencia de Mateo y de Lucas, Juan no habla de poner la otra mejilla. Ante el que fue Sumo Sacerdote, un guardián le da una bofetada a Jesús, pero aquí el Nazareno no ofrece la otra mejilla sino que reprende al agresor, el guardián que exigía mayor respeto por el Sumo Sacerdote Anás: «Si he hablado mal, di lo que está mal; pero si he hablado bien, ¿por qué me pegas? [18, 23]. Además el episodio que relatan Mateo y Lucas es contradictorio con lo que cuenta el propio Lucas cuando Jesús ordena comprar una espada para defenderse a quien no tenga bolsa; «que venda su manto y se compre una espada. [...] Ellos dijeron: "Señor, aquí hay dos espadas". Respondió él: "Basta".» [22, 36. 38].

En los casos de Sócrates y Jesús, según mi parecer, lo importante y decisivo es que se pueda entresacar de las fuentes consultadas las perlas escondidas, los fragmentos éticos que podamos recoger para formarnos una opinión bien construida, sólida, consistente sobre la moralidad y la conciencia moral, los temas que se tratan en este libro. Lo realmente importante es recoger lo valioso que nos ha sido transmitido aunque sus autores no sean o no siempre se pueda asegurar que sean Sócrates o Jesús.

Así, por ejemplo, más adelante hablaré de la gran importancia que para la reflexión de la moralidad tiene la oposición y la crítica que realiza Jesús contra la hipocresía y la mundanidad. Parece que esta crítica se le puede atribuir y considerarse que es algo histórico que Jesús propuso que ese comportamiento era perjudicial para los demás y para la mejor convivencia, pero aunque se llegara a la conclusión de que tal pensamiento crítico no proviniera de Jesús lo que tiene valor es el tema, la propuesta, el pensamiento sea de Jesús o fuera ideado por los evangelistas. En este supuesto diríamos: Marcos, el primer evangelista, pensó en tales cosas, las atribuyó a Jesús y Mateo y Lucas copiaron y ampliaron lo escrito por Marcos, pero no por ello lo expuesto dejaría de tener valor.

Es sabida la importancia que, con razón, atribuyó Kant al deber. Sin embargo, pienso que la sencillez de los principios de Sócrates y de Jesús al proponer recomendaciones y deberes para el bien de todos tiene más consistencia que la propuesta de los deberes de Kant que proviene de un enorme y complejo aparato filosófico que en parte entiendo como incorrecto al excluir la consideración del dolor y del daño de los semejantes. Por supuesto que estoy pensando en los deberes asociados a los preceptos de amor tratados en detalle en el capítulo sexto, donde se habla del amor y del amor al enemigo como los prescribió Jesús. Puestos en comparación los principios que adoptan Aristóteles o Kant, entre otros, y los que adoptan Sócrates y Jesús, los de éstos últimos brillan por su sencillez y gran alcance.

Al hablar de principios el reputado experto sobre el Jesús histórico John P. Meier, sacerdote católico, escribe: «En la *halaká*[17] de Jesús (hasta donde podemos conocer) no se distingue ningún "sistema" moral ni legal dotado de algún principio o centro organizador que dé sentido al conjunto.» [IV, p. 651]. Entiendo que Meier no identifica este «principio» o «centro organizador» porque al no saber encontrarlo entre lo que examina tiende a concluir que el origen de la propuesta moral de Jesús procede de su autoridad carismática como profeta. No tengo la pretensión de negar en redondo esta propuesta de Meier, pero voy a exponer lo que pienso sobre el principio buscado.

Como ya he dicho en diferentes páginas de este libro, Jesús, hasta donde yo sé, es de entre todos los filósofos y teólogos, quien ha prestado mayor atención al dolor, al sufrimiento de los humanos con los que convivía. Entonces, según mi propuesta, el dolor de los congéneres es el principio o centro organizador de la ética de Jesús. Como buen judío propone los preceptos bíblicos sobre el amor, pero los modifica con suma autoridad y a

---

17 *Halaká* es una palabra hebrea que significa *camino, conducta* o *proceder*. En ocasiones por *halaká* se entendió la ley judía en general fijada por la *Torá* y la tradición oral. Alguna vez se escribe *halajá*.

diferencia de otros profetas de Israel establece el dolor de los semejantes como guía o centro de su mensaje. «Porque tuve hambre y me disteis de comer, tuve sed y me disteis de beber [...] estaba enfermo y me visitasteis, en la cárcel y acudisteis a mí» [Mt 25, 35-36]. Para evitar alguna crítica precipitada añado lo siguiente: el centro del mensaje de Jesús es el dolor y el daño de los semejantes que va a desaparecer para siempre con la pronta venida del Reino de Dios y el triunfo definitivo sobre Satanás.

Entiendo que la moral de Jesús reposa sobre el dolor y el daño y es la ética más consistente que conozco. Este principio, el dolor y su remedio o consuelo, otorga una consistencia argumental muy grande de lo que pende o surge de tal principio. Los filósofos y teólogos no se refieren al dolor de los humanos para ponerlo en el centro de su reflexión, pero Jesús lo hace. Nunca deja de lado este tema. Jesús siempre está atento al padecimiento de mujeres, hombres y niños: cuando puede aporta remedio al dolor y cuando no puede, consuela. Así se comporta y propone que se haga. La propuesta moral fundamental de Jesús es no provocar dolor y daño e intentar remediarlos si se puede. Ningún filósofo o teólogo parte de este nítido principio ético. Tampoco el gran Sócrates.

Al decir que la ética de Jesús es la más consistente que conozco quiero significar que al hablar de consistencia me refiero a una moral más efectiva y benéfica. Hay propuestas filosóficas sobre la ética que desembocan en la justificación de males graves, pero este no es el caso del Maestro de Nazaret. Tomo como ejemplo a dos filósofos ilustres que han reflexionado y escrito abundantemente sobre ética, Aristóteles y Kant. El primero en su *Ética Nicomáquea* escribe con gran tranquilidad: «el esclavo es un instrumento animado, y el instrumento un esclavo inanimado» [1161b]; «nadie concedería felicidad al esclavo, a no ser que le atribuya a él vida humana» [1177a]. Kant en *La metafí-*

sica de las costumbres también con tranquilidad escribe sobre el delincuente que queda convertido en «simple instrumento», «es un esclavo y pertenece a la propiedad de otro que, por tanto, no es sólo su señor sino también su propietario, y puede enajenarlo como si fuera una cosa, utilizarlo a su antojo (aunque no para fines vergonzosos) [330]. Quien roba «cae en estado de esclavitud durante un cierto tiempo o, según las circunstancias, también para siempre» [333]. Grandes éticas, grandes éticos y ambos hablan de humanos convertidos en instrumentos. Me aparto de Aristóteles, me aparto de Kant, me voy al encuentro de Jesús porque pienso que es un pensador más serio, más respetuoso, más bondadoso.

Como es sabido las palabras *ética* y *moral* significan lo mismo, la primera deriva del griego y la segunda del latín. Ambas se refieren al hábito o costumbre, lo que es costumbre y al carácter del ser humano cuando obra deliberadamente. No obstante, no es infrecuente que se diga que la ética y la moral se refieren a cuestiones separadas y diferentes. Por un lado, se propone, existe la ética o filosofía moral que reflexiona o argumenta sobre la moralidad y, por otro lado, existe la moral que dicta o prescribe las normas de comportamiento. También es frecuente que se diga que la ética es la disciplina filosófica que examina la fundamentación de la moral.

Sin embargo, como acaba de verse las éticas o filosofías morales de Aristóteles y de Kant proponen concepciones del humano de las que se derivan normas de conducta muy autoritarias. En el caso de estas éticas, normas que no respetan a las personas sino a las doctrinas o creencias. Pero, sea de este modo o, a la inversa, si fueran normas benéficas para todos, estas éticas, como todas, no pueden dejar de ser tratados de moral. Asimismo, dado que la filosofía moral trata del bien, de lo bueno, de lo malo o del mal, no puede dejar de prescribir lo que entiende como bien o bueno y proscribir lo que entiende como mal o malo. De ahí que no exista filosofía moral o ética sin moralidad.

Lo que propongo que existe como diferente es una *ética o moral del respeto y la igualdad* y una *ética o moral autoritaria*. La primera mira y admite con determinación la presencia del dolor y el daño de las personas para combatirlos; mira hacia el dolor y el daño como principio de lo normativo y, además, admite el razonamiento y la explicación. La denomino moral del respeto y la igualdad porque respeta lo que todo el mundo quiere: no sufrir dolor y daño. La segunda, la ética autoritaria, en más o en menos, defiende lo establecido, suele estar cerca del poder, no mira hacia el dolor y el daño sino que mira a las doctrinas o creencias y no siempre admite el razonamiento aunque diga que lo hace.

La ética o moral del respeto propende a escuchar y a atender las objeciones a sus propuestas, la autoritaria propende a hablar en lugar de dialogar, la primera entiende de matices aunque mantenga sus principios, el primero y principal, no dañar, la segunda acaba optando, no puede hacer otra cosa, por el moralismo y la imposición.

Ambas éticas, —como toda moral o ética—, prescriben deberes o mandamientos y proscriben determinadas conductas o acciones. La prescripción y la proscripción en algunas éticas aparecen de modo expreso o explícito mientras que en otras están escondidas, a veces, hasta hacerse casi invisibles como se observa en la *Ética* de Spinoza.

Hay profesores que pretenden que la ética examina y reflexiona mientras que la moral prescribe y proscribe. Parecería que algunas de tales personas confunden moral con moralismo y consideran que la moralidad es cosa inferior siendo la ética algo especialmente excelso y meritorio. También se dice que la ética es la moral explicada o razonada, pero tal cosa puede ser muy insuficiente. Kant explicó y razonó su ética y su ley moral con profusión, pero, como acaba de verse, explica y razona que debe esclavizarse al delincuente, explica y razona que el imperativo categórico de la justicia penal exige la pena de muerte y, añade que la afectación humanitaria debe dejarse de lado. En su *Metafísica de las costumbres* razona que «el sentimentalismo compasivo de un humanitarismo afectado, ha sostenido que toda pena de muerte es ilegal [...]. Todo esto es sofistería y rabulismo.» [335].

La ética de Aristóteles y la de Kant, tomadas como ejemplo dada su influencia, pienso que son autoritarias y proponen o defienden, en más o en menos, lo que está establecido. La ética de Sócrates y la de Jesús son respetuosas e igualitarias y al considerar el dolor y el daño infligidos a las personas acaban por enfrentarse o se enfrentan al poder o a lo establecido. A ambos personajes les costó la vida poner en cuestión lo establecido y enfrentarse al poder. Por fortuna en la actualidad parece que los humanos hemos aprendido a dejar de cometer tan horrendas injusticias.

Alguien podría decir en este momento que olvido a Buda y al budismo. No lo olvido, pero pienso que Buda estuvo más cerca de Sócrates que de Jesús. La compasión, emblema del budismo, es un sentimiento que se diferencia del amor al incluir éste último el comportamiento beneficiente. El ejercicio de la compasión no puede demandarse o exigirse al tratarse de un sentimiento, pero el respeto y, en según que circunstancias, la beneficencia, componente del amor, para remediar un mal sería obligado, consistiría en un deber de socorro. Por tales motivos y razones pienso que el principio ético y las prescripciones de Jesús, sin menospreciar el mensaje de Buda, son superiores, más consistentes por beneficientes, quizá menos pasivas.

Decía que Buda se acerca más a Sócrates que a Jesús porque

parecería que la ética budista persigue más la virtud que el deber mientras que en la ética jesuánica sus prescripciones de amor entendidas como preceptos de beneficencia son un deber. La compasión budista en tanto que sentimiento no se puede exigir, pero el respeto y la beneficencia sí, la beneficencia componente del amor en menor medida que el respeto. Digo en menor medida porque hay que tener cuidado acerca del deber contenido en la prescripción de amar al prójimo. El amor admite grados y supongo que Jesús estaría de acuerdo con ello. Habrá, debe haber más cantidad de amor para un hijo, para la pareja, en suma para los allegados que para los convecinos. No se puede ni se debe amar a todos por igual como ya he argumentado al hablar de los preceptos de amor de Jesús.

En lugar de fundamentar la ética alrededor del dolor y el daño los filósofos y teólogos a veces muy sofisticados y muy sometidos a doctrinas e ideologías varias como Platón, Aristóteles, San Pablo, los estoicos como Séneca o Epicteto, Santo Tomás, Kant o George Edward Moore entre los modernos no prestan ninguna atención al dolor de los semejantes para fundamentar la conducta o la norma. Ahí está lo que he citado de Aristóteles y de Kant. Estas éticas se levantan sobre un forzado y postizo aparato filosófico o teológico alejado del sentir de los humanos. ¡Enormes razonamientos alejados de la realidad de las personas!

Las éticas de los pensadores recién citados buscan el bien, pero en ellas el bien o lo bueno suele ser algo complicado y, en ocasiones, doctrinario, muy racionalizado o solamente racionalizado sin observar la realidad «sentiente» de los congéneres como denunciaba David Hume. Para Jesús el bien y lo bueno es amar a Dios y amar al prójimo, así de sencillo y claro. Y, amar al prójimo es también claro para Jesús: no provocar dolor y daño y remediarlos cuando esté a nuestro alcance. Por otra parte, acerca del amor a Dios quienes no puedan seguir a Jesús y amar a un dios padre Creador pueden amar al Amor o al Todo como propone Spinoza.

Si el lector me lo permite repetiré aquí unas líneas escritas antes. La ética de Jesús especialmente y también la de Sócrates se fundamenta en primer lugar en la prohibición de causar dolor y perjuicio, en el caso del griego al percibir su *daimónion* que hacía sentir su voz en la intimidad de su conciencia y que le prohibía hacer el mal a los demás.

Siguiendo las estelas trazadas por Sócrates y Jesús se podría establecer que una moral o ética elemental del respeto prescribiría que cuanto hagamos sea hecho pensando en el dolor y daño, el mal que se puede evitar. Lo que me parece evidente sería que la moralidad o filosofía moral de Sócrates, la de Jesús y la de otros insignes moralistas sólo se pueden realizar en el presente. En el pasado no pudieron establecerse de un modo completo, a pesar de su verdadera consistencia, porque no todos los congéneres fueron considerados iguales. No todos eran iguales y los desiguales, los poderosos y quienes les servían se aprovechaban de la desigualdad.

En el caso de Sócrates, además de lo dicho, ¿qué principio o principios organizan su ética o moral? He hablado bastante del atenés eximio, pero, no obstante, resumiré lo esencial y añadiré algo diferente. El principio rector de la ética de Sócrates, como es sabido, se refiere al conocimiento y a la falta de conocimiento como impulsores del comportamiento. He propuesto que dio a entender que las ideas, la ideología, lo que se cree saber, tiene mucho poder. Dio a entender o propuso que lo que se cree sobre el bien y el mal, aunque la creencia sea errónea, gobierna nuestra conducta.

Sócrates siempre destacó que era fundamental el conocimiento de sí mismo, el cuidado del alma. El precepto délfico tan querido por Sócrates, «conócete a ti mismo», significa lo mismo que el cuidado del alma, ya que conocerse es cuidarse. Cuidarse supone el reconocimiento de los límites y defectos propios, así como el de los valores, que casi siempre los hay, pero a su vez, es también el conocimiento de los demás, que son semejantes. Conocer supone no esperar demasiado de la vida y de los congéneres. Cuidarse sería estar atento ante sí mismo y ante los demás para evitar el error. El error nos puede comportar desgracia, a veces trágica porque puede estropear o destruir nuestra vida y la de los otros, de ahí su insistencia en el cuidado del alma, la *therapeía tês psychês*, sólo posible a través del conocimiento para poder reconocer, vencer o enmendar el error. En *Cármides* expone de manera sencilla qué entiende por conocimiento de sí mismo y obsérvese que incluye como requisito del conocimiento la compañía de la sensatez: «el ser sensato y la sensatez y el conocimiento de sí mismo: el saber qué es lo que se sabe y lo que no se sabe» [167a].

Sócrates proponía que lo pensado tenía gran importancia porque movía a hacer el bien, pero también el mal. Jesús proponía que independiente de lo pensado lo que tenía importancia era hacer el bien o el mal. Entiendo que Jesús no se entretenía en enjuiciar lo que piensa o cree la gente sino lo que hace. Opino que a Jesús no le importaban las creencias. Creo que se puede establecer este juicio u opinión si se observa entre otros dichos del Maestro la parábola sobre el samaritano: el sacerdote y el levita no son el prójimo a quien amar como a uno mismo. Se supone que el sacerdote del Templo creía lo que debían creer las personas religiosas, pero Jesús salta por encima de estas creencias para reformular un importante precepto ético y, en su caso, también religioso.

Acerca de lo antedicho sobre Jesús y Sócrates no entiendo que haya contradicción entre ellos sino complementariedad. También concedió Jesús importancia a lo pensado cuando solicita el perdón para los que no saben lo que hacen. Los que le crucifican y los que han mandado la crucifixión creen saber, pero no saben. Jesús podría decir: «Piensa lo que quieras, pero no perjudiques a nadie. Haz el bien». Sócrates podría decir: «Vigila en lo que piensas. Si crees saber que perjudicar es bueno la ignorancia te domina. No es justo perjudicar».

Una de las enseñanzas substanciales de Jesús y que quizá Sócrates hubiera aceptado se refiere a la crítica del poder, mejor dicho al abuso del poder que comporta dolor y daño a los semejantes. Entendido de esta forma Jesús siempre se opuso al poder del dinero, al poder político, al poder sacerdotal y al eclesial del Templo de Jerusalén, al poder judicial, al de Roma, al poder de las costumbres y tradiciones que no eran siempre beneficientes —el trabajo en los días festivos cuando era conveniente, como escribe Marcos: «el sábado ha sido hecho para el hombre y no el hombre para el sábado» [2, 27]—. Esta oposición de Jesús a lo establecido que no siempre era justo y benéfico le costó la vida como también a Sócrates. Además de lo dicho deseo precisar que Jesús fue ejecutado por Roma porque su predicación incluía una fuerte desobediencia a lo establecido. Al anunciar la venida del Reino de Dios estaba proponiendo que este reino supondría el hundimiento para siempre del Imperio.

En relación al poder y a la crítica de su abuso el apóstol Pablo no pudo seguir los principios jesuánicos. En una de sus epístolas no le exige a Filemón que libere a su esclavo Onésimo, lo que le pide es que lo trate como a un hermano, en esta ocasión un hermano convertido a la fe de Pablo. No me imagino a Jesús tolerando que algún discípulo o amigo tuviera esclavos. Pablo en Romanos escribió muy convencido «que todos se sometan a las autoridades establecidas, pues no hay autoridad que no provenga de Dios, y las que existen, por Dios han sido constituidas. De modo que, quien se opone a la autoridad, se resiste al orden divino, y los que se resisten se están buscando ellos el castigo» [13, 1-2]. No me imagino a Jesús inclinándose ante las autoridades establecidas. Más bien tengo la impresión de que si Jesús se hubiera comportado como recomienda San Pablo no hubiera sido ejecutado por el poder de Roma. Es o era muy peligroso enfrentarse al poder porque la autoridad como dice Pablo castiga a quien se resiste.

La oposición y crítica que dirige Jesús contra la hipocresía y la mundanidad es algo manifiesto en los dichos evangélicos. Él lo consideraba importante, muy importante. Según mi parecer la importancia de tal oposición se debe a que también contiene en alguna medida una crítica al poder establecido y a las costumbres establecidas como poderosas. ¿Por qué digo tal cosa? Por hipocresía entiendo no sólo manifestarse de forma diferente a lo que se piensa o se cree sino de modo especial, porque es muy frecuente, inclinarse ante el comportamiento más o menos incorrecto de quienes tienen algo o mucho poder y nos pueden beneficiar, inclinarse dando a entender que se está de acuerdo con lo sucedido. Reír las gracias de quien manda se podría decir también. No oponerse nunca a lo que diga o haga la persona o el grupo que son hegemónicos en la comunidad. Otorgar la razón a quien pueda defender opiniones o dictados injustos. En resumen, inclinarse ante el poder.

No pretendo decir que quien así hace sea una mala persona, lo que sí digo es que en tales casos es difícil ser o comportarse como buena gente. ¿Qué entiendo por mundanidad? Me sirvo de algunos dichos que se leen en Mateo 23: «no imitéis su conducta, porque dicen y no hacen», «todas sus obras las hacen para ser vistos por los hombres», «le gusta ocupar el primer puesto en los banquetes y los primeros asientos en las sinagogas». También Marcos es explícito: «¿de qué le sirve al hombre ganar el mundo entero si arruina su vida?» [8, 36].

La mundanidad y la hipocresía son maneras de ser y de comportarse que siempre van juntas, creo que no es posible verlas por separado. Las personas mundanas e hipócritas no sólo viven en el mundo, viven para el mundo. Es imposible no vivir en el mundo, pero vivir en el mundo es bien diferente que vivir para el mundo. Los mundanos no pueden tener y manifestar un juicio muy independiente porque siempre están aguardando un beneficio por sus acciones u omisiones. En no pocas ocasiones el comportamiento es servil. Pertenecer al mundo es dejar de pertenecerse; es quedar sujeto e incluso esclavo de los vaivenes y peripecias mundanas, quedar preso de la vanidad, de la propia y, por supuesto, también de la ajena. En la mundanidad no podemos ser libres, nadie lo es, la capacidad de ser libres se pierde.

Gustar y entrar en el mundo supone someterse a lo efímero, a lo caprichoso, a lo arbitrario y muy especialmente al poder. Como he dicho antes la ideología de la mundanidad acepta y se adapta, persiguiendo el provecho y la vanidad, a lo que es o sucede, también a lo aceptado aunque sea inaceptable, en resumen, a lo establecido. El mundano, esto es, quien deja de pertenecerse, se refugia bajo las ideas de que las supuestas maravillas del mundo, el dinero en gran cantidad, la fama, la vanidad, el poder son lo único que procura el bienestar y la paz del espíritu. Pero la paz del espíritu nunca se encuentra cuando se pertenece al mundo, la paz es el aprendizaje no siempre fácil que conduce a pertenecerse y a sentirse cohesionado, entero.

La indecencia se nutre de la mundanidad, una mundanidad con pretensiones elitistas o una vulgar. No todos los mundanos son indecentes, pero muchos indecentes necesitan del mundo y de la mundanidad. No cabe duda que la indecencia comporta injusticia y necesita del juego sucio, la mentira y el engaño, el cálculo interesado, las componendas y la desvergüenza. Los indecentes son sinvergüenzas y aunque puedan ir bien vestidos y tener modales la mayoría si pueden se acercan al poder, lo arropan y le son serviles. No suelen ser fieles con las personas, pero son fieles al poder cuando están cerca de él o lo comparten. Siempre ha habido indecencia en el mundo, también ha habido y hay indecencia política y judicial, y la judicial es muy grave. A su vez, es muy frecuente que ante la indecencia política y la judicial haya mucha inhumana insensibilidad en el mercado de la política; en tales casos la sensibilidad queda anestesiada y arruinada por intereses asimismo mundanos. Así veo el mundo de la hipocresía y la mundanidad.

El humano corriente y decente, aun siendo instruido, puede sentirse dominado y acobardado por lo que suelen decir quienes se consideran, sin serlo, fuertes y sabios, los establecidos en el mundo. En ocasiones, el humano común, aunque no sea un bruto o un estúpido, se deja engañar por aquellos que están encaramados, aquellos que pasan por ser grandes y poseer un pensamiento cotizado. De este modo, uno de los mayores errores comunes de la humanidad consiste en creer a los encumbrados, a los ídolos, consintiendo que sean ellos quienes nos digan lo que hay que pensar, pero sucede que las disquisiciones de los doctos muchas veces son luminarias espurias. No pocas veces los doctos son volubles, es decir, su carácter queda sujeto a los vaivenes del viento que domina, hoy dicen esto y mañana aquello según el dictado y el capricho de los que mandan más.

La entereza, enemiga de la volubilidad y del capricho, no abunda en el mundo. Entereza es integridad, rectitud y firmeza de ánimo. Se puede confiar en las personas enteras porque son rectas y no juegan sucio, quiere decirse que no usan el engaño o la falsedad para la consecución de sus logros. Por el contrario, entiendo que las personas mundanas e hipócritas no son de fiar porque difícilmente se las puede tener confianza dado que no tienden a jugar limpio. En conclusión, entregarse al mundo significa perder la cabeza, perder el sentido y dejase llevar por lo establecido y por los establecidos.

No es extraño, pues, que una persona como Jesús de una entereza sobresaliente se opusiera a la mundanidad. Lo mismo podría decirse de Sócrates otra personalidad sumamente entera que nunca se dejó atrapar por el mundo. El juego sucio, en más o en menos, se hace necesario a los establecidos en el mundo, se convierte en algo propio e imprescindible. Por lo antedicho parece que en la medida en que los comportamientos descritos pueden perjudicar y dañar a los demás es aconsejable reflexionar en lo propuesto por Jesús.

Me referiré ahora a un principio ético que no está del todo claro que fuera socrático aunque pudiera haberlo sido. Pienso en un aspecto controvertido según las fuentes: hacer el bien a los enemigos, no responder al mal con el mal. Decía al principio que a veces las fuentes son contradictorias y que tal cosa sucede en las descripciones sobre Sócrates y Jesús. Veamos un ejemplo. En el *Critón* platónico Sócrates expresa en varios pasajes el precepto: «jamás es bueno ni cometer injusticia, ni responder a la injusticia con la injusticia, ni responder haciendo mal cuando se recibe el mal» [49d].

El maestro William Guthrie se pronuncia y escribe: «Esto nos lleva al nivel de Sócrates o de Jesús, y Sócrates lo defiende expresamente más de una vez» [III, 119]. En efecto, el tema reaparece en *República*: «Entonces, no es función del justo perjudicar, Polemarco, sea a un amigo o a otro cualquiera» [335d]. Pero en el *Menón* platónico se escribió: «hacer el bien a los amigos, hacer el mal a los enemigos» [71e] sin que Sócrates se opusiera. En la época de Sócrates era aceptada la opinión, quizá más decididamente que en la nuestra: «hacer el mal al enemigo». Jenofonte en su *Memorabilia* transmite que Sócrates le dice a su interlocutor: «tienes como lema que la virtud de un hombre consiste en vencer a los amigos haciendo el bien y a los enemigos haciendo el mal» [II, 6, 35], pero no queda explícita su opinión. Al respecto Platón fue explícito, Jenofonte no. ¿Quién fue más certero al transmitir este pensamiento de Sócrates, Jenofonte o Platón? ¿Una vez más Platón nos describe un personaje más ideal que real? ¿La opinión de Guthrie al asemejar a Sócrates y Jesús es aceptable? Quizá si porque no era ésta la primera vez que Sócrates se oponía a una opinión generalizada y, por consiguiente, el filósofo podía pensar y decir que no se debe perjudicar al enemigo.

Dejemos ya a Sócrates, volvamos a Jesús para terminar. En lo relativo a lo que podía pensar y decir el Maestro de Nazaret hay un acuerdo muy amplio entre los expertos acerca de que Mateo y Lucas bebieron de una fuente escrita en griego tal vez hacia los años 50 o 60 que reproduciría algunos dichos jesuánicos aunque no se hablara en ella de la pasión y resurrección de Jesús. Se pensó en esta fuente dado que hay pasajes evangélicos casi idénticos entre ellos, lo que conduce a suponer que ambos copiaron de un escrito anterior. Los expertos presentan razones para inclinarse por esta opción antes que la de suponer que Lucas copió de Mateo. Se denominó Q o, evangelio Q de dichos, a un evangelio perdido escrito en griego. Se conoce como Q a este supuesto documento perdido por la inicial de la palabra *Quelle*, fuente en alemán. Se discute si Marcos también leyó Q.

Mateo o los escritos de los que se nutre son siempre muy estrictos y rígidos, pero Lucas es más mesurado. Tengo la impresión de que en parte Mateo pudo transmitir al propio Jesús lo que eran sus rígidas opiniones. Más adelante lo compararé con lo dicho por Lucas cuando Mateo dejó escrito que Jesús dijo que hay que ser perfecto como Dios. ¡Grave exageración!

Una de las cuestiones importantes que trataba Jesús con frecuencia es la referida al perdón. Marcos habla muy poco de este tema, pero lo hace con claridad en dos ocasiones [3, 28; 11, 25]. Mateo explica que el Maestro exigía el perdón sin condiciones. «No te digo hasta siete veces sino hasta setenta veces siete» [18, 22]. Pero, en el pasaje paralelo de Lucas aparece una cuestión que me parece muy importante y que Mateo no considera. Lucas escribe: «Si tu hermano peca, repréndele; y si se arrepiente, perdónale. Y si peca contra ti siete veces al día, y siete veces se vuelve a ti, diciendo: 'Me arrepiento', le perdonarás» [17, 3-4]. Y, Juan, ¿qué dice Juan sobre el perdón?

Juan no nos transmite que Jesús hablara del perdón como hacen los sinópticos, —el perdonarse los unos a los otros—, él sólo se refiere a los discípulos que han recibido de Jesús la facultad de perdonar los pecados [20, 23]. No es extraño que sobre este pasaje de Juan los protestantes hayan tenido sus discusiones. Aunque en este evangelio, el de Juan, Jesús no habla del perdón como hacen los sinópticos no debe olvidarse el pasaje sobre la mujer adúltera condenada a ser lapidada. Es una referencia importante dado que el Maestro consigue que el grupo que iba a proceder a la lapidación perdone a la mujer y se retire: «Aquel de vosotros que esté sin pecado, que le arroje la primera piedra» [8, 7].

Si nos quedamos con el Jesús de Mateo aparece un personaje estricto, exigente mientras que si nos quedamos ahora con el Jesús de Lucas tenemos un Jesús realista. Como ya propuse pienso que es difícil perdonar si no hay arrepentimiento de parte de quien ha perjudicado porque el arrepentimiento es expresión del sentimiento de culpa y del ánimo de enmienda. Pero según Mateo Jesús no dijo nada de la condición que propone Lucas. ¿Un Jesús estricto, exigente o un Jesús realista? Al parecer los evangelistas miraban la vida de los semejantes a través de filtros diferentes y nos presentan un personaje diferente. Cuando en el capítulo sexto hablé de los preceptos de amor manifesté que Jesús fue un pensador realista especialmente en el alcance del precepto levítico imposible de cumplir «amarás al prójimo como a ti mismo». Tomando esto y lo dicho por Lucas sobre el perdón me parece más coherente y, por consiguiente, más real el Jesús de Lucas que el de Mateo.

Ahora bien, ¿Q y los evangelistas pudieron exagerar o fue Jesús en ocasiones desmesurado y severo o estricto? Acabamos de ver que, por momentos, el Jesús de Lucas es más realista y moderado que el de Mateo. Veamos algunas cosas más: ¿el fuego al que serán arrojados y el llanto y el rechinar de dientes de los condenados no será una exageración de la fuente Q que retoman Mateo y Lucas? La retoma Mateo al parecer con gusto porque habla del fuego eterno en seis ocasiones y del llanto y rechinar de dientes en cinco. Lucas más moderado no habla de fuego, habla una sola vez del infierno, la Gehenna, y una sola vez del llanto y del rechinar de dientes. Parece que al Jesús de Mateo le gusta mucho el fuego eterno para los condenados. Mateo suele destacarse en el rigor y la fantasía. Marcos no se queda atrás, también él escribe copiando a Isaías [66, 24 +][18] que los condenados serán arrojados al fuego que no se apaga y donde el gusano que devora no muere [9, 47-48].

Platón en su mito sobre el inframundo narrado en *Fedón* ya había puesto fuego en el Tártaro, «en un terreno amplio que está ardiendo con fuego» [113a]. Quizá quien empezó por poner el fuego de Isaías o el de Platón en Jesús fue Marcos y los demás evangelistas le siguieron puesto que los ulteriores conocían el

---

18   Isaías escribe: «Dice Yahvé: Y, al salir, podrán ver los cadáveres de aquellos que se rebelaron contra mí; pues su gusano no morirá, ni su fuego se apagará, y serán el asco de todo el mundo» [66, 24].

evangelio de Marcos. Pero el evangelista Juan aquí no les siguió y también conocía los tres evangelios anteriores al suyo. El Jesús de Juan no habla nunca de tormento después de la muerte.

¿Fue el Jesús que otorga tanta importancia al perdón quien se muestra ahora vengativo e innecesariamente cruel en Marcos, Mateo y Lucas? La predicación del amor y del amor al enemigo no es coherente con el anuncio de un castigo cruel y eterno. Algo falla, es difícil sostener que Jesús pudiera entretenerse con esta condena. ¿Serán los tres evangelistas o la fuente Q quienes ponen en boca de Jesús pasajes del Antiguo Testamento porque el rechinar de dientes aparece allí, entre otros lugares en Salmos y en Lamentaciones aunque no referidos a la ultratumba?

A diferencia de los evangelistas sinópticos Juan parece que por momentos tiene acceso a un mayor grado de templanza, de mesura para con los humanos porque en su evangelio los condenados acechados por la ira de Dios seguirán muertos, su Jesús explica que no serán despertados para la gloria como los bienaventurados, pero no habrá fuego y rechinar de dientes para ellos. «Todo el que vive en mí y cree en mí no morirá jamás» [11, 26]; «El que cree en el Hijo tiene vida eterna; el que resiste al Hijo, no verá la vida, pues siempre le acecha la ira de Dios [3, 36], dice el Bautista en este evangelio. En conclusión, Juan nos transmite un Jesús que dice sin ambigüedad: «Porque tanto amó Dios al mundo que entregó a su Hijo unigénito para que todo el que crea en él no perezca, sino que tenga vida eterna» [3, 16]. En Juan encontramos una referencia al fuego: «Si alguno no permanece en mí, es cortado y se seca, lo mismo que los sarmientos; luego los recogen y los echan al fuego para que ardan» [15, 6]. No obstante, lo dicho en esta cita no puede desmentir lo anterior donde Juan en más de una ocasión da entender de forma explícita que los condenados no vivirán eternamente como sí les sucederá a los bienaventurados.

Curiosamente el fuego eterno sólo aparece una vez en el Antiguo Testamento, es Isaías quien lo hace en 66, 17, se trata del tercer Isaías que tal vez escribió en el siglo III a.C. Quizá no cabe hablar del fuego eterno que aparece en Judit 16, 17 dado que es un libro considerado apócrifo por los judíos y por los protestantes y, además, el autor de Judit que escribió en el siglo II a.C., tal vez pudo conocer a los griegos y su infierno.

Uno y otro, el de los sinópticos y el de Juan no son el mismo Jesús al hablar de un asunto tan importante como la condenación eterna, ¿cuál de ellos es el verdadero? ¿Los evangelistas nos transmiten un personaje auténtico, esto es, cierto y verdadero? ¿Aprobaría Jesús lo que los sinópticos dijeron que él había dicho sobre los condenados? ¿Aprobaría Jesús que Juan le divinizara y que la salvación fuera sólo para los que creen en él? Me inclino a suponer que Jesús reprobaría a los cuatro. También Sócrates, sin duda, reprobaría a Platón.

Tomemos también el pasaje en el que Jesús se muestra terrible, colérico, me refiero a la severa y supuesta condena y maldición de las ciudades que no se convirtieron, Betsaida, Korazín y Kefar Nahum narradas por Mateo y Lucas y tal vez copiadas de Q. Veamos lo que escribe sobre este particular el reconocido experto sobre Q, John Kloppenborg: «Se puede ver la postura de un grupo de seguidores de Jesús que se aprovecharon de los recursos de la tradición para hacer inteligible su propia experiencia y el recuerdo que conservaban de su héroe» [p. 214]. Parece que Kloppenborg no afirma que la maldición proviniera de Jesús sino de sus seguidores.

¿Es posible que el Maestro fuera una persona más moderada y sobria que sus cuatro evangelistas? Pienso que Jesús fue un profeta sobrio e inteligente, pienso que el más sobrio y con más templanza que cualquiera de los profetas de Israel. Todos ellos hablan en nombre de Dios y transmiten lo que Dios les dijo.

Dios les hablaba. Como habló al Bautista según nos transmite Juan en su evangelio [1, 33]. También San Pablo estuvo muy bien relacionado con la divinidad: Jesús resucitado se le aparece y le da instrucciones, Dios le encomienda una misión, es decir, el mismísimo Dios se dirige a él para explicarle lo que debe hacer. Jesús a diferencia de los profetas, de Juan el Bautista y de Pablo nunca se comporta así, él no oyó que Dios le hablase. Sobre este punto no pienso que el testimonio de Juan sea aceptable, al menos para mí no lo es. Juan explica que Jesús, existente antes de la creación del Universo, oía en el cielo todo lo que el Padre decía.

Tiene sumo interés y actualidad examinar si la ética o moral de Jesús es realista o es una ética que sólo podría ser aplicada en el fin de los tiempos. Siempre ha habido y sigue habiendo bastante discusión sobre este tema. Quizá la resolución del problema estaría relacionada con la validez que otorguemos a la totalidad de lo leído en los evangelios. Si consideramos que los evangelios nos transmiten una idea literal de lo expuesto por Jesús adoptaremos una posición, pero si consideramos que en ocasiones los evangelistas fueron exagerados y rotundos al transmitirnos lo dicho podemos pensar que el Maestro fue realista.

Como ya dije al hablar de la bofetada en la mejilla mi opinión, al tomar en consideración lo escrito por Juan, es que no siempre los evangelios han sido literales al transmitir los dichos de Jesús. Los evangelistas también hicieron como Platón al exponer con exageración y rotundidad el pensamiento de Sócrates, exageraron en ocasiones y cambiaron en parte el significado de lo dicho por Jesús. Al hablar de los preceptos de amor dos evangelistas, Mateo y Lucas, se refieren al amor a los enemigos y al final de la perícopa Mateo escribe: «sed perfectos como es perfecto vuestro Padre del cielo» [5, 48], mientras que Lucas dice: «sed compasivos como vuestro Padre es compasivo»

[6, 36]. Es más que evidente que hay una gran diferencia entre ellos. ¿En que Jesús pensar? ¿Qué pudo decir en este momento? Mateo suele ser estricto. En el pasaje reproducido entiendo que se observa la exageración de Mateo y, según mi parecer, habría que dar la razón a Lucas.

La antedicha diferencia entre dos evangelistas puede orientarnos para discutir si hay o no radicalismo en la ética de Jesús. Muchos dicen que las propuestas estrictas del Maestro evangélico o de las fuentes de los evangelistas, se relacionan con la convicción de Jesús de que el tiempo se ha cumplido y, por consiguiente, se puede anunciar la pronta llegada de la era mesiánica prometida. Como Pablo después, algunos o muchos pensaron que el fin de los tiempos se daría en aquella generación. Algunas recomendaciones de Jesús parece que quedaron más o menos teñidas por este convencimiento: ante el próximo fin nuestra vida debe ser diferente de lo que fue. Al respecto Mateo y Lucas escriben casi exactamente lo mismo: «No andéis preocupados por vuestra vida, pensando qué comeréis, ni por vuestro cuerpo, discurriendo con qué os vestiréis» [Mt 6, 25; Lc 12, 22].

Los dos evangelistas copiaron de Q, y transportaron el dicho jesuánico a sus evangelios. Pero, ¿era histórico y literal lo narrado en la fuente Q? Quizá lo fue, pero pudo ser una exageración. Podemos plantearnos la siguiente duda: ¿este estricto planteamiento se origina en Jesús, en Q o en los evangelistas? John Kloppenborg sugiere que fueron los primitivos seguidores de Jesús quienes se mostraron estrictos al respecto: «La expectativa apocalíptica condujo a una forma radicalizada de discipulado que incluía el llamamiento a renunciar del todo a las propiedades, a vivir sin hogar y al rechazo de los vínculos familiares» [p. 220]. También conviene recordar porque tiene mucho peso acerca de lo que podamos pensar de este asunto que estas renuncias no aparecen ni en Marcos ni en Juan.

Acerca del supuesto radicalismo ético de Jesús antes de manifestar mi opinión, además de lo dicho por Kloppenborg, referiré lo escrito por tres grandes expertos a quienes he leído abundantemente: Antonio Piñero, Giuseppe Barbaglio y John P. Meier.

Piñero en *Guía para entender el Nuevo Testamento* expone: «Como se puede observar, estos preceptos, o consejos —que prescinden de los bienes de la tierra, que no exhortan precisamente al trabajo, que no fomentan los lazos familiares— distan mucho de poder ser cumplidos o de ser tomados como modelo en un mundo que dura y continúa. Una comunidad estable en la tierra no puede regirse por estas normas propugnadas por Jesús. Ponerlas en práctica con todas sus consecuencias significaría el fin de cualquier sociedad organizada. Al conjunto de estas severas normas se ha denominado «ética radical de seguimiento para ser digno del Reino» [p. 193].

Barbaglio en su libro *Jesús de Nazaret y Pablo de Tarso* opina sobre la denominada «ética interina» que «Albert Schweitzer concibió un Jesús apocalíptico, profeta de la inminente catástrofe final [...] los imperativos radicales de Jesús los entendió como ética escatológica y le fue atribuida a Schweitzer la tesis de una ética interina en el sentido de provisional» [pp. 280-281]. Luego Barbaglio propone que hubo un radicalismo moral para los cercanos seguidores de Jesús y una moral menos radical para el conjunto del pueblo de Israel [p. 282].

Creo que Meier no es del todo claro cuando escribe: «Aunque hablemos (Jesús no lo hace) de "ética del reino", debemos recordar que esta no es equivalente a la "ética provisional" que, según la famosa idea de Albert Schweitzer, enseño Jesús. Describiendo a Jesús como un fanático apocalíptico, Schweitzer explica que sus exigencias morales radicalmente estrictas estaban en consonancia con su expectativa apocalíptica de que faltaba poco tiempo para la venida plena del reino de Dios. A mi entender, la visión de Schweitzer de una ética provisional no se ajusta al patrón del "ya/todavía no" que caracteriza la predicación y el ministerio de Jesús. [...] Más bien, en la visión que Jesús tiene de las cosas, la vida haláquica que él exige de sus discípulos es una que responde al poder del reino de Dios, que ya la ha hecho posible y que está presente en la predicación y las acciones de Jesús» [IV, pp. 656-657].

Como he dicho no hace mucho siempre tengo en cuenta la situación planteada por Platón al erigirse en una fuente verídica sobre su maestro. Lo que hizo el discípulo fue construir un maestro ideal, no del todo real. Vistos algunos ejemplos de las exageraciones de Mateo como las que he recogido y pensando en el Jesús del evangelista Juan tan diferente del de los evangelistas sinópticos puede ser oportuno concluir que el Jesús evangélico es un personaje ideal, no del todo real. Además, por lo dicho, diferente según sea quien habla de él; recuérdese la gran diferencia que hay entre los cuatro evangelistas al transmitirnos lo que el Nazareno pensaba de la vida después de la muerte.

En lo relativo al radicalismo ético no me extrañaría que fuera algo propio de dos evangelistas o de Q, como sugiere Kloppenborg. Leído en Q pudo ser trasladado por Mateo y Lucas a Jesús. Obsérvese también la diferencia entre los sinópticos y Juan donde si Jesús es real en unos deja de serlo en otro o viceversa. Quizá en todos los evangelios se observa un personaje mitad real y mitad legendario, el legendario procedería de Q y de la exageración de los cuatro teólogos evangelistas.

Sucede que los evangelios a veces son contradictorios entre ellos, pero además sucede que la descripción de los dichos jesuánicos puede ser contradictoria en el seno de un evangelio particular. Recuérdese lo que se dijo a propósito de la posible contradicción de Lucas cuando expone que Jesús manda poner la otra mejilla para que sea abofeteada y, a su vez, aparece Jesús mandando comprar una espada para defenderse.

También se puede tomar un ejemplo del evangelio de Mateo: ¿cuál sería el Jesús real, el que maldice a su querida Kefar Nahum y condena a un horrible fuego eterno a los pecadores o el Jesús real es el que llama Padre mío a su Dios perdonador y es enérgico pero también manso? ¿Jesús piensa que los humanos son perversos o piensa que yerran? El Dios de la ira que fulmina a los pecadores en diversas ocasiones en el Antiguo Testamento es el Dios de Pablo según escribe en sus cartas, pero el Dios de Jesús parece que es misericordioso y perdonador. No parece que este Dios, y Jesús con su Dios *abbá*, mande a los pecadores al fuego eterno, el fuego que no se apaga como se le ocurre explicar a Isaías y recoge Marcos.

Marcos sigue a Pablo más decididamente que Mateo o Lucas, ¿fue el Dios de Marcos como el de Pablo y es este Dios el que condena con fuego en su evangelio? ¿La condena cruel y vengativa que Marcos pone en boca de Jesús requiere del tormento del fuego como profetizó solamente Isaías o los pecadores no son atormentados por el fuego como expone Juan? ¿Mateo a quien le gusta el fuego siguió ahora a Marcos? ¿Mateo y Lucas copiaron de Marcos y del evangelio Q y también ellos nos transmiten un Jesús que se olvida del perdón predicado y descrito por ellos mismos para describirnos ahora un Jesús furioso que amenaza con el fuego, el llanto y el rechinar de dientes eternos? Con todo, sobre esta cuestión algún pasaje de Lucas lleva a pensar que se acerca a la posición de Juan.

En mi libro *Creer en Dios o creer en Jesús* el cardenal Aldo Conti nos autoriza a que después de leer con atención los cuatro evangelios cada uno de nosotros pudiera escribir para sí, si lo deseara hacer, su quinto evangelio. Un evangelio que sorteara las contradicciones de los evangelios canónicos y en el que aparecería un Jesús coherente que llamaba *abbá* a Dios, un Dios misericordioso, no un Dios colérico que necesita del tormento del fuego; un Jesús, persona singular que destaca por su bondad y que recomienda el perdón que evita la venganza; una persona que siempre estaba atento al dolor de sus semejantes y consolaba cuando no había remedio para el dolor; un personaje que supo y pudo ser duro y enérgico al oponerse a la mundanidad, a la hipocresía y al enriquecimiento ilícito como escribe Lucas; uno que se enfrentó a Roma y al abuso del poder y que, como Sócrates, murió por ello.

Lo anterior no contradice que Jesús se enojase, mucho en ocasiones, o que pudiera ser muy duro, claro y enérgico a veces: ahí está su oposición y crítica a los hipócritas, a los mundanos; o su dureza contra los ricos que se enriquecen al aprovecharse con abuso de los semejantes. Quizá Juan diría que éstos no serían llamados a la vida eterna.

Si prescindo de la exageración y de la rotundidad de los evangelistas, como he manifestado al examinar en el capítulo sexto los preceptos de amor de Jesús de los que se desprenden obligaciones o deberes, entiendo que Jesús fue un pensador riguroso, pero realista, enérgico, duro, pero nunca cruel, sino siempre amigo y dispuesto a perdonar si había arrepentimiento como expone Lucas.

Para finalizar, si se me permite la reiteración digo de nuevo que el Maestro de Nazaret, con gran autoridad, nos autoriza a dejar de lado el mandamiento levítico imposible de cumplir que ordenaría amar a todos, o a los del propio grupo, tribu o pueblo como a uno mismo.

Es conveniente recordar lo que expuse al comentar la parábola en la que Jesús propone quien es el prójimo. Deseo referir de nuevo que la compasión o misericordia del samaritano no se manifiesta ante cualquier situación; no ayuda el buen hombre de Samaría a cualquier necesitado o menesteroso como los que vemos todos los días en una gran ciudad, el samaritano atiende a un hombre en una situación extrema, a un hombre que sin asistencia en aquel camino poco transitado hubiera podido morir. La situación narrada en la parábola no nos la encontramos todos los días. El prójimo a quien amar como a uno mismo es quien hace algo especialmente importante para nosotros, algo como salvarnos la vida.

Una vez más Jesús nos es favorable y nos explica que no debemos sentirnos culpables por no amar a todos como a nosotros mismos.

BIBLIOGRAFÍA

ADORNO, T. W. (2003). *Dialectique négative*, Éditions Payot & Rivages, París.

ARANGUREN, J. L. (1998). *Catolicismo y protestantismo*, Biblioteca Nueva, Madrid.

— (1995). *Ética*, Alianza Editorial, Madrid.

— (1994). *Propuestas morales*, Tecnos, Madrid.

— (1989). *Ética de la felicidad y otros lenguajes* Tecnos, Madrid.

ARENDT, H. (2007). *Responsabilidad y juicio*, Paidós, Barcelona.

— (2005). *Ensayos de comprensión 1930-1954*, Caparrós Editores, Madrid.

— (2002). *La vida del espíritu*, Paidós, Barcelona.

— (1999). *Eichmann en Jerusalén. Un estudio sobre la banalidad del mal*, Editorial Lumen, Barcelona.

— (1970). «Martin Heidegger, octogenario», *Revista de Occidente*, 84: 255-271, Madrid.

— y Heidegger, M. (2000). *Correspondencia 1925-1975*, Herder, Barcelona.

ARISTÓTELES (2011). *Poética. Magna Moralia*, Gredos, Madrid.

— (2004). *Magna moralia*, Editorial Losada, Buenos Aires.

— (2001). *Política*, Alianza Editorial, Madrid.

Aristóteles (1999). *Retórica*, Centro de Estudios Políticos y Constitucionales, Madrid.

— (1995). *Retórica*, Alianza Editorial, Madrid.

— (1985). *Ética Nicomáquea* y *Ética Eudemia*, Gredos, Madrid.

— (1985). *Ética a Nicómaco*, Centro de Estudios Políticos y Constitucionales, Madrid.

— (1983). *Política*, Centro de Estudios Políticos y Constitucionales, Madrid.

— (1982). *Metafísica*, Gredos, Madrid.

Armengol, R. (2017). *Creer en Dios o creer en Jesús. Aldo Conti y las memorias secretas del cardenal Carlo Martinetti*, Ediciones Carena, Barcelona. Versión papel y versión e-book y pdf en Amazon Kindle y Ediciones Carena, Barcelona.

— (2017). *La felicidad, la moralidad y el dolor*. Ediciones Carena. Versión e-book y pdf en Amazon Kindle y Ediciones Carena, Barcelona.

— (2014). *El mal y la conciencia moral*. Editorial Comte d'Aure, Barcelona.

— (2010). *Felicidad y dolor: una mirada ética*, Editorial Ariel, Barcelona.

— (2007). «Validez y vigencia del psicoanálisis de Freud», *Medicina Clínica* (Barcelona), 128(16): 619-22.

— (1994). *El pensamiento de Sócrates y el psicoanálisis de Freud*, Paidós, Barcelona.

Arteta, A. (1996). *La compasión*, Paidós, Barcelona.

Aubenque, P. (1999). *La prudencia en Aristóteles*, Editorial Crítica, Barcelona.

Austen, J. (1997). *Mansfield Park*, Random House Mondadori, Barcelona.

Balzac, H. (1985). *El tío Goriot*, Ediciones Cátedra, Madrid.

Barbaglio, G. (2009). *Jesús de Nazaret y Pablo de Tarso. Confrontación histórica*. Secretariado Trinitario, Salamanca.

BARBAGLIO, G. (2005). *La teología de San Pablo*, Secretariado Trinitario, Salamanca.

— (2003). *Jesús, hebreo de Galilea. Investigación histórica.* Secretariado Trinitario, Salamanca.

de BEAUVOIR, S. (2001). *La ceremonia del adiós*, Edhasa, Barcelona.

BECKER, J. (2007). *Pablo, el apóstol de los paganos*, Ediciones Sígueme, Salamanca.

BENEDICTO XVI (2006). *Deus caritas est*, San Pablo, Madrid

BENSOUSSAN, G. (2005). *Historia de la Shoah*, Anthropos Editorial, Barcelona.

BILBENY, N. (1995). *El idiota moral. La banalidad del mal en el siglo xx*, Editorial Anagrama, Barcelona.

— (1994). *Kant y el tribunal de la conciencia*, Editorial Gedisa, Barcelona.

BROWN, R.E. (2000). *Las iglesias que los apóstoles nos dejaron*, Editorial Desclée de Brouwer, Bilbao.

CASSIRER, E. (1993). *Kant, vida y doctrina*, Fondo de Cultura Económica, México.

— (1993). *Filosofía de la Ilustración*, Fondo de Cultura Económica, México.

CHAMFORT, N. (1999). *Máximas, pensamientos, caracteres y anécdotas*, Península, Barcelona.

CHATEAUBRIAND, F.R. (2010). *El genio del cristianismo*, El Buey Mudo, Madrid.

COHEN, H. (2004). *El prójimo*, Prólogo de Martin Buber. Anthropos Editorial, Barcelona.

COLLINSON, P. (2004). *La reforma*, Debate, Barcelona.

CROSSAN, J.D. (2007). *El Jesús de la historia*, Editorial Crítica, Barcelona.

DARWIN, Ch. (1998). *The descent of Man*, Prometheus Books, New York.

— (1989). *El origen del hombre*, Editorial Edaf, Madrid.

DELIBES, M. (2008). *El hereje*, Ediciones Destino, Barcelona.

DESCARTES, R. (2006). *El discurso del método*, Tecnos, Madrid.

— (1997). *Las pasiones del alma*, Tecnos, Madrid.

DEMÓCRITO (1980). En *Los filósofos presocráticos III*, Gredos, Madrid.

DIÓGENES LAERCIO, (2007). *Vida de los filósofos ilustres*, Alianza Editorial, Madrid.

ECHEVARRÍA, J. (1977). Introducción a *Nuevos ensayos sobre el entendimiento humano*, de G. W. Leibniz, Editora Nacional, Madrid.

EDWARDS, J. (2005). *La Inquisición*, Crítica, Barcelona.

EIBL-EIBESFELDT, I. (1993). *Biología del comportamiento humano. Manual de etología humana*, Alianza Editorial, Madrid.

EPICURO (1996). En *Epicuro*, de C. García Gual, Alianza Editorial, Madrid.

ESQUILO (1986). *Tragedias*, Gredos, Madrid.

EURÍPIDES (1983). *Medea. Hécuba* en *Tragedias. Vol. I*, Gredos, Madrid.

FARÍAS, V. (2009). *Heidegger y el nazismo*, Objeto Perdido Ediciones, Mallorca.

FREUD, S. (1979). *El malestar en la cultura*, en *Obras completas. Vol. XXI*, Amorrortu Editores, Buenos Aires.

GARCÍA GUAL, C. (1996). *Epicuro*, Alianza Editorial, Madrid.

— (1979). *Prometeo: mito y tragedia*, Ediciones Peralta, Madrid.

— y Acosta Mendez, E. (1974). *Ética de Epicuro*, Barral Editores, Barcelona.

— e Imaz, M. J. (1986). *La filosofía helenística: éticas y sistemas*, Editorial Cincel, Madrid.

GARCÍA, R. y Moreno, D. (2000). *Inquisición. Historia crítica*, Ediciones Temas de Hoy, Madrid.

GIRARD, R. y Vattimo, G. (2011). *¿Verdad o fe débil?,* Paidós, Barcelona.

— y Vattimo, G. (2006). *Christianisme et modernité,* Editions Flammarion, Paris.

GÓMEZ CAFFARENA, J. (1983). *El teísmo moral de Kant,* Ediciones Cristiandad, Madrid.

GÓMEZ ROBLEDO, A. (1988). *Sócrates y el socratismo,* Fondo de Cultura Económica, México.

GÓMEZ SEGURA, E. (2006). *Pablo de Tarso,* Oyeron, Madrid.

GONZÁLEZ FAUS, J.I. (1987). *Proyecto de hermano,* Editorial Sal Terrae, Santander.

GUIGNEBERT, Ch. (1969). *Jésus,* Éditions Albin Michel, Paris.

GUTHRIE, W.K. F. (1993). *Introducción a Aristóteles,* en *Historia de la filosofía griega. Vol. VI,* Gredos, Madrid.

— (1992). *Platón. Segundo época y la Academia,* en *Historia de la filosofía griega. Vol. V,* Gredos, Madrid.

— (1988). *Siglo v. Ilustración,* en *Historia de la filosofía griega. Vol. III,* Gredos, Madrid.

— (1986). *La tradición presocrática,* en *Historia de la filosofía griega. Vol. II,* Gredos, Madrid.

HEGEL, G.W.F. (2005). *Introducciones a la Filosofía de la Historia Universal,* Ediciones Istmo, Madrid.

— (1999). *Principios de la filosofía del derecho,* Edhasa, Barcelona.

— (1985). *Lecciones sobre la filosofía de la historia universal,* Alianza Editorial, Madrid.

— (1975). *Historia de Jesús,* Taurus, Madrid.

HEIDEGGER, M. (2003). *Introducción a la metafísica,* Editorial Gedisa, Barcelona.

— (2000). *El Ser y el Tiempo,* Fondo de Cultura Económica, México.

— (1996). *Escritos sobre la Universidad alemana,* Tecnos, Madrid.

HEIDEGGER, M. (1995). *Écrits politiques 1933-1966*. Éditions Gallimard, Paris.

— y Jaspers, K. (1990). *Correspondencia (1920-1963)*, Editorial Síntesis, Madrid.

HOBBES, Th. (1999). *Leviatán*, Alianza Editorial, Madrid.

— (1999). *Tratado sobre el ciudadano*, Editorial Trotta, Madrid.

HOMERO (2004). *Odisea*, Alianza Editorial, Madrid.

— (1991). *Ilíada*, Gredos, Madrid.

HORACIO (2004). *Odas y epodos*, Ediciones Cátedra, Madrid.

— (2001). *Epodos y odas*, Editorial Comares, Granada.

HÖSS, R. (2009). *Yo, comandante de Auschwitz*, Ediciones B, Barcelona.

HUGO, V. (2004). *Noventa y tres*, Gredos, Madrid.

HUME, D. (1993). *Investigación sobre los principios de la moral*, Alianza Editorial, Madrid.

— (1990). *Disertación sobre las pasiones*. Anthropos Editorial, Barcelona.

— (1988). *Tratado de la naturaleza humana*, Tecnos, Madrid.

JAEGER, W. (1985). *Paideia*, Fondo de Cultura Económica, México.

— (1985). *Aristóteles*, Fondo de Cultura Económica, México.

JASPERS, K. (1998). *El problema de la culpa. Sobre la responsabilidad política de Alemania*, Paidós, Barcelona.

— (1993). *Los grandes filósofos. Los hombres decisivos: Sócrates, Buda, Confucio, Jesús*, Tecnos, Madrid.

JAUME, L. (1989). *Les Déclarations des Droits de l'Home*, Flammarion, Paris.

JENOFONTE (1993). *Recuerdos de Sócrates. Económico. Banquete. Apología de Sócrates*, Gredos, Madrid.

JEASON, F, Camus, A y Sartre, J.P. (1964). *Polémica Sartre-Camus*, Ediciones del Escarabajo de Oro, Buenos Aires.

KAMEN, H. (2011). *La Inquisición española*, Crítica, Barcelona.

KANT, I. (2004). *Antropología en sentido pragmático*, Alianza Editorial, Madrid.

— (2003). *Crítica del discernimiento [juicio]*, Madrid, A. Machado Libros, 2003.

— (2002). *Fundamentación para una metafísica de las costumbres*, Alianza Editorial, Madrid

— (2002). *Los progresos de la Metafísica desde Leibniz y Wolff*, Tecnos, Madrid.

— (2000). *La religión dans les limites de la simple raison*, J. Vrin, Paris.

— (2000). *Crítica de la razón práctica*, Alianza Editorial, Madrid.

— (1994). *La metafísica de las costumbres*, Tecnos, Madrid.

— (1992). *Sobre el fracaso de todo ensayo filosófico en la Teodicea*, Facultad de Filosofía de la Universidad Complutense, Madrid.

— (1991). *La religión dentro de los límites de la mera razón*, Alianza Editorial, Madrid.

— (1987). «Ideas para una historia universal en clave cosmopolita», en *Ideas para una historia universal en clave cosmopolita y otros escritos sobre Filosofía de la Historia*, Tecnos, Madrid.

— (1987). «Replanteamiento de la cuestión sobre si el género humano se halla en continuo progreso hacia lo mejor», en *Ideas para una historia universal en clave cosmopolita y otros escritos sobre Filosofía de la Historia*, Tecnos, Madrid.

— (1986). *Teoría y Práctica*, Tecnos, Madrid.

KLOPPENBORG, John, S. (2005). *Q. El Evangelio desconocido*, Sígueme, Salamanca.

KOLAKKOWSKI, L. (2002). *Si Dios no existe...*, Tecnos, Madrid.

— (1996). *Dios no nos debe nada. Un breve comentario sobre la religión de Pascal y el espíritu del jansenismo*, Herder, Barcelona.

Leibniz, G. W. (2012). *Ensayos de Teodicea sobre la bondad de Dios, la libertad del hombre y el origen del mal*, Editorial Comares, Granada.

— (2011). *Leibniz*, Gredos, Madrid.

— (2001). *Compendio de la controversia de la Teodicea*, Ediciones Encuentro, Madrid.

— (2001). *Monadología*, Editorial Biblioteca Nueva, Madrid.

— (1981). *Monadología*, Edición trilingüe de G. Bueno, Pentalfa Ediciones, Oviedo.

— (1977). *Nuevos ensayos sobre el entendimiento humano*, Editora Nacional, Madrid.

— (1969). *Essais de Théodicée sur la bonté de Dieu, la liberté de l'homme et l'origine du mal*, Garnier- Flammarion, Paris.

Levi, P. (2009). Introducción a *Yo, comandante Auschwitz*, de Rudolf Höss, Ediciones B, Barcelona.

— (2005). *Trilogía de Auschwitz. Los hundidos y los salvados*, El Aleph Editores, Barcelona.

Lévy, B-H. (2001). *El siglo de Sartre*, Ediciones B, Barcelona.

Lledó, E. (1985). Introducción a *Ética Nicomáquea y Ética Eudemia*, Gredos, Madrid.

Lottman, H. R. (1994). *Albert Camus*, Taurus Ediciones, Madrid.

Long, A. A. (1984). *La filosofía helenística*, Alianza Editorial, Madrid.

Luri, G. (1998). *El proceso de Sócrates*, Editorial Trotta, Madrid.

MacCulloch, D. (2011). *Historia de la Cristiandad*, Debate, Barcelona.

Maquiavelo, N. (1998). *El príncipe (comentado por Napoleón Bonaparte)*, Espasa Calpe, Madrid.

MARTÍNEZ ARANCÓN, A. (1989). *La Revolución Francesa en sus textos*, Tecnos, Madrid.

MARX, K. (1964). *El Capital*, Fondo de Cultura Económica, México.

— (1933). *Crítica de la economía política*, Librería Bergua, Madrid.

— y Engels, F. (2001). *Manifiesto comunista*, Ediciones Akal, Madrid.

MEIER, J. P. (2017). *Un judío marginal. Nueva visión del Jesús histórico. Tomo V. La autenticidad de las parábolas a examen*, Editorial Verbo Divino, Navarra.

— (2010). *Un judío marginal. Nueva visión del Jesús histórico. Tomo IV. Ley y amor*, Editorial Verbo Divino, Navarra.

— (2005). *Un judío marginal. Nueva visión del Jesús histórico. Tomo III. Compañeros y competidores*, Editorial Verbo Divino, Navarra

— (1997). *Un judío marginal. Nueva visión del Jesús histórico. Tomo II/2. Los milagros*, Editorial Verbo Divino, Navarra.

MEYSSONNIER, F. (2002). *Paroles de bourreau. Témoinage unique d'un Exécutuer des Arrêts criminels*, Editions Imago, Paris.

MONDOLFO, R. (2003). *El pensamiento antiguo*, Tomo I, Editorial Losada, Buenos Aires.

— (1997). *La conciencia moral de Homero a Demócrito y Epicuro*, Eudeba, Buenos Aires.

— (1978). *La comprensión del sujeto humano en la cultura antigua*, Eudeba, Buenos Aires.

MONTAIGNE, M. (1993). *Ensayos*, Volúmenes I, II y III, Ediciones Cátedra, Madrid.

— (1972). *Essais*, Le Livre de Poche, Paris.

MONTSERRAT, J. (2005). *La sinagoga cristiana*, Editorial Trota, Madrid.

Moore, G. E. (2002). *Principia Ethica*, Editorial Crítica, Barcelona.

Mosterín, J. (2006). *La naturaleza humana*, Espasa Calpe, Madrid.

— (1987). *Racionalidad y acción humana*, Alianza Editorial, Madrid.

Moczarski, K. (2008). *Conversaciones con un verdugo. En la celda del teniente general de la SS Júrgen Stroop*, Alba Editorial, Barcelona.

Nestle, W. (1981). *Historia del espíritu griego*, Editorial Ariel, Barcelona.

Nietzsche, F. (2006). *Fragmentos póstumos. Vol. IV (1885-1889)*, Editorial Tecnos, Madrid.

— (2005). *Así habló Zaratustra*, Valdemar, Madrid.

— (1973). *Crepúsculo de los ídolos o Cómo se filosofa con el martillo*, Alianza Editorial, Madrid.

Nussbaum, M.C. (1995). *La fragilidad del bien*, Visor, Madrid.

Pascal, B. (1988). *Pensamientos*, Ediciones Cátedra, Madrid.

Piñero, A. (2015). *Guía para entender a Pablo de Tarso*, Editorial Trotta, Madrid.

— (2007). *Año I. Israel y su mundo cuando nació Jesús*, Ediciones del Laberinto, Madrid.

— (2007). *Los cristianismos derrotados*, Editorial Edaf, Madrid.

— (2007). *Los apocalipsis*, Editorial Edaf, Madrid.

— (2006). *Guía para entender el Nuevo Testamento*, Editorial Trotta, Madrid.

— y Gómez Segura, E. (2008). *La verdadera historia de la pasión*, Editorial Edaf, Madrid

Piqué, A. (1985). *Sofistas. Testimonios y fragmentos*, Editorial Bruguera, Barcelona.

Platón (1992). *Filebo, Timeo, Critias* en *Diálogos VI*, Gredos, Madrid.

PLATÓN (1988). *Fedón, Banquete, Fedro* en *Diálogos III*, Gredos, Madrid.

— (1986). *República*, en *Diálogos IV*, Gredos, Madrid.

— (1984). *Las leyes*, Centro de Estudios Constitucionales, Madrid.

— (1983). *Gorgias, Menéxeno, Eutidemo, Menón, Crátilo*, en *Diálogos II*, Gredos, Madrid.

— (1982). *Apología de Sócrates. Critón. Lisis. Protágoras*, en *Diálogos I*, Gredos, Madrid.

POPPER, K. (1992). *La sociedad abierta y sus enemigos*, Paidós, Barcelona.

RAWLS, J. (2002). *Teoría de la justicia*, Fondo de Cultura Económica, México.

ROBESPIERRE, M. (1992). *La revolución jacobina*, Barcelona, Edicions 62, 1992.

ROSS, D. (1985). *Aristotle*, Methuen, Londres and New York.

RUSSELL, B. (1997). *Historia de la filosofía occidental*, Tomo II, Espasa Calpe, Madrid.

SANMARTÍN, J. (2005). *El terrorista*, Editorial Ariel, Barcelona.

— (2000). *La violencia y sus claves*, Editorial Ariel, Barcelona.

SARTRE, J. P. (1999). *El existencialismo es un humanismo*, Edhasa, Barcelona.

— (1996). *L'existentialisme est un humanisme*, Éditions Gallimard, Paris.

— y Lévy, B. (2006). *La esperanza ahora*, Arena Libros, Madrid.

SCHOLEM, G. (1978). *Fidélité et utopie*, Calmann-Lévy, Paris.

SCHOPENHAUER, A. (2003). *El mundo como voluntad y representación*, vol. II, *Complementos*, Editorial Trotta, Madrid.

— (1993). *Los dos problemas fundamentales de la ética*, Siglo XXI, Madrid.

SÉNECA (1989). *Epístolas morales a Lucilio*, Gredos, Madrid.

SHAKESPEARE, W. (1974). *Obras completas*, Aguilar, Madrid.

SÓFOCLES (1981). *Tragedias*, Gredos, Madrid.

SPINOZA, B. (2000). *Ética*, Madrid, Editorial Trotta, Madrid.

— (1999). *Étique*, Éditions du Seuil, París, 1999.

STEINER, G. (1999). *Heidegger*, Fondo de Cultura Económica, México.

STUART MILL, J. (1999). *El utilitarismo*, Alianza Editorial, Madrid.

TODD, O. (1997). *Albert Camus. Una vida*, Tusquets Editores, Barcelona.

TOMÁS DE AQUINO (1990). *Suma de Teología*, Biblioteca de Autores Cristianos, Madrid.

TOVAR, A. (1984). *Vida de Sócrates*, Alianza Editorial, Madrid.

TRAVERSO, E. (2001). *La historia desgarrada*, Herder, Barcelona.

TUGENDHAT, E. (1997). *Lecciones de ética*, Editorial Gedisa, Barcelona.

VATTIMO, G. (2010). *Adiós a la verdad*, Editorial Gedisa, Barcelona.

VLASTOS, G. (1992). *Socrates: ironist and moral philosofer*, Cambridge University Press, Cambridge.

VOLTAIRE (1992). *Tratado de la tolerancia*, Editorial Crítica, Barcelona.

— (1969). *Diccionario filosófico*, en *Obras*, Editorial Vergara, Barcelona.

VOVELLE, M. (2003). *La Révolution française*, Armand Collin, Paris.

VV. AA. (1994). *Biblia de Jerusalén*, Desclée de Brouwer y Alianza Editorial, Bilbao y Madrid.

VV. AA. (1993). *Catecismo de la Iglesia católica*, Asociación de Editores del Catecismo, Madrid.

WAAL, F. (1997). *Bien natural*, Herder, Barcelona.

WOLIN, R. (2003). *Los hijos de Heidegger*, Ediciones Cátedra, Madrid.

YOUNG-BRUEHL, E. (1993). *Hanna Arendt*, Edicions Alfons el Magnànim-IVEI, València.

ZOLA, É. (2005). *Germinal*, Alianza Editorial, Madrid.

— (1985). *La joie de vivre*, Éditions Gallimard, Paris.